¡LIBÉRATE!

¡LIBÉRATE!

Sana lo que te ata para vivir en plenitud

Alejandra Llamas

Grijalbo

¡Libérate!
Sana lo que te ata para vivir en plenitud

Primera edición: mayo, 2018

D. R. © 2018, Alejandra Llamas

D. R. © 2018, derechos de edición mundiales en lengua castellana:
Penguin Random House Grupo Editorial, S. A. de C. V.
Blvd. Miguel de Cervantes Saavedra núm. 301, 1er piso,
colonia Granada, delegación Miguel Hidalgo, C. P. 11520,
Ciudad de México

www.megustaleer.mx

ISBN: 978-607-316-460-3
Impreso en México – *Printed in Mexico*

El papel utilizado para la impresión de este libro ha sido fabricado a partir de madera procedente
de bosques y plantaciones gestionadas con los más altos estándares ambientales, garantizando
una explotación de los recursos sostenible con el medio ambiente y beneficiosa para las personas.

Penguin
Random House
Grupo Editorial

Con el acompañamiento especial
de Marisa Gallardo en la conclusión de cada
capítulo "La visión que da alas", prólogo y
conclusiones…, además, nos regala los ejercicios
de transformación en el anexo.

Este libro se lo dedico a la posibilidad que existe en cada uno de vivir en plenitud.

Gracias a Gena, te adoro amor mio, eres mi sueño hecho realidad. Te amo.

A mis hijos Pat y Hana, mi gran tesoro de amor, Los admiro y me encantan tal y como son. Mi gran inspiración, mi familia.

A mi madre adorada, mis hermanos y amigos por ser mi gran plataforma de amor. A Ito y a Ampa por ser también unos padres para mí. A Yoca, Payis y Beto por ser mis acompañantes y mi mayor ejemplo de vivir en la grandeza del espíritu. A Marianita por ser la conciencia de luz detrás de mis palabras.

Gracias a mis maestras que sin duda han sido mi inspiración para las enseñanzas de este libro Sandra, Marisa, Gloria y Clau de MMK. A Mari mi hermana en este camino, gracias por tu amor y por creer siempre en mí.

A cada estudiante que decide unir su camino de enseñanza con el nuestro en MMK, su valentía y voluntad por vivir en plenitud para mí es un motivo de profunda felicidad. Rebe, Kathy, Carla, Mel, Mou, Eu, Regis, Gloria, Pepe, Nacho, Erika, Lalo y La Flaca gracias por siempre estar para mí.

A mi Fernanda Álvarez, acompañante, amiga y cómplice vital de mis libros, y a PRH por ser la casa de mis palabras.

A mi Tata y mi papá, gracias por seguir cerca.

Índice

Prólogo

SOMBRA

Alguien me sigue y me persigue, escucha lo que digo y vigila lo que hago, imita mis movimientos y conoce mis defectos, se burla de mis sentimientos y hasta creo que lee mis pensamientos, ¡Estoy desesperada! No sé cómo deshacerme de este espía que me atormenta y me sumerge en sofocante agonía.

Hoy he desenmascarado a este acosador y con pesar he descubierto que se trata de la oscura sombra de mi preocu´ pación.

—¿Por qué no me dejas vivir tranquila? —pregunté.

—No soy yo, sino tú quien me necesita —contestó y continuó—: has aprendido a vivir en la oscuridad llenando tus poros de infelicidad. Sólo estás pendiente del miedo y la envidia es el mayor de tus sentimientos.

Te gusta ser una víctima y vivir tras las tinieblas de la apatía, no te das cuenta de que me creaste para cegar tus ojos y así tener cómo justificarte. Sin embargo, la luz siempre ha estado ahí, pero tú has preferido huir...

Ahora quieres escapar y no sabes por dónde empezar, pero puedes deshacerte de mí en el momento en que decidas vivir, cambiar el resentimiento por perdón para liberar tu mente y percibir el mundo desde un lugar de amor. Un mundo en el que

todo se muestre más acogedor y ya no necesites preocuparte,
sentir vergüenza, quejarte o reforzar creencias limitantes.

Hace años, en medio de una desesperación profunda escribí
ese pequeño relato. En verdad me sentía asustada y persegui-
da por la preocupación. Me avergonzaba de ser yo; lo que no
imaginé es que la inspiración me revelaría la solución en el
mismo texto.

Recuerdo que cuando terminé de escribir, releí el relato y
cuando llegué a la parte que dice:

> Puedes deshacerte de mí en el momento
> en que decidas vivir…

No entendí nada. Me pregunté en voz alta: Marisa, ¿qué qui-
siste decir? En buena onda no te malviajes. Es obvio que quieres vivir, pero la vida no te deja. ¡Qué tontería! —pensé, y me
acosté a dormir.

Durante semana y media no me acordé del dichoso relato
hasta que un día, en un momento de esos en lo que quisieras
ser adivino para predecir el futuro y poder prepararte con es-
cudo protector contra lo peor, apareció nuevamente la frase en
mi cabeza…

> Puedes deshacerte de mí en el momento
> en que decidas vivir…

De pronto lo vi claro: yo no vivía, más bien sobrevivía. De un
tiempo a esa fecha me había convertido en un ente asustado,
que la mayor parte del tiempo pensaba que la vida era un lugar

hostil al que se venía a competir para tener derecho a existir. Claro que con esa definición de la vida me resultaba natural estar preocupada bastantes horas al día.

Llegué a pensar que si de verdad existía un dios, éste padecía de trastorno bipolar o seguramente tenía las hormonas hechas un desastre y por eso tenía un humor cambiante. Tanto que a unos les favorecía, mientras que a otros no les daba oportunidad ni de levantarse del ring. Sí, lo confieso; en tales momentos ésa era mi definición: estaba percibiendo un dios desde la mirada del ego.

Descubrir que eso que yo llamaba vida era simplemente respirar me hizo abrir los ojos. Fue una especie de revelación "mágico-místico-misteriosa-musical" y declaré con toda mi fuerza interna:

—Elijo vivir.

Empecé con lo que tenía enfrente: mi voluntad, mis letras, mi curiosidad por conocer el comportamiento humano, y mi oído, que durante mucho tiempo había prestado para escuchar a los demás y que ahora también afinaba para oír a la voz de mi espíritu. La liberación comenzó con una poderosa intención que trajo consigo movimiento. Varias cosas se sucedieron, una de las cuales fue conocer a mi querida mentora Alejandra Llamas, una mujer que ha hecho de su vida un arte con el que se expande y comparte. Comenzó por el arte de conocerse a sí misma y ahora con este libro nos lleva a experimentar el arte de la liberación. Su trabajo me apasiona, porque es el reflejo del camino y descubrimiento personal que ha hecho en este viaje de la vida. No creo en las casualidades, sí en los encuentros de almas y parece que todo se confabuló para dar a luz a este libro: se unificaron nuestras mentes, nuestros procesos de vida y nuestros corazones. Me siento honrada y agradecida de ser parte de este maravilloso libro tan generoso y lleno de respuestas; Gracias, Ale, por hacer espacio a mis letras, por permitirme compartir todo aquello que me regresa a la paz, al estado de libertad. Estoy convencida de que cada una de las páginas de este libro son un camino para cortar las cadenas que nos mantienen sometidos y encerrados en la prisión mental y corporal. Y es que... ¿quién no ha sentido miedo, angustia, duda, culpa, vergüenza o preocupación? Pensamos que las circunstancias nos alteran o amenazan, pero no nos damos cuenta del efecto que tiene en nuestra vida nuestro diálogo interno, el cual se construye de pensamientos, ideas, creencias, conclusiones de las interpretaciones de vivencias anteriores, y de más. En el intento por sobrevivir, muchos de nosotros hemos incorporado de manera inconsciente la voz de un torturador mental para que con sus regaños, críticas y burlas nos dé las directrices para "triunfar". Qué equivocados estamos al pensar que el maltrato puede traernos bienestar.

Vivir se relaciona con la libertad de ser y estar, de ser dueños de nuestro diálogo interno. Nos han enseñado a hacer conquistas en el exterior; llegar y poner la bandera de esto es mío, pero olvidamos que el único dominio que nos merece frutos auténticos es el de nuestro ser. Liberarse es un arte, no un acto de escapismo; la liberación no propone huir, sino reconocer, transformar, aceptar, integrar y permitir.

Te invitamos a caminar por estas letras hacia un cambio de percepción. Es maravilloso y liberador tirar los falsos lentes del horror para en su lugar ponerse los del amor. ¡Bienvenido!

MARISA GALLARDO

Introducción

A lo largo de mi vida he tenido la oportunidad de trabajar de la mano de muchas personas que desean encontrarse con su liberación; pero también es cierto que he trabajado en mí, con el fin de aliviar luchas internas y externas que he aprendido a cargar como ser humano. La gran mayoría convivimos con esas luchas en silencio, confundidos, pensando que vivir con miedo es una condición irremediable, sintiéndonos rotos por dentro pero aparentemente compuestos y funcionales por fuera. Muchos satisfacemos roles, expectativas, responsabilidades y demandas del exterior con gran esfuerzo, sacrificio y resignación; además, sentimos un gran vacío por dentro, una desconexión o creemos que hay una falla en nosotros.

(Si no te has sentido así y vives, feliz, seguro y sin mayores dilemas, ¡qué suerte!, este libro no es para ti.)

Sin embargo, para todos los demás que —probablemente como yo— se han sentido inseguros, ansiosos, miedosos, resentidos, inadecuados, vulnerables, agotados, muchas veces con un dejo de tristeza y en otras ocasiones en franca depresión, este libro es un claro de esperanza.

¿Qué pasa con muchos de nosotros que estamos tan atorados que no logramos vivir en alegría?

Al vernos por fuera es obvio el amor que somos capaces de generar y el poder que tenemos. Lo vemos todos los días en nuestra valentía para vivir, en cómo sacamos retos, negocios, familias y comunidades adelante.

Pero al acercarme... al descubrir la vida de muchos de nosotros y desenvolver las capas que nos cubren, encuentro resentimientos, miedo, falta de aprecio, lejanía de nuestra felicidad real, necesidades irresueltas y confusión que se ve reflejada en la vida que manifestamos.

Debemos comenzar un camino de autoconocimiento cuando reconocemos que no ponemos límites, cuando nos sometemos a relaciones que no nos hacen felices, cuando regalamos nuestro poder o nuestro trabajo, criticamos y nos quejamos de manera constante. También cuando dejamos de disfrutar, cuando la tranquilidad no nos acompaña, cuando nos vemos en el espejo y lo único que hacemos es ver las fallas y no la pureza, cuando no hemos logrado perdonarnos o perdonar a otros. Cuando vivimos alejados del poder del amor, cuando no tenemos paz y nuestros miedos nos gobiernan.

Todo ello sucede porque existen discursos disfuncionales que creemos reales y debemos observar, o emociones encapsuladas que hemos reprimido en el fondo de nuestro ser, que debemos sentir y liberar.

A lo largo de la historia hemos hecho eco con programaciones limitantes de ataque, culpa y castigo en el que el temor es la norma. Nos hemos sumergido en un desfase emocional heredado de generación en generación. A partir de ello hemos aprendido comportamientos que nos alejan de conocer quiénes somos realmente, así como de nuestro potencial y el amor que nos construye. Es momento de recordar, de mirar hacia nuestro interior para unirnos al universo, al amor incondicional y vivir nuestra gran vida con la posibilidad de disfrutarla en plenitud, que es nuestro derecho.

Debemos comenzar a identificar que crecemos condicionados a creencias limitantes que nos llevan a interpretar los sucesos que vivimos desde una programación, por lo que reaccionamos de manera automática a un sistema de creencias construido por una cultura que nos permea.

Si partimos de la idea de que somos seres conscientes, será natural que al observar los resultados que hemos dado como humanidad en los últimos años, nos cuestionemos qué impulsa nuestro comportamiento y cuál es la estructura interior que nos construye a nivel individual y colectivo. Esto abre la posibilidad de que las nuevas generaciones puedan construir realidades funcionales apegadas al amor y su verdadero poder.

Como Humanidad hemos apostado al mundo material, al de los cinco sentidos y hemos dejado fuera lo que no vemos y que también construye dicha experiencia humana. La lección más importante que debemos aprender en nuestra nueva era es que todo se encuentra contenido por un común denominador que es una conciencia absoluta que nos une a todos y a todo. Al reconocerlo damos la entrada a lo vasto… al amor y éste es tan poderoso que resulta inquebrantable y, sin embargo, es intangible. Al amor puedes conocerlo, sentirlo y, a pesar de ello, eres incapaz de verlo. El amor no puede ser poseído porque es libre. El amor es unidad y totalidad. Con el amor llega la libertad y el verdadero conocimiento. El amor abre todas las puertas, cambia vidas enteras y ablanda los corazones más duros. El amor es creativo, construye, crea belleza y armonía. Trabaja a favor de todo, no en contra de nada. El amor existe en todo momento y nuestra destreza es permitir su flujo en nosotros. Danza y canta por medio de la vida y la simplicidad. Si permitimos resguardarnos en el amor y en la paz que somos, las pesadillas mentales y la confusión no serán las que nos rijan a lo largo de nuestra vida.

En lo personal he vivido con todo tipo de miedos y limitaciones, acerca de mis capacidades, de mi imagen, de envejecer, de mi sexualidad, de ser inadecuada para la vida que quiero vivir, de morir, de enfermarme, de no ser buena madre, de fallar en general, de decepcionar a otros, de los errores que creo he cometido, de no confiar en la vida, de mi cuerpo, de no perdonarme mis errores, de no poder dejar ir y al mismo tiempo ser muy dura y sumamente crítica conmigo, sintiendo grandes culpas, vergüenzas y en ocasiones profunda tristeza y decepción. Te cuento esto porque, aunque es mi séptimo libro y llevo 15 años trabajando en desarrollo interior, no quiero que pienses que escribo sin saber qué llevas dentro. Porque estas conversaciones que nos fraccionan como seres humanos no son exclusivas, sino de muchos.

He llegado a un punto en mi trabajo que entiendo cómo podemos deshacernos al fin del hechizo que vivimos, si lo que queremos es dejar de sufrir, en virtud de que a muchos nos quita el deleite de vivir y el aprecio de quienes somos.

A veces vivimos sintiéndonos sin la posibilidad de amar y amarnos. Otras no sabemos lo que quieren expresar cuando nos dicen "vive en tu poder". Esto debe cambiar. Los seres humanos tenemos derecho a experimentar felicidad y a brindarnos la oportunidad de construir la vida que se apegue a nuestros anhelos.

Te invito a que camines de la mano conmigo, a que sueltes todo lo que te ata, a que te permitas ser libre, a que recuperes tu voz y a que vivas en completa aceptación y amor profundo por ti y por otros. Esto propone el presente libro y lo único que se necesita de ti es un *sí*.

PARA QUÉ SIRVE ESTE LIBRO

¡Libérate! es un libro que nos enseña a trascender el dolor para vivir centrados en el amor puro, con el fin de desterrar la vergüenza, la culpa y los profundos temores de nuestro sistema social. La desvaloración de nosotros, la falta de empatía, de compasión y no saber cómo acceder a un perdón real se han convertido en un veneno que nos duerme y nos aleja de nuestra más pura esencia.

Debemos aprender acerca de los tentáculos mentales que radican en nosotros y nos someten a estados de tristeza y nostalgia, que nos hacen sentir inadecuados y nos alejan de crear relaciones funcionales. Éste debe ser el mayor propósito de cada ser humano: conectarse de manera profunda con su vida y la pasión por vivir. Sólo *ser* debería constituir la más alta realización.

Para lograr este gran paso podemos apoyarnos en técnicas, metodologías, reflexiones, filosofías, autoconocimiento, etc., pero lo que se requiere es una gran disposición y la voluntad de conocernos desde otras luces.

Nadie puede mostrarnos como "decidir" de una vez por todas parar el sufrimiento. La decisión está ahí para ser tomada en todo momento.

Cuando por fin decidimos liberarnos de las cargas físicas, mentales y emocionales, agradecemos, porque gracias a todo lo vivido podemos ahora elegir transformamos en seres honestos, sencillos, con un gran sentido del humor. Así, la vida se vuelve más sutil al aceptar lo que vivimos. Lo interesante es observar cómo creamos en gran medida la loquera individual y colectiva que hemos llamado "realidad".

Si tu voluntad ahora es experimentar una dimensión en la cual reconoces que tú eres *la vida*, en la que la paz es el sendero de tu camino, juntos encontraremos con estas palabras un bálsamo para el alma y regresaremos a casa.

Capítulo 1
El juego del ego. El miedo *vs.* El amor

*Lo único que sana es el amor. Nuestra
única misión es el perdón.*

LA PROYECCIÓN

Por debajo de la tristeza, el miedo, los reclamos, la depresión, la desconexión, la confusión, el enojo, las adicciones, etc., existe un sistema de pensamiento colectivo que debemos reconocer para liberarnos de manera radical. Si no echamos luz al origen de la distorsión que hemos creado como humanidad, acabaremos por sentir decepción por la inhabilidad para conquistar la anhelada paz interior: esa que existe fuera de las creencias que parten del miedo y la aparente separación que crean nuestros juicios.

En este proponemos deshacer la confusión mental en la que vivimos muchos de los seres humanos: una que vive sembrada en nosotros desde la Antigüedad y nos causa un aparente quebrantamiento.

Es importante erradicar el malentendido en el que muchos vivimos, que nos pesa emocionalmente, que rige la mente, nuestras relaciones y la vida misma y, por lo tanto, embarga la posibilidad de vivir realizados, felices, auténticos y libres.

Primero aclararemos qué es el ego y por qué resulta importante mencionarlo. Muchos me comentan que no lo tienen claro y me parece que es porque se torna más simple de lo que creemos:

El ego es una creencia o un pensamiento que nos aleja del amor: es la conversación que define, interpreta y juzga desde el miedo, a partir de los pensamientos. El ego proyecta un mundo de ilusiones, para que sigamos buscando fuera de nosotros el alivio y la paz que encontramos dentro de nuestro ser. El ego crea ídolos falsos dentro del mundo que creemos que nos van a dar el bálsamo de serenidad con el cual no logramos conectar... gurús, tecnología, objetos, relaciones especiales, cierta imagen o éxito, etc. Pero si lo reflexionamos, ¿cómo vamos a encontrar la paz en algo que esta fuera de nosotros? Si fuera así, no podríamos vivir en un estado de paz permanente. El ego aparentemente nos ofrece más promesas por alcanzar, por lo cual seguimos con problemas, decepciones y expectativas y ésta es la manera de asegurar su sobrevivencia. Su regla es "busca y busca en el mundo de las ilusiones". Por ende, nos metemos en el juego de dolor y placer, representado por satisfactores del ego (éxitos terrenales) con el fin de evadir el sufrimiento autoimpuesto por nuestros pensamientos. Este esfuerzo nos aleja de reconocer que la vida contiene una satisfacción llena de paz, a nivel más profundo, fuera de este vaivén. Vivir reactivos emocionalmente —ya sea felicidad por alguna razón o tristeza por una circunstancia— nos siembra en la confusión y el exterior dicta nuestra respuesta emocional, cuando en el fondo lo que deseamos en todo momento es amar y ser amados, y creemos que esto lo lograremos con los reconocimientos del ego. Volvernos el amor mismo es un estado del ser y no del hacer.

La única manera de soltar es reconocer que el ego no tiene soluciones ni la salida a la paz, porque en sí el ego crea los problemas o, mejor dicho la necesidad de creer en él. La plenitud y nuestro reconocimiento de amor están accesibles a nosotros cuando entramos en silencio. Al dar un paso atrás nos reconocemos como parte de un todo en el que nada hace falta y en el que una consciencia baña absolutamente todo. El ego pelea que nos rindamos a esta fuente porque revela su desintegración.

Todos escuchamos dos voces: la del ego y la que nos conecta con una verdad que se alinea a nuestro corazón. La primera es mucho más fuerte y aparentemente tiene la razón, es la que trata de proponerte cómo entender y reaccionar frente a lo que vives, creando la ilusión de que lo que percibes está separado de ti. Aunque en realidad no tenemos la capacidad para ver nada objetivamente, no podemos salirnos de nosotros y ver la vida fuera de nuestros filtros: creencias y pensamientos construidos del pasado. Nos relacionamos con el exterior con el significado que nuestros paradigmas le dan a lo que vemos y muchos de ellos —si nos los cuestionamos— están basados en el ego/miedo/limitación.

Nuestras posturas son sólo un punto de vista de múltiples que podríamos tener, unas que hacen eco con la programación que llevamos dentro. Al creer lo que nos dice la voz del ego, muchos la confundimos con "la verdad absoluta" y creamos conceptos falsos acerca de nosotros y de nuestra experiencia de vida. Esto sucede de manera mecánica y el ego toma la batuta de nuestras palabras, emociones, comportamiento y por lo tanto de nuestra vida, regida por el miedo. Muchos de nosotros fuimos criados con apego al sistema de creencias del ego. Al crecer inmersos en este modelo de pensamiento, no lo cuestionamos, ni siquiera lo vemos porque hace eco con nuestra cultura. Pensamos que lo que creemos es la manera correcta de relacionarnos la vida porque así se nos ha enseñado.

La Humanidad forma una mente colectiva que comparte alrededor de 60 000 pensamientos por día (¡uno por segundo!) y 95%, de los cuales son los mismos día a día. La mente es como una grabadora que se repite sin parar y lo más inquietante es que las estadísticas muestran que 80% de estos pensamientos son negativos, lo cual implica que 45 000 de ellos nos perjudican. Los pensamientos nos visitan a todos, pues nadie tiene la exclusividad de los pensamientos negativos. Por ello, una inmensa liberación aparece cuando reconocemos que no somos la voz de la mente.

Los pensamientos que alimentan el ego corroboran nuestros profundos miedos, no lo que es real. Es una narrativa que al creerla y, por ende, al sentirla parece real. Pero lo verdadero es que el ego sólo existe cuando pensamos desde el miedo.

Al vivir creyendo que nuestros puntos de vista son la única *verdad o* la más razonable, nos perdemos en una miopía que deja cualquier otra posibilidad fuera de la ecuación. El gran reto es soltar nuestra versión de los hechos. Dicen por ahí que hay más adicción por tener la razón que por la heroína; además, creemos que nuestros juicios y puntos de vista nos dan identidad cuando en realidad sólo dan identidad al ego.

Dejar ir al ego es evaporar la necesidad de vivir en el miedo, la defensa y el ataque, es el fin de vivir en las ilusiones mentales, es fluir y saber que lo adecuado para nosotros va más allá de nuestro entendimiento racional. Sin embargo, a nivel más profundo debemos comprender que la vida no está separada de la mente, pues todo lo vivimos por medio de nuestra percepción y esta es ilusion, por lo cual la vida es para cada uno como la entendemos mentalmente. En consecuencia, no es necesario vivir a la defensiva, porque en todo momento reaccionamos ante lo que interpretamos, no a los hechos en sí, pues fuera de nosotros los hechos son neutrales y cada quien impregna en ellos su programación interna. "Soy la vida" es la mayor verdad (esto lo comprenderemos profundamente al terminar de leer el presente libro). Reconocer y aceptar lo que vivimos nos abre a la premisa de comprender que la gran mayoría de nuestros problemas se asocian con nuestra capacidad para recibir lo que vivimos. Al relacionarnos en cada momento con la realidad de frente, nos permitimos despertar de nuestras pesadillas mentales y movernos de nuestras percepciones a un conocimiento más profundo de cada situación que solo nos brinda el amor.

> *La realidad tal cual es más dulce de lo que nuestra mente nos dice de ella.*
> BYRON KATIE

Cuando negamos que el origen de nuestra limitación proviene del ego y que se alimenta del temor y la vergüenza, vivimos lo llamado *ignorancia espiritual*. Al reconciliarnos con el Amor, con mayúscula, la fuente de todo, apreciamos cada momento y nos unimos con todo y todos. Por el contrario, el ego es depresión y cuanto más encerrados estamos en el mundo de los pensamientos, más nos aislamos. Al retraernos de la vida, nos perdemos en estados mentales que nos llevan a la confusión, y la consecuencia son las guerras internas que crean nuestros juicios. Al caer en ellos perdemos la paz, pues juzgar y amar son opuestos.

Estamos obsesionados por defender nuestras posturas, pero no somos capaces de ver que protegerlas nos causa dolor y nos aleja de la posibilidad de permitir el amor.

Piensa en alguna situación de conflicto y reconoce como lo que refuerza tu sufrimiento es la necesidad de querer tener la razón como *tu gran verdad*.

Vivir en el mundo del ego es alejarnos del ser porque alimentamos pensamientos, emociones y comportamientos que nos apartan de nosotros, de otros y del universo. Esto apunta a un mundo del cual debemos protegernos, en el que el simple hecho de vivir es una amenaza.

Todos tenemos la elección ante cualquier situación de alinearnos a la voz de nuestro corazón: una que es mucho más sutil y habla después del ego, o comenzar la enramada del miedo, sosteniendo historias y emociones que nos someten a un mundo interior de complicación, hundimiento, co-dependencia, apegos y necesidades no resueltas.

Cada uno tiene la capacidad para elegir entre la mente sana, la cual está vinculada con nuestro ser verdadero, o la mente errada. El reto es darnos cuenta de que no se puede atender a dos voces que se contradicen entre sí. Tenemos que elegir entre nuestro ego/miedo o el amor.

En el sistema de creencias del ego, los enemigos, competir, vivir con inseguridades, criticar, no confiar y atacar son sólo algunas alternativas que nos ofrece para vivir. Esto cultiva culpas, ansiedad, juicios y miedo, que sostiene nuestra mente, en la cual quedamos solos y frustrados. El ego nunca sabe la verdad. Y no es una opción real que tiene soluciones para nosotros o para nuestros dilemas porque dentro de su conversación errada se crea el conflicto. La solución ante todo es un cambio de perspectiva al amor y la práctica del perdón, lo cual provoca que nos elevemos a otro estado de conciencia en el que cualquier problema se observa como una situación frente a la cual decidimos: "Cómo queremos relacionarnos con ella". Todo conflicto nace y muere en la mente.

El mecanismo mental en el que estamos inmersos provoca que *proyectemos (veamos fuera de nosotros lo que nos pertenece pero que no nos agrada) nuestro ego* de manera constante. Lo hacemos porque el ego causa dolor y culpas en nosotros y creemos que la manera de deshacernos de nuestras dolencias consiste en colocar nuestros juicios en otros. Así creamos una espiral de la cual será difícil salir si no reconocemos lo que realmente sucede. Pensamos que son otros a quienes debemos atacar, y no nos damos cuenta de que lo juzgado en ellos es lo que debemos transformar por medio de lo que pensamos. Como una ilusión óptica vemos fuera de nosotros todo aquello que no soltamos en nuestro interior. Pero lo cierto es que ni la culpa ni el sufrimiento son reales, no existen fuera de nosotros, ni en el universo, sino que son creados por los pensamientos.

Un día debemos reconocer que la manera de pensar en la que estamos sumergidos es enloquecedora. Sin darnos cuenta, vivimos bajo el mando de dogmas que son destructivos. Asimismo, nos perdemos en el exterior al pelearnos con lo que ocurre sin darnos la posibilidad de aliviarnos. Pensamos que el dilema está fuera de nosotros cuando ha vivido en nuestra mente como una elección.

Mientras sigamos atacando y creyendo nuestros juicios será imposible resurgir; culpar y culparnos será el origen de nuestras relaciones. Al alinearnos con un propósito de paz, con integridad y un nivel alto de conciencia, lograremos lo imposible, pero sobre todo sanaremos la relación con los demás y —aún más importante— sanaremos la relación con nosotros.

Hemos vivido identificados con el mundo de la forma, el plano físico, el de los cinco sentidos, creyendo que es la única "realidad". No comprendemos que la realidad incluye el plano del espacio, el de la *no* forma y que el plano físico es el espejo de lo que sucede en nuestro interior. Todo lo que pensamos, declaramos creemos, así como nuestras intenciones lo vemos manifestado en la última fase, en el plano físico, lo material. Pero en la no forma despertamos a estados de conciencia de amor, paz, gratitud, conexión y expansión que permiten lograr un efecto en el plano físico. Lo que llevamos dentro es un espejo de lo que manifestamos en nuestra vida. Cuanto mayor nivel de conciencia tengamos, menos esfuerzo y mayor armonía conquistaremos.

Al crecer creemos que el mundo y la "realidad" en la cual existimos son la única verdad porque es así como se perciben. Lo que crea nuestra experiencia de vida es nuestro estado de conciencia que actúa como nuestra programación. Por ejemplo, a lo mejor una persona podría vivir el hecho, de *"terminar una relación"*. Con una una interpretación como: esto es triste, no soy merecedor del amor, no merece la pena vivir. Ésta conversación establece un estado de conciencia limitante, en el cual se cree que el exterior define tu bienestar espiritual.

Los significados que proyectamos al exterior definen nuestro estado emocional, nuestras creencias y pensamientos, pero no son *la verdad*. Recuerda que cada pensamiento nos lleva a sentir algo y al conectarlo con nuestro estado emocional creemos que es la realidad.

CIENCIA Y SIGNIFICADO

En una investigación realizada en 1982 en la Universidad de París se descubrió que en ciertas circunstancias las partículas subatómicas como los electrones son capaces de comunicarse entre sí instantáneamente, sin importar la distancia que los separa: ya sea 300 metros o 10 000 millones de kilómetros de distancia. De alguna manera cada partícula siempre parecía saber lo que hacía la otra.

El gran físico David Bohm (1917-1992) creía que tales resultados implican que la realidad objetiva no existe y que, a pesar de su aparente solidez, el universo es en el fondo un gigantesco y *detallado holograma*. Dentro de un holograma no importa cuántas veces se divida el conjunto, la parte siempre contendrá su totalidad.

Así como innumerables experimentos basados en la física quántica muestran que cada parte, tan aparentemente pequeña o independiente, es la realidad total y la fuente de la realidad misma interconectada, que contiene esa fuente y viceversa. Esto significa que todos estamos unidos y que sólo existe una aparente separación creada por la percepción.

Si la aparente separación de las partículas subatómicas es ilusoria, significa que, en un nivel más profundo de la realidad, todas las cosas en el universo están interconectadas íntimamente. De este modo, las deducciones de los experimentos holográficos concluyen que *la autonomía y la separación son una ilusión o maya* y que todo es uno. Todo está íntimamente conectado a una conciencia absoluta, que vibra a diferentes densidades.

Los electrones en un átomo de carbono en el cerebro humano están conectados a las partículas subatómicas que componen cada salmón que nada, cada corazón que late y cada estrella que brilla en el cielo. La unidad prevalece, así como el tiempo y el espacio ya no pueden ser considerados fundamentales. En su nivel más profundo, el mundo es una especie de súper holograma en el que el pasado, el presente y el futuro existen simultáneamente.

Raimon Samsó menciona en su libro *El código de la manifestación* que el mundo que parece ser sólido es 0.000000000001 por 100 de la realidad, y el componente inmaterial es la conciencia es el 9 999 999 999 por 100 de la realidad. Irónicamente, la atención de casi todo el ser humano reacciona al componente que aparentemente representa el plano físico de la vida.

Entendemos como conciencia un estado de silencio interior que permite la presencia vinculada con el mundo desde la unidad total. A su vez, los pensamientos representan la conversación colectiva que compartimos los seres humanos. Muchos de ellos invitan al mundo de la separación, los juicios y la dualidad, mientras otros nos alinean al amor y la unidad.

Nuestra conciencia sería también nuestro yo real, parte intrínseca de la consciencia y el todo y, por ende, nada y todo al mismo tiempo.

Nada de lo que percibimos como separado tiene una existencia independiente, pues todos en este caso somos extensiones relacionales de la unidad subyacente de la conciencia. La realidad física es un producto de la consciencia, a la vez que toda experiencia humana es un proceso mental que sucede dentro de nuestro universo interno.

Hemos llegado a una comprensión de que somos seres multidimensionales. Por ello, para mí lo interesante de esto es que abre una posibilidad que nos invita a elegir si deseamos enojarnos, estresarnos, sufrir etc., reaccionando al exterior, reconociendo que es una realidad relativa. Es más efectivo hacer una transformación dentro de nosotros y cambiar la manera de relacionarnos con lo que está fuera. Esto no significa que si vemos dolor o injusticia decidamos no darle importancia, sino que si decidimos actuar, lo haremos desde la extensión de nuestro amor interno.

En muchas culturas vivimos acostumbrados a identificarnos con nuestras etiquetas (madre, hermano, nacionalidad, edad, mujer, divorciado, enfermo, empleado, jefe, etc.) cuando dejamos ir las identificaciones del mundo de la forma. La conciencia, lo que somos, nos libera, para vernos desde una perspectiva mayor y así relacionarnos con otros, fuera de los roles y los condicionamientos.

Al crear el espacio interior necesario para la sanidad fuera de lo que "creemos que somos" fuera de cualquier juicio, se presenta la posibilidad de la paz interior. De aquí surge el entendimiento de que hay dos maneras de vivir: extendiendo amor que surge de nuestra conciencia o proyectando nuestros miedos al mundo de la forma.

Crear dicho espacio es reconocer que nuestra conexión con la vida se lleva a cabo en esta dimensión, donde la inspiración, la intuición, la conexión con una fuerza mayor son guías invaluables, y no en el mundo material en el que muchos sostenemos el ego, con el cual muchos estamos completamente identificados a través de nuestros miedos, utilizando los ojos físicos, y no espirituales.

Ser inconscientes es pensar que la vida es lo que "*vemos*". En otras palabras, en el espacio y no en la forma se transforma la vida. Al cambiar como vemos la vida, todo en ella se transforma. En la dimensión de la conciencia se abre el sendero para que sanen los altibajos emocionales, no en querer cambiar a otros o en manipular lo exterior; así podemos encontrar paz incluso en el dolor. Al recrear silencio entre los pensamientos emana la paz interior extrema, una que va más allá de la forma: esa que se une a la serenidad de nuestro verdadero origen.

Nuestra vida está llena de cosas que utilizan espacio. La vida de la mayoría de las personas está llena de objetos materiales, cosas por hacer y pensamientos. Al dejarlas ir creamos espacio.

Una razón por la cual nos molestamos ante una situación, persona o evento es la falta de espacio. Perdemos la perspectiva verdadera que sólo podemos encontrar ahí. Al crear espacios en la vida descansamos de nuestra identificación con el mundo de la forma, con todo aquello que vemos y frente a lo cual reaccionamos como si fuera lo único real. En ese momento podemos tener una perspectiva más amplia de lo que realmente sucede. Esto nos permite ver posibilidades en situaciones complejas.

Vivir desconociendo lo anterior nos roba la posibilidad de madurar porque no hay espacio para la reflexión y el autoconocimiento; además, nos genera una aparente lejanía con nuestro poder personal. Pensamos que el amor y la tranquilidad sólo podrán ser conquistados en un futuro lejano o dentro de las ilusiones del mundo de la forma. No comprendemos que para vivir plácidos requerimos deshacer los cuentos mentales, conquistar el silencio interior y al fin poner en paz al ser. Esto sucede en el presente, en el aquí y el ahora.

En este momento, respira…siente el poder de este instante, en el que todo es posible… Es en el ahora que tenemos el acceso al portal del pasado, para sanar y soltar. Para elegir cómo queremos vivir y determinar desde qué postura recibiremos el futuro, que se desenvuelve frente a nosotros de manera evidente cuando estamos en presencia. Al existir simultáneos pasado, presente y futuro, liberamos el pasado, sanamos en el presente y cambia la manera como recibimos el futuro. Por ello, es de gran importancia corregir los pensamientos ahora y dejar ir lo que nos aleja del poder que tiene cada instante.

Dicha conciencia despierta al ahora nos permite sabernos íntegros y plenos en cualquier instante, incluso cuando experimentamos dolor, pues al vivir el presente sin las historias reconocemos una presencia dentro de nosotros que se mantiene en serenidad, más allá de lo que pensamos.

La mente tiende a estar sana, pero antes debemos llevarla a un espacio de claridad. Cualquier conflicto que carguemos como memoria o recuerdo debemos traerlo al presente con el fin de sanarlo, ya que todos los instantes de la vida están vinculados entre sí. Cuando aprendemos a asumir el presente, el pasado y el futuro se colapsan y todo se vuelve eterno, se disuelve en el espacio. El presente significa la desaparición del ego (miedo) porque éste depende de un pasado para subsistir y así se proyecta al futuro. Para el ego rechazar el momento presente es lo más importante y al negarlo da la espalda al universo. El ego ve al presente con desconfianza porque significa su muerte. Al disolver las ilusiones mentales que fabrica el ego, lo único que queda es el amor, el aprecio.

En una mente proyectada al futuro, la angustia se crea como un fenómeno conocido por esta cultura y se vuelve un huésped en nuestro cuerpo emocional, cuando no erradicamos la cortina de humo que crean nuestros pensamientos, así como cuando no reconocemos que el momento presente contiene todo lo necesario para vivir en expansión y que lo pensado ciega nuestra verdadera libertad.

La ansiedad es la distorsión de la realidad. Al deformar lo que realmente ocurre en este momento (los hechos) experimentamos ansiedad y/o depresión, lo cual tiende a provocar temor. Cuando sentimos miedo o ansiedad es porque experimentamos algo que no sucede en el presente o intentamos "ser algo" o "cambiar algo" basado en nuestros miedos. La ansiedad es una sensación de preocupación constante, sufrimiento, desamparo y de intenso temor a perder, revela el juego constante que vive en nosotros entre amor y miedo, las cuales son las únicas dos emociones que podemos experimentar.

En otras palabras, la ansiedad es miedo al futuro, en el cual anhelamos conquistar algo en nosotros o en el exterior que creemos no tener y que necesitamos para "estar bien". En algunos casos este miedo puede ser tan fuerte que perdemos la percepción real de las cosas y nos excluimos en estos pensamientos que creemos son la realidad.

Al plantearnos lo anterior, debemos reflexionar… ¿qué es real ante nuestra mente? Somos capaces de manifestar nuestra experiencia de vida en todo momento y se nos ha olvidado este poder. También hemos olvidado que en cada oportunidad podemos maravillarnos de la gloriosa experiencia que es vivir, y ahí surge la posibilidad de que seamos felices, no que vivamos atados a los mandatos del ego.

Nos hemos sumergido en un trance colectivo en el cual creemos que en un futuro al fin seremos felices, cuando algo o alguien cambie o haga algo para que yo sea libre… o cuando por fin suceda lo que me va a hacer sentir bien acerca de la persona que soy. Así, el amor y la eternidad del presente no están a nuestro alcance. Nuestra felicidad se evapora y nuestro poder personal se vuelve aparentemente inalcanzable.

Si te mueves a la verdad espiritual y aceptas lo que vives y lo que sientes en el presente, reconocerás que este momento es el de máximo aprendizaje, en el cual puedes decidir soltar y ser el gozo mismo. Muchos hemos intercambiado creer que sabemos todo por vivir con una conciencia despierta. Al soltar la mente y lo que creemos que es real, damos un giro y vivimos con el corazón abierto; así, la vida pasa de ser un espacio de naturaleza estática y robotizada a un mundo maravilloso por explorar y conocer.

La comprensión surge de manera natural cuando reconocemos que no sabemos nada, porque nunca hemos vivido este preciso instante, y al entregarnos a él reconocemos que viene cargado de enseñanzas, aun cuando también sólo en este preciso momento son posibles la libertad y con ella la paz. Ahora reflexiona si hay resistencia a lo que lees. Si piensas… pues si quiero ser feliz pero no es un buen momento, mira todo lo que me esta pasando… El ego quiere tener la razón y siempre encontrará una justificación para posponer la paz.

EL TIEMPO

El tiempo lineal es una ilusión, lo cual corroboró Einstein. Para muchos, este concepto aún es un reto porque percibimos la realidad en un proceso lineal, una etapa tras otra. Lo que nos dice Einstein y verifica la física cuántica es que todo sucede simultáneamente. Si suponemos que no hay tiempo lineal y exploramos esta posibilidad, veremos que si lo deseado es vivir en amor, esto ya es una posibilidad en tal momento y también existe la posibilidad de alterar con ello el pasado, sanarlo, transformarlo ahora y alterar el futuro. Si todo sucede al mismo tiempo, existe una versión paralela de ti basada en amor en cada etapa de tu vida.

Según el científico francés Jean-Pierre Garnier Malet, la teoría del desdoblamiento del tiempo afirma que nuestro cuerpo al ser también energía puede proyectarse hacia el futuro, extrayendo información de esta realidad paralela, la cual se traslada a nuestro presente. De cada instante que vivimos existe una partícula de información mental que recibimos, inconscientemente sobre nuestro futuro y que proviene de nuestro "otro yo energético", cuánticamente hablando. Con éste influimos en el porvenir.

Garnier dice al respecto: "Tenemos la sensación de percibir un tiempo continuo. Sin embargo, como lo demuestran los diagnósticos científicos por imágenes, en nuestro cerebro se imprimen *sólo* imágenes intermitentes. Entre dos instantes perceptibles siempre hay un instante imperceptible" y explica enseguida :

El fenómeno del desdoblamiento del tiempo nos da como resultado el hombre que vive en el tiempo real y en el cuántico, un tiempo imperceptible con varios estados potenciales: memoriza el mejor y se lo transmite al que vive en el tiempo real.

Tenemos un cuerpo que nos permite proyectarnos en el porvenir: Ir al futuro, modificarlo y volver para vivirlo. Y es durante la noche cuando tenemos la capacidad de acceder a ese futuro que hemos construido durante el día.

Por ejemplo, hace unos días hice una sesión MMK con una mujer que sufría por haber terminado una relación. Sus pensamientos eran más o menos así:

- ¡No es justo!
- ¿Qué hay de malo en mí?
- ¿Por qué me dejó?
- Él debería aceptarme.
- Él debería darme lo que yo le di, etcétera.

Estos pensamientos pertenecen al ego, nos dejan en una silla de enojo, miedo, frustración, victimización y sin poder. Por medio de su lenguaje crea su realidad mental y emocional. Trabajé con ella y eliminamos estos pensamientos, pues reconoció dentro de un espacio de conciencia despierta, alineado a su sabiduría, que no eran ciertos.

Lo interesante es que tenía una interpretación similar con su pareja anterior. Nuestra manera de pensar y cómo experimentamos la vida se repite una y otra vez en el exterior, aun cuando sean diferentes hombres en este caso. Al darse cuenta de que cuando terminaba relaciones, *su lenguaje* terminaba en la misma conversación limitante, reconoció que era una forma de pensar de ella y que podía elegir *cómo* vivir. Por fin sanaba una lección que la vida le ofrecía una y otra vez, para verse fuera de la posición de víctima. Al cambiar su narrativa y elegir paradigmas más funcionales pudo corregir su perspectiva y al aplicar esto a la situación, así cambiaba radicalmente su experiencia. Nuestro libre albedrio en cada situación radica en "cómo" quiero vivir esto... desde la paz o la reacción de emociones que surgen de mi condicionamiento. Digamos que en el plano físico se presenta la lección y podemos elegir despertar ante lo que vivimos.

En este caso ella erradicó su percepción de la relación actual y al hacerlo sanó todas las anteriores: se colocó en tal posición que si en un futuro termina una relación, no elegirá pensamientos que delimiten su poder y su bienestar. Para ello no es necesario hacer esfuerzo o ejercicios constantes, porque el cambio de percepción altera nuestro estado de conciencia y al hacerlo fortalecemos lo que interpretamos de la vida hoy, se transforma nuestra relación con el pasado, el presente y el futuro... y cambia nuestro estado interno frente a la vida.

Muchos creemos que para dejar de ser víctimas requerimos grandes esfuerzos y un proceso en el tiempo; sin embargo, recuerda que lo que creemos creamos. Pero la verdad es que según veamos en las enseñanzas cuánticas, lo que primeramente debemos tener es la voluntad. Y todo puede cambiar en un instante si así lo determinamos. Lo que sucede es que muchos de nosotros aún pensamos que somos víctimas de nuestras circunstancias, sin reconocer que somos la causa y ellas el efecto de nuestro estado de conciencia.

Al investigar lo que llevamos dentro, al conocer cómo opera nuestra mente, nos damos cuenta del poder que tenemos de engañarnos con pensamientos repetitivos y falsos. Así reconocemos que el miedo mental que nos ata no es real, sino sólo pertenece a atributos de la personalidad. Por tanto, los problemas son en su mayoría un aparente mal entendido.

Culpar al pasado es la invitación a la queja, así como crear un mundo mental miope y falso. Cuando damos paso al presente nos damos cuenta de que somos la solución al abrir la vereda del agradecimiento. Pero para ello es necesario dejar el orgullo de querer opinar o sentir una cosa u otra acerca de lo que vivimos.

A veces mis alumnos me preguntan: si agradeces o bañas de amor lo vivido, ¿no estás fuera de la realidad? También es difícil comprender la idea de estar en paz con alguien o algo que se considera malo o ha hecho daño. Pero es interesante cómo al rechazar las situaciones que son un reto, cerramos nuestro corazón y nos convertimos en un elemento más en el universo que ataca algo y que se siente justificado por no vivir en amor. Esta postura que recrimina es una defensa más para no vivir en paz.

De lo anterior se infiere que cuando queremos volvernos el amor mismo, la vida misma, debemos estar dispuestos a amarlo todo, incluso lo que más amor necesita; además, evidentemente es lo que aparece como un mayor obstáculo para nosotros. Cuando clasificamos lo que se debe amar y lo que no, creamos una realidad interna desintegrada. Si esto es un reto ahora, comencemos por tener compasión por nosotros y por lo que sucede en el mundo que no comprendemos, en vez de juzgarlo.

Si justificamos no amar porque preferimos sostener nuestras opiniones y reclamos, con ellos no podremos cambiar nada a nivel más profundo si ése es nuestro deseo. El universo es generosidad y no conoce otra cosa, pero la mente que se encuentra gobernada por el sistema de creencias del ego conoce el miedo y adopta un sinnúmero de formas. Si nos alineamos a la mente universal, sólo conoceremos pensamientos de amor porque éste es su lenguaje. ¿Estarías dispuesto hoy a soltar todos los pensamientos de miedo y crear una mente paralela con la del universo, la del amor? y ¿consideras que el sistema de creencias del ego te protege de algo?

Cuando decidimos seguir el camino de las creencias limitantes, optamos por vivir en resentimientos o culpar a otros, y así es como nos convertimos en seres deshonestos, porque nos engañamos al creer que el otro nos hace sentir de determinada manera, sin reparar y reconocer que lo sentido lo llevamos dentro, y además culpamos a otros por ello.

La vida nos invita a vivir en integridad dentro de nosotros, con otros y con el universo. Por ende, mientras defendamos nuestras creencias, habrá alguien o algo que nos recuerde que hemos elegido la separación por medio de nuestros juicios y hemos decidido no tomar la responsabilidad acerca de nuestros sentimientos.

Piensa en algo o alguien a quien en este momento sea un reto amar y ahora anota en un papel todo lo que piensas de ellos o de la situación. Todo lo que hayas escrito son tus posturas personales que justifican no vivir en amor. Todo ese desamor que crees tener por otros aparece en *tu* mundo mental. Es interesante reflexionar en la idea de que creemos que lo percibido está separado de nosotros, pero ¿cómo sería posible esto? Nosotros, las personas y las situaciones son sólo una interpretación de cómo vemos el mundo. Todo comienza y termina con cada uno, entender esto es fundamental.

SER HONESTOS

Muchos pasamos la vida ocultando quiénes somos realmente sin darnos cuenta. Usamos máscaras que nos acartonan, nos alejan de nosotros y, por lo tanto, de otros. Esto se vuelve agotador y nuestra vida pierde un sentido real. Estamos aquí para aprender a derrumbar lo que nos hace sufrir, ya que tales obstáculos nos impiden experimentar amor. *El Amor es la Verdad*, el poder que vive dentro y fuera de todo. No es necesario buscar la Verdad, sino distinguir lo que es falso.

Un joven le dice a un señor mayor:

—Pretende por un momento que estás rodeado de tigres salvajes que quieren atacarte —el señor piensa, y después de unos minutos le contesta:

—No sé. ¿Rezar? Correr sería inútil, los tigres me alcanzarían... No sé. ¿Tú qué harías? —le pregunta al joven y él le responde:

—Yo dejaría de pretender.

Nadie puede sacarnos de patrones enfermos de pensamiento que pretenden nuestro sufrimiento mental que día a día entreteje la mente más que uno mismo. El primer reto es identificar en qué áreas de nuestra vida no somos honestos.

Entendemos la vida condicionados por el pasado. No vemos todo lo que es posible en cada situación, sino que vemos plasmadas en el plano físico nuestras memorias, significados y creencias, que ni siquiera nos pertenecen. Experimentamos la vida, la entendemos y la desciframos mediante paradigmas inventados por otros seres humanos, en vez de reconocer la viveza, la pasión y el gran amor que podemos dar.

Hemos sido programados y respondemos a esta programación, influidos por nuestra cultura, religión, sociedad, familia, medios de comunicación, etcétera. Este sueño del mundo creado por el ego incluye las leyes de la sociedad, sus juicios y regaños, sus rangos, moralidad, creencias, costumbres, mitos, religiones, valores, filosofías, etc. En otras palabras, la opinión popular es una gran conversacion creada en la que estamos sumergidos.

Perpetuamos el sueño del mundo y la conclusión es la ilusión que todos compartimos cuando vivimos sembrados en el miedo. Hemos sido domesticados y somos adictos a las ilusiones mentales que inventamos, porque creemos que esto que construimos como realidad física nos da identidad.

Existen cuatro tipos de sueño ilusorio mental:

a) **Nuestro cuerpo es el héroe del sueño:** vivimos completamente identificados con quien "pensamos que somos", "nos maquillamos" y echamos a andar al protagonista que somos… junto con todas nuestras ideas y posturas. Vivimos de nuestros roles.

b) **Nuestro sueño secreto:** aparece cuando soñamos acerca de la culpabilidad, la vergüenza y el miedo. Es el cuento que nos contamos de manera constante y obsesiva de nuestras fallas, las de otros y la de la vida.

c) **El sueño público:** es lo que les decimos a los demás acerca de nosotros, es lo que pensamos que el mundo cree acerca de nosotros. Perpetuamos la imagen y la exposición de cómo queremos "ser vistos".

d) **El sueño del mundo:** es el ego colectivo o el sueño que todos compartimos, es lo que aparenta ser la realidad, lo que sucede en el mundo del tiempo aparente, es el mundo que vemos en las noticias y en los libros de historia. Es la "realidad" que alimentamos todos los dias.

Al vivir inmersos en el mundo de los sueños ilusorios mentales nos alejamos de observar dimensiones más profundas en cada situación y vivimos de manera automatizada. Nos relacionamos con la vida con lo que "*pensamos* de ella" y "lo que *pensamos* de nosotros y de otros" con conceptos inexplorados confundidos con *la verdad*. Nos perdemos en mundos de fantasía, reaccionando al mundo de nuestra imaginación.

La vasta realidad que ofrece múltiples perspectivas y dimensiones, queda inaccesible a nosotros. En cada situación que vivimos existe también una perspectiva que incluye nuestra conciencia despierta, la cual está sembrada en la serenidad. Cuando quien entra a vivir nuestra vida es la mente por medio de nuestros temores; vivimos entonces en un mundo que nos aleja de la libertad mental y emocional.

Debemos darnos cuenta de que el universo nos pide descanso, abrir los ojos y suavemente nos susurra… Detente, entra en silencio. Todo este pretender y actuar, todos estos mecanismos de defensa que has desarrollado "para protegerte" con el fin de sentirte adecuado, cuidado y evadir sentir dolor deben terminar ahora.

Tu armadura no te permite acceder a tus talentos, a tu sensibilidad y tu crecimiento. Es comprensible construir estas "protecciones" cuando creías que eras un ser pequeño.

Hacemos todo esto con el fin de sentirnos merecedores del amor que anhelamos, sin reconocer que ya somos el amor, pero le hemos dado la espalda y ahora lo buscamos desesperadamente. Pensamos que actuar la vida nos hará pertenecer, merecedores de mundos importantes o seguros (pero la palabra *importancia* es también del ego). Vivir siendo nuestros roles nos hace sentir cada vez más perdidos.

Cada día que pasa, el tiempo de esta experiencia humana acorta la posibilidad de liberarnos. La vida que es para ti, tus sueños, aventuras y la profunda capacidad de amar que te aguardan están en espera de tu despertar, el cual está ahí en todo momento. No debemos vivir preocupados por lo que otros piensan, dicen o hacen o por lo que vaya a suceder. No podemos vivir con miedo a ser. Fuimos hechos por el amor y pertenecemos a él, porque la realidad es que no podemos separarnos de nada. La valentía y la voluntad de vivir libres corren por tus venas. *Nacimos para amar con el alma completa*. Es momento de aparecer en nuestra vida en total confianza y ser vistos como realmente somos.

El sueño de ser "alguien"

Las creencias impulsadas por el ego nos atrapan y se convierten en espesas nubes mediante las que pensamos. A veces estamos tan saturados de posturas, opiniones, reclamos e historias junto con toda la fuerza emocional que esto conlleva, que formamos un centro poderoso de energía convertido en un yo falso. Cuando nos perdemos en quien pensamos que somos creamos una identidad aparente. Este yo se vuelve un punto de vista, una manera de ser y una respuesta emocional aprendida. El yo pide ser respetado y se toma su papel muy en serio, está construido de la mano del ego al que pueden dañar u ofender.

Así nos metemos en el trance "yo soy así" y creamos una identidad separada "especial": nos colocamos en la posición favorita del ego. Cuando nos metemos en la historia del "yo" hay una imagen que cuidar o cambiar, hay expectativas y roles por desempeñar. Comenzamos a forzar la vida, nos volvemos farsantes, impostores que viven sus logros por medio del ego, pues dejamos nuestro verdadero ser con la finalidad de pretender ser alguien y defender lo que ese alguien cree que necesita para existir. La vida se vuelve una disputa, actuamos sin saber quiénes somos y a depender de lo que hacemos. Si somos honestos reconoceremos que usamos nuestro hacer para definirnos, para crear una sensación de identidad que deseamos sobresalga de los demás. Vivimos para alimentar los deseos de la personalidad y hacemos a un lado los deseos del alma, sin comprender que debemos establecer una relación con nuestra alma o ser mayor y alinear nuestra personalidad a ella.

Aunado a ello, la cultura nos incita al trance de "mejorar como ser humano". Una postura ilusoria que rechaza a la persona que eres ahora, vivir en esta creencia nos genera miedos y una inseguridad tajante con la cual emprendemos la vida, sintiéndonos permanentemente inadecuados. Preguntate a nivel más profundo ¿qué hay de malo en ti, quien te lo dijo, cuando decidiste creerlo? Tratamos de cambiar porque no aceptamos la persona que somos en este momento, creyendo que hay una mejor versión de nosotros en un futuro que por lógica se vuelve inalcanzable. Pensar que debemos mejorar implica vivir desde un contexto de carencia. El objetivo es trascender el ego, movernos de una visión horizontal en la que el pasado o el futuro nos atan a una realidad vertical en la cual vivimos en conexión, reconociendo que no hay otro espacio mejor para el reconocimiento de la plenitud que este espacio vertical, en el que accedemos todo lo que has sido, eres y serás. En el que vive el, amor, la gratitud, la abundancia y en el que sucede la vida misma.

LA VERDAD

La manera de salir de este mundo ilusorio que sólo beneficia al ego es por medio de la Verdad. La que va de la mano de la humildad cuando recuerdas quién eres: un ser ilimitado conectado con el universo, no un personaje. La Verdad no admite violencia, por lo cual dejamos de atacarnos con pensamientos de no aceptación y sustituimos las autoagresiones con un profundo respeto a fin de alcanzar la anhelada paz.

Mahatma Gandhi afirma al respecto: "La Verdad no la encuentra quien no tiene un sentido abundante de humildad; el que busca la Verdad debe ser más humilde que el polvo". Para él, el silencio y la humildad fueron el camino para procurar la verdad. Por ello, dijo:

> En un estado de silencio, el alma encuentra un sendero iluminado por la luz más clara. Lo que parece confuso y engañoso es resuelto por una precisión inminente. Nuestra vida debe ser una prolongada y ardua búsqueda de la Verdad. Para alcanzar la cima más elevada, el alma requiere reposo interior. Para quien busca la paz, el silencio se vuelve una

necesidad física porque crea el necesitado espacio. El silencio ayuda a superar sensaciones negativas.

Después de practicar durante un tiempo jornadas de silencio, Gandhi entendió su valor espiritual y añadió: "En esos momentos era cuando podía tener una mejor comunicación con Dios. Ahora siento como si estuviera naturalmente configurado para el silencio".

No se es silencioso por el hecho de no hablar. Podemos taparnos la boca, sin que por ello hayamos conocido el silencio verdadero. El hombre silencioso es el que, teniendo la posibilidad de hablar, jamás pronuncia una palabra de más, el que vive la vida con el corazón y la mente en serenidad.

El silencio nos pone en contacto con nuestra conciencia y sólo al estar conscientes de lo que pensamos comenzamos a sanar. Al vivir en inconciencia nos alejamos del amor; la verdad y nuestro mayor potencial es sabernos conectados con el todo.

Mucho antes de aceptar nuestra ignorancia preferimos reforzar nuestras posturas, así desvanecemos la angustia de no saber nada, pero al mismo tiempo dormimos a nuestra mente que sueña con habilidad de reencontrarse con la verdad.

Todo cambia con las preguntas que nos hacemos, en cuyo caso es más útil preguntarnos: ¿Quién soy realmente? y no ¿cómo puedo cambiar o a quién o qué puedo modificar para sentirme mejor?

LAS SUBPERSONALIDADES

Al vivir dormidos desarrollamos subpersonalidades que creemos nos "protegen". Esto se convierte en un campo de energía protector/controlador que —sin darnos cuenta— se vuelve el jefe/yo. Además de que nos pone bajo su mando, es un patrón de energía que fortalece al ego y nos mantiene distanciados de nuestro verdadero ser.

Cuando vivimos gobernados por el control o la limitación en cualquiera de sus formas, fomentamos raíces que parten del miedo, las cuales generan frutos en los que se propicia la inautenticidad para vivir. Por hallarnos inmersos en este sistema de creencias basadas en el mundo de la ilusión del ego construimos subpersonalidades como el inseguro, el perfeccionista, el complaciente, el crítico, el espiritual, el empresario, el importante, el ejecutivo, la reina de belleza, el enojado, el devaluado, etc. Como resultado, nuestro ego se hace más fuerte, pues nuestra identidad se entrelaza con la personalidad elegida. Lo ideal es alejarnos de esta manera de actuar para no perdernos en ella, poner atención en nuestra alma y alinear nuestra personalidad a que extienda los deseos de nuestro corazón.

Al estar conscientes del origen de los comportamientos que hemos internalizando, podemos observar que no dependemos de ellos para sobrevivir, que de hecho cada actitud ejercida en nosotros nos encapsula en creencias y reacciones. Son simplemente características que podemos modificar para no vivir con las consecuencias que esta limitación crea, como nuestra aparente debilidad. La identificación con un ser poco responsable que pretende no tener la capacidad para despertar y madurar.

Al usar estas subpersonalidades frente a la vida, reforzamos la idea errónea de que debemos cambiar algo en nosotros, ser diferentes o imponer quiénes somos para pertenecer.

Mantener vivos los comportamientos que nos alejan de nuestro poder real requiere gran energía porque son antinaturales. Es probable que estés agotado sólo de vivir ejerciendo los papeles que te has adjudicado, los cuales van acompañados de conductas y maneras de ser basadas en el miedo. El resultado es vivir en adicciones, apegos en las relaciones, obsesionados con el físico, con el desempeño económico, con el rango empresarial, etc. Ésta es la trampa más grande del ego, brindarnos la idea de que nuestro poder reside en lo que logramos y que vive fuera de nosotros, lo cual nos arroja sentimientos de enojo, tristeza, incomodidad, etc.: ésta es la alarma de que debemos soltar algo.

Estar conscientes es lo más importante. Cuando somos observadores de nosotros podemos ver y analizar todo lo que pasa desde el amor, donde no existen críticas o juicios. No se trata de tomar acciones, ni tenemos que cambiar nada. La conciencia es el lugar donde todo es aceptado, y al hacerlo nos conectamos con todo. Todo cae en su lugar.

La conciencia es un estado constante de expansión que nos eleva más allá de lo aparente. Al vivir con ojos sinceros, observamos claramente el drama que el ego y las subpersonalidades crean. Cuando logramos vernos más allá de ellas, su sentido se desvanece porque encontramos que el poder que creíamos no tener se encuentra en elevar el estado de conciencia, en el cual se observa que en este momento no hace falta nada. Eres todo porque el universo y tú son uno.

LA VERGÜENZA QUE SE NOS CUELA

En este libro profundizaremos en el tema de la vergüenza como un elemento de raíz del ego, que al creerla se convierte en un evento neurobiológico, el cual nos aleja de manera brutal del amor y el poder verdadero, que es la razón elemental por la que creamos muchas de estas posturas y subpersonalidades que sostienen al yo aparente. Lo interesante es que en este libro hablaré de la vergüenza desde muchos ejes para entender cómo ésta ha gobernado nuestra mente y, por ende, nuestro comportamiento. Pero es imprescindible que ahora comprendamos que ni el miedo mental ni el enojo ni la culpa ni la vergüenza existen. Nosotros les hemos dado una vida aparentemente real, por medio de nuestros pensamientos y creencias falsas.

Ahora entendemos que, desde un punto de vista, avergonzarnos por hacer algo que no se alinea a nuestro bienestar o el de otros es algo funcional y sano. Pero vamos a concentrarnos en la vergüenza que nos lleva a tener estados mentales que nos desintegran y que dan como resultado personas, familias o comunidades alejadas de su capacidad de avance, crecimiento, sabiduría y amor.

Vivir con el dejo de desvaloración que provoca creer en la vergüenza es tan común que se cuela en nuestra narrativa interna y que se expone en nuestras relaciones y reacciones. A veces se confunde con otras emociones que están en la superficie, como la tristeza, el enojo, la culpa, la depresión, la reactividad, la dependencia, etc. O puede ser una profunda sensación de desilusión de nosotros o de otros que se siente de manera constante al vivir nuestros días. Nos hemos entrenado para vivir en estas emociones sin reconocer que nos necesitan para ser aparentemente reales.

Cada quien tiene sus recuerdos, pensamientos, e historias que representan nuestras emociones y las sensaciones que definen específicamente el porqué nos sentimos poco merecedores o atacamos a otros. Tengo muy claro qué me lleva a conversaciones turbias y siempre son más o menos los mismos temas. ¿A ti?

Debemos realmente entender que el mundo no se rige por un bien o un mal y que los castigos no son reales, lo cual es relevante para sanar. No va venir nadie a hacer justicia de nuestros "pecados".

Ésta es una idea más del ego. Un día reconocemos que sólo existe el amor y que esto es lo único verdadero a lo largo de nuestro camino, que el amor no divide, ni entiende el mundo del ego y su enramada emocional. Ese día somos libres. El pecado como una condena no es real, sino que se refiere a la falta de amor. Si acaso pecar sería no permitirnos vivir en amor incondicional.

Si sentimos que pecamos, lo liberador será dar amor a esa situación, sacarla de los juicios de bien o mal para erradicarla de la conversación del ego, de los razonamientos.

Sin importar qué tan grande sea el "*error*" que cometimos, no podemos pecar contra el amor porque todo nace en él y termina en él.

El universo sólo tiene amor para nosotros, no comprende la dualidad y, por lo tanto, no te juzga.

Creemos en el mal porque vemos sus efectos en el mundo, pero nace de la inconsciencia de cada uno de nosotros, como producto de nuestras acciones, pero esto no lo hace real en el espacio espiritual, sino que en ese espacio todos somos la energía del amor y todos somos inocentes.

Como veremos, vivir con vergüenza no requiere necesariamente caer en estados de crisis profundas, sino es un fenómeno que pulula en nosotros de manera invisible y que impulsa muchos de nuestros comportamientos basados en desamor, como compras, estilo de vida, exigencias, reacciones, adicciones, desconexión, ambición intelectual, vanidad; básicamente la vida que muchos hemos creado que nos parece "normal". Hemos depositado la fe y la liberación en los "ídolos" más triviales y absurdos: píldoras, dinero, ropa, logros, influencia, prestigio, caer bien, estar bien relacionados y en una lista interminable de cuestiones huecas y sin fundamento en las cuales invertimos nuestro poder para negar lo que nos duele, que ni siquiera es real.

La iluminación es despertar a la realidad de que nuestro ser está libre de pecado, de culpa, vergüenza y miedo. Cuando somos capaces de experimentar esto comenzamos a dar un silbido en cada paso.

Nos mentimos cuando nos avergonzamos de quiénes somos y constantemente queremos corregirnos, adelgazar, cambiar o modificar nuestro físico; cuando no nos aceptamos, no ponemos límites importantes o no conquistamos vidas satisfactorias. También nos puede avergonzar nuestra clase social, nuestros parientes o simplemente nuestra existencia.

Estamos más familiarizados con la oscuridad que con la luz gracias a que día tras día nos escondemos detrás de nuestros miedos. El doctor Carl Jung, psiquiatra suizo (1875-1961), describe esto como la sombra: un complejo inconsciente que contiene los aspectos reprimidos (olvidados) de la conciencia. Esta sombra es una barrera que no nos permite ver la Verdad. El alcohol, las drogas, la desidia, la negación, la depresión, la ansiedad, la culpabilidad, la productividad y la vergüenza tóxica son manifestaciones de dicha sombra. Ésta es una representación mal concebida de nosotros que no queremos reconocer. El doctor Jung afirma al respecto: "Todos arrastramos sombras y cuanto menos estamos conscientes de ellas, más oscuras y densas son. En cualquier caso, constituyen un obstáculo que frustra nuestras mejores intenciones".

La manera de juzgarnos y de juzgar a otros es una clara señal de por dónde se nos cuelan estas conversaciones que nos llevan a vivir de la mano de la vergüenza. Lo notamos socialmente en la admiración por las celebridades, en la violencia, en la incapacidad para amar incondicionalmente, en los medios de comunicación, en el sistema político, en nuestros secretos, en no sentirnos suficientes o en creer que somos inadecuados por nuestra raza, género, estatus, etcétera.

Al igual que las sombras, la culpabilidad sólo existe en nuestra mente. *Elegir ver los pensamientos que generan la culpabilidad y el miedo te da el poder de erradicarlos*. La culpa es una de las defensas más efectivas y fuertes del ego. Al sentirnos culpables, estamos constantemente resistiéndonos a la paz. Es imposible vivir en amor si dentro de nosotros propagamos un sentimiento de culpa: es una sensación atada al pasado y a una historia, que nos mantiene fuera del presente. Es un símbolo de ataque contra nosotros y al amor siempre presente. Un concepto que sólo tiene sentido para el ego. Es una señal de que lo sentido o pensado en ese momento no está alineado con la Verdad.

Generalmente sentimos culpa cuando queremos pensar que estamos en control. Queremos tener la razón y sentimos que somos capaces de lidiar y organizar nuestros pensamientos para "entender y corregir la vida". Por lo tanto, nos vemos obligados a obedecer el dictado de culparnos y culpar a otros como un buen pupilo. Al establecer las mismas conversaciones una y otra vez en nosotros y otros, la narrativa con la que vivimos se repite y constantemente llegamos al mismo lugar emocional sin lograr cambiar nada. Culpar no cambia nada, pero agradecer transforma todo.

Los mayores obstáculos a la liberación son la maraña, emociones que crean la vergüenza, culpa y miedos que permitimos morar en nosotros.

¿Qué pasaría si de un instante a otro tu vida cambiara radicalmente?, ¿crees que esto es posible?, ¿qué ocurriría si entendieras que no eres tu ego, tu culpa, tus miedos, ni tu vergüenza? y ¿qué sucedería si te dieras cuenta de que el mundo que "vemos" es una realidad consensuada compuesta de un grupo de egos que se han desarrollado a lo largo de millones de años, no por tener malas intenciones, sino porque no sabían nada mejor?

LA VISIÓN QUE DA ALAS
Conclusión de Marisa Gallardo

Me temo que el temor que tienes a temer
es lo que no te deja ser. Para eliminar
el temor, ten amor.
MARISA G.

Cápsula de amor

Creces con la idea de que te falta algo, de que eres un ser imperfecto y que allá afuera está lo que buscas.

Buscas pareja para no sentirte disparejo, buscas dinero para sentirte exitoso, buscas amigos para sentirte querido. Nada de ello es negativo, siempre y cuando sepas que esas cosas no provienen del exterior, sino que son un síntoma de tu estado interior. Todo surge de la energía que vibra en el corazón.

Quita atención a la crítica, abraza la oportunidad y que esta cápsula de amor te permita ver dentro de ti la verdad: No hay nada fuera de ti que te haga ser más. Tú ya eres existencia y el amor es tu realidad.

Ahora ya sabes que el ego necesita necesitar, a él todo le falta y todo le urge. Vive asustado, temeroso, avergonzado, a la defensiva y preocupado, pero no quisiera, querido lector, que, por esta razón, malinterpretaras que el ego es el malo malísimo de la película, y que para alcanzar un nivel de libertad de consciencia debes combatirlo o reprimirlo, pues eso sería más ego, ya que el ataque es una reacción que sólo puede venir del temor.

Suelo decir a mis clientes y estudiantes que el ego no es malo, sino sólo ignorante y, aun así, un gran aliado para el autoconocimiento. ¿Cómo podríamos hacer un viaje al interior sin ver al ego como un facilitador? Gracias a él podemos ver las creencias limitantes que obstruyen y nublan el mundo de las posibilidades, podemos ver al miedo a los ojos y entender que dicha emoción es sólo una reacción a una definición que tenemos almacenada en el sistema de pensamiento.

Identificar que estamos en ego es el primer paso para deshacernos del sentido inútil del miedo. El miedo no nos quiere asustar, pues solamente busca avisar. Decirnos que estamos poniendo demasiada atención a algo irreal. Por irreal me refiero a todo aquello que no proviene del amor, la fuerza madre que nos creó.

El amor es la energía que da vida, nuestro espíritu es amor, por eso no reconoce el temor. Es eterno por eso no conoce la prisa. Sin embargo, para experimentar la vida física los seres humanos hemos desarrollado un ego, cuyo propósito es la supervivencia basándose en un mundo de percepción en donde existen opuestos: el bien y el mal.

El ego da credibilidad a lo que se ve y se puede tocar, de ahí que el cuerpo sea un lugar en el que funda su catedral. Asimismo, el ego y el tiempo lineal están vinculados, pues ambos son una ilusión. Para tener la sensación del paso del tiempo se necesita un ego que juzgue y etiquete con palabras como: joven, viejo, rápido, lento, prisa, hora, mes, día, año, etc. Llama mi atención que hay algunos pueblos indígenas que no experimentan el paso del tiempo como la mayoría de personas, pues además de estar en contacto con la naturaleza, tienen un sentido del tiempo diferente.

Desde la mirada del ego, el tiempo puede representar un depredador que nos quiere exterminar; de ahí el valor que le hemos dado a la rapidez y a la velocidad. Queremos todo al instante, como el chiste que dice: Dios, dame paciencia y la quiero ya.

Convertimos la vida en una pizza, ya que nuestra tolerancia no pasa de la media hora. Tenemos tanto miedo de perder tiempo que inventamos la comida rápida y múltiples servicios exprés que predican el lema: "el tiempo es oro", y aunque entiendo que dichas ofertas nos hacen la vida más práctica, a veces me pregunto si no nos vuelven un tanto inflexibles, pues pienso que, más que vivir de manera práctica, se trata de practicar la vida y sin duda, la prisa nos lleva a correr, más no a disfrutar.

¿Si soy un ser eterno para qué vivo con prisa?

Tu ego te dirá: Porque algún día te vas a morir, mejor apúrate y no pierdas tiempo. Pero tu espíritu ¿qué te diría? Escúchalo, déjalo hablar.

El ego se la pasa mirando al exterior en constante comparación, y a través de la percepción de contrarios busca brindarnos falsa protección haciendo que con juicios pongamos etiquetas que nos permitan clasificar todos los peligros para que supuestamente lo evitemos. Esto da lugar a la proyección, que no es otra cosa más que utilizar de manera errónea el poder de creación. Proyectar es señalar en el otro lo que no soy capaz de reconocer en mí.

Recuerdo a uno de mis clientes, del cual tengo autorización para relatar su caso: llegó a la sesión con la necesidad de trabajar un miedo que le atormentaba. No le gustaba sentirse ignorado. Su pensamiento decía:

—Todo mi equipo de trabajo me ignora.

Además de muchas otras preguntas, le cuestioné si ésta era la primera vez que se había sentido ignorado, a lo que respondió:

—No, es una constante.

—¿Y tú de qué maneras te ignoras? —fue otra de mis preguntas.   Se hizo un silencio profundo, uno de esos que hablan… y con los ojos muy abiertos me dijo:

—Espera, creo que me estoy dando cuenta de que siempre he considerado primero la opinión de los demás que la mía.

Esto fue, junto con muchas otras cosas que surgieron en la sesión, una gran revelación para mi cliente, pues pudo ver que la proyección con su equipo de trabajo era sólo un espejo de algo que él se hacía a sí mismo y de esta manera disolvió en su interior aquello que le molestaba en el exterior.

En su mente estaba la causa del miedo. Una definición que decía: *si la gente me ignora quiere decir que no existo.*

En su mente también se encontraba la solución: *si me veo, me acepto y me reconozco y así yo sabré que existo. Y si existo para mí, existo para todos.*

Ignorar la ignorancia de sentirse ignorado

Si alguna vez te has sentido ignorado, sabrás que es un sentimiento que no aporta sensaciones agradables, pues refuerza y reafirma en nosotros la idea de creernos insuficientes e inadecuados. En toda conversación con un tercero se necesita un emisor y un receptor. El emisor dice algo y el receptor es libre de entender o escuchar lo que le parezca, lo cual depende de su mapa mental; es decir, según los ojos con los que ve el mundo.

Lo que sucede es que a menudo muchos de nosotros nos comportamos como ignorantes, pues nos tomamos de manera personal lo que los otros hacen o dicen, pues hemos crecido pensando que los de afuera tienen nuestras respuestas y que, por lo mismo, ellos con su opinión nos dan valor, nos hacen ser.

Sentirse ignorado proviene de la ignorancia de ignorar que para sentirse ignorado es necesario ignorar el poder de nuestro ser, que radica en nuestra capacidad para interpretar, para escuchar, para percibir y para reconocer.

Ignorar significa no saber

Y no saber que somos seres completos no por lo que tenemos o hacemos, sino porque *somos* y *existimos* nos lleva a comportarnos como ignorantes al punto de creer que los demás pueden ignorarnos, pero sólo lo hacen porque ignoramos nuestro potencial.

Ahora ya no ignoras que ignorar es no saber, lo cual únicamente puede ser tomado como una ofensa si así decides verlo. Nadie que se reconozca se puede sentir ignorado, pues sabe que su bienestar no está en lo que otros vayan a pensar o en cómo decidan actuar.

Capítulo 2
Espiritualidad y poder

Venimos a este mundo físico para experimentar la separación. Cada uno de nosotros está en íntima unidad con todo, pero nuestra percepción crea una aparente separación. Nuestro cuerpo físico es una de los mejores recursos que tenemos para experimentarla. Cuando nos damos cuenta de que nuestro cuerpo es una mas de nuestras proyecciones, podemos ver la diferencia entre vivir experiementando un cuerpo físico y ser este cuerpo. Tampoco es lo mismo tener pensamientos y ser ellos. Creer que somos nuestros pensamientos o nuestro cuerpo es limitante y nos quita la posibilidad de ir más allá. En otras palabras, cuando entendamos que no somos nada que se pueda definir en palabras, podremos dejar ir cualquier tipo de fijación.

Si no soy mi cuerpo físico, dejo de tener miedo a la muerte al comprender que hay otra dimensión de mí que se conecta en todo momento con lo eterno. Experimento mi cuerpo físico como un recurso de autoexpresión de amor. Si dejo ir la idea de que soy mis pensamientos, seré libre. Cuando dejo ir dogmas mentales, no tengo que creer lo que mi ego juzgador me diga acerca de mí, la vida o la de otros. No tengo que creer que soy gordo, viejo, fracasado, incapaz o insuficiente. Si no soy mi pensamiento, podré convertirme en el capitán de este barco, de mi destino.

Todas las autodefiniciones limitantes crean miedo. Nuestras percepciones están en especial distorsionadas por nuestra autodefinición; sin embargo, es momento de dejarlas ir. Recuerda que, desde esta perspectiva, no eres ellas. No eres "la gorda", "el que tiene miedo al compromiso", "el que nunca va a lograr nada con su vida". Deja ir estas limitaciones, tú tienes en todo momento esta decisión.

EL PODER

¿Qué es el poder?, ¿por qué tiene tanta fuerza?, ¿puedo acceder al poder que está dentro de mí?

La *Declaración de Independencia* y la manera como Gandhi triunfó en el conficto de su país, son ejemplos perfectos del poder del que hablamos.

Lo que Gandhi y la independencia que logro para su país, se sostuvieron en la creencia de que todos los hombres son iguales en virtud de su creación divina y, por ende, todos tenemos los mismos derechos humanos. Cuando nos conectamos con esta verdad podemos lograrlo todo.

El poder nace de la bondad, del amor, desde la fuente de la creación, de la creatividad. El verdadero poder surge de lo simple, tiene que ver con el motivo y el principio. El poder apoya el origen de la vida.

¿Cuál es la diferencia entre la fuerza y el poder?

Está físicamente comprobado que la fuerza produce de manera automática una contrafuerza y por definición sus efectos son limitados. Podríamos decir que la fuerza es movimiento, va de aquí hacia allá y el constante movimiento le hace perder energía. Mientras que el poder se queda quieto y es como la gravedad, no se mueve en contra de nada y su integridad mueve a todos los objetos hacia ella.

La fuerza se mueve en contra de algo y el poder no lucha en contra de nada. La fuerza gasta tanta energía luchando en contra de algo, por lo cual nunca está completa y, en consecuencia, necesita alimentarse constantemente de nueva energía. El poder es entero y no requiere nada fuera de él. No pide nada, ni tiene necesidades. El poder es energizante, generoso y amoroso, nos da energía y vida, está interconectado con la compasión y nos hace sentir bienestar acerca de nosotros, mientras que la fuerza está asociada con los juicios y nos hace pelear contra algo para sentirnos bien acerca de nosotros.

El verdadero poder emana de la conciencia y lo que vemos es una manifestación visible de lo invisible. La fuerza puede traer satisfacción, pero sólo el poder conlleva la alegría plena. Un triunfo ante los demás nos trae complacencia, mientras que el conocimiento real sobre nosotros nos produce plenitud.

Cuanta más fuerza quiero tener, menos fuerza deben poseer los demás; visto de otra manera, para tener razón yo, los demás no tienen que poseerla. Un ser humano poderoso ha recordado quién es a nivel más profundo, se sabe el universo mismo y al saberlo vive en paz. Así es como termina la sensación de nadar contracorriente con la vida. Ya no se necesita imponer a nada ni a nadie para saber su poder. Ya no requiere pelear en contra de nadie, ni de sus emociones, ni del destino, ni de la vida. Reconoce que poder y paz son lo mismo. Cuando durante el día encuentres que te defiendes, atacas, criticas, te justificas, etc., has elegido la fuerza y no el poder, de modo que la fuerza terminará por debilitarte.

Mientras que el intelecto es fácilmente engañado, el corazón reconoce la verdad. La mente es limitada, pero el corazón no tiene límites. El ego se preocupa por lo temporal, en tanto que al espíritu le interesa lo eterno. Podemos decir lo mismo de vivir en tu poder y en tu fuerza. El poder está conectado con nuestro corazón y con nuestra naturaleza superior, en tanto que éste vive en nuestros silencios, virtudes y sabiduría, conectado invariablemente con nuestra naturaleza pura: amor y compasión. La fuerza que se impone en el plano físico se relaciona con la vergüenza y la culpa. Como Humanidad hemos creído hasta este momento que nuestro poder se generaba para crear un dominio en el mundo exterior; sin embargo, el gran despertar en esta era es reconocer que el único poder real vive en cada uno de nosotros en este momento.

Identifica la diferencia entre poder y fuerza detrás de tus pensamientos.

Ejercicio:
Cierra los ojos y haz una afirmación verdadera. Por ejemplo: "Amo a mis hijos".

Déjate experimentar la verdad y siente el poder que te da esta afirmación.Toma tres respiraciones profundas y ahora di una afirmación que no es cierta. Por ejemplo: "No soy suficiente; por ende, debo tener éxito con el fin de valer para otros".

En esta segunda afirmación probablemente sientes fuerza que sale del estómago: es una fuerza inyectada de miedo y vergüenza. Así entendemos cómo nuestro comportamiento es impulsado por dos energías diferentes.

Siente la diferencia de cómo reacciona tu cuerpo ante el poder de *la verdad* y la fuerza que te da *la mentira*. Una te regala la paz, y la otra te pone en miedo y en reacción.

EL MEJOR REGALO AL MUNDO

Volvernos conscientes de nuestro poder es el mejor regalo que podemos darnos, pero también es el mejor regalo que podemos dar al mundo entero y requiere reconocer que los pensamientos alineados al amor tienen gran poder. Unos pocos pensamientos amorosos durante el día contrarrestan nuestros pensamientos limitantes. Piensa ahora en algo que te haga sonreír, en algo de lo que estés agradecido de ti y en algo que puedas apreciar. Nota el cambio en tu energía, en cómo te sientes.

Ejercicio
Es importante identificar dónde tenemos puesta nuestra atención. Si no sentimos poder o si sientes limitación pregúntate:
- ¿Qué gano en poner mi atención en esto?
- ¿Qué estoy alimentando en mi vida cuando mi enfoque está ahí?
- Si no puedo cambiar esto y quiero vivir en mi poder, ¿qué pensamientos debo dejar ir para quedarme en integridad?

PERCEPCIÓN

Nuestra percepción lo es todo. Según la interpretación que le demos a un hecho, podríamos construir millones de historias diferentes. Al tomar la responsabilidad de las consecuencias de nuestras percepciones, podemos trascender del rol de víctima a un estado de sabiduría. Cómo reaccionamos y la actitud que tenemos acerca de las cosas determina que un evento tenga un efecto funcional o no funcional en nuestra vida. También determina si lo experimentamos como estrés o como una oportunidad. La percepción tiene el poder de regresarnos a nuestro poder al elevar nuestro estado de conciencia. La regla de oro para sanarla es saber que el universo está a nuestro favor y de nuestro despertar a nuestras pesadillas mentales a una realidad amorosa. Cualquier problema trasciende al elevar nuestra perspectiva a la paz; por ello, una buena pregunta es: ¿cómo puedo ver esto en amor?

El estrés psicológico es el efecto secundario de resistir o desear escapar de una situación; pero la realidad es que el evento o suceso no tiene decir sobre ti si tú no se lo das. Por ejemplo: un divorcio puede ser un reto, pero la persona que cambia su percepción para seguir adelante puede liberarse del sufrimiento. Al cambiar tu interpretación, puedes cambiar el sabor de boca de tu vida. Para regresar a un estado de presencia en cualquier situación que para ti sea un reto, permítete vivirla sin *desear nada* ni querer *lograr algo*, porque esto elimina cualquier resistencia a vivir.

Los patrones de energía y el nivel de conciencia de la gente que nos rodea, las películas que vemos, los libros que leemos y básicamente todo lo que envlueve tiene un efecto enorme en

nosotros y nuestro estado de conciencia. Cuando nos rodea-
mos de personas con niveles altos, es mucho más fácil subir
nuestro nivel. Lo similar atrae a lo similar, es una regla de la
física cuántica.

Aunado a lo que hemos aprendido, hoy en día vivimos influidos por un mundo virtual. Somos condicionados a pensar
por medio de nuestros celulares, computadoras, redes sociales, etcétera. De manera inconsciente somos programados
en preferencias, gustos, motivadores de lo que creemos debemos comprar, hacer o conquistar, etc.; sin embargo, esto
sólo nos aísla. Desde los rincones de nuestra casa podemos
ver lo que está de moda, lo que es "bueno", "elegante" o "mejor" y creamos imágenes falsas de quienes somos y cómo deberíamos ser. Nos mantenemos constantemente en un sueño
colectivo de fantasías.

Aprendemos del mundo mediante películas, series de televisión y dramas. Nuestra vida puede replicar fácilmente una
gran telenovela. A partir de lo que vemos recreamos historias
y creencias que nos limitan, así como fomentan la ilusión de
la vergüenza, que conduce a la comparación, las jerarquías y
el drama en las relaciones.

Es momento que usemos esta tecnología para llenarnos de
amor, de sabiduría, para ayudarnos los unos a los otros. Para
apoyarnos a crecer y madurar. Para acercarnos a nuestra realidad y despertar del sueño que hemos inventado.

El mapa de la conciencia que muestro a continuacion es
extraido del libro del Dr. David Hawkins, el clasificó partien-
do de la freciencia que en la que vivimos los seres humanos.
Podemos ver claramente como nuestro estado de conciencia
tiene una calificación en nuestra vibración energética, siendo

la vergüenza la más baja con 20 puntos y la Iluminación con 1 000. Hoy en día la Humanidad tiene una puntuación de 200, aun sin trascender el ego, y más abajo estamos en posturas de autodestrucción.

Muy pocos seres humanos viven en en el nivel 600, que representa la paz. Una persona en paz tiene el poder de sanar a 90 000 personas simplemente porque su estado de conciencia eleva el porcentaje en el colectivo. Esto responde a lo que Gandhi decía: "Sé el cambio que quieres ver en el mundo".

A niveles bajos de 200 el impulso primario es la supervivencia personal, dentro de estos están los niveles de: vergüenza (20), culpa (30), apatía (50) y sufrimiento (75). En los niveles de temor (100), deseo (125) e ira (150) se caracterizan por impulsos egocéntricos emergiendo de la urgencia de supervivencia personal. En el nivel del orgullo (logaritmo 175) la supervivencia. Cruzando el límite entre la influencia negativa y positiva es decir en el nivel del coraje el bienestar de los demás se torna cada vez más importante. En el nivel amor (logaritmo 500) la fuerza motivadora esencial es la felicidad de los demás. Por encima de 500 está caracterizado por el interés de la conciencia espiritual en uno mismo y en los demás. Al llegar a los 600 las metas principales son el bien de la humanidad y la búsqueda de la iluminación. De 700 a 1.000 la vida está dedicada a la salvación de la humanidad.

MAPA DE LA CONCIENCIA HUMANA

Visión de Dios	Visión de vida	Nivel	Frecuencia energética	Emoción	Proceso
Yo	Es	Iluminación	700-1000	Inefable	Conciencia pura
All-being	Perfecto	Paz	600	Dicha	Iluminación
Uno	Completo	Alegría	540	Serenidad	Transfiguración
Amoroso	Benigno	Amor	500	Reverencia	Revelación
Sabio	Significativo	Razón	400	Entendimiento	Abstracción
Misericordioso	Armonioso	Aceptación	350	Perdón	Trascendencia
Inspirador	Esperanzado	Complacencia	310	Optimismo	Intención
Habilitador	Satisfactorio	Neutral	250	Confianza	Liberación
Permisor	Factible	Coraje	200	Afirmación	Empoderamiento
Indiferente	Exigente	Orgullo	175	Desdén	Inflación
Vengador	Antagónico	Enojo	150	Odio	Agresión
Negativo	Decepcionante	Deseo	125	Anhelo	Esclavitud
Punitivo	Aterrador	Miedo	100	Ansiedad	Retracción
Desdeñoso	Trágico	Duelo	75	Remordimiento	Abatimiento
Condenador	Sin esperanza	Apatía	50	Desesperación	Abdicación
Vengativo	Mal	Culpa	30	Culpa	Destrucción
Despreciado	Miserable	Vergüenza	20	Humillación	Eliminación

Fuente: extraído del libro *Power vs. Force*, escrito por David R. Hawkins.

Mahatma Gandhi vivió en un nivel de 760. Fue capaz de trascender como ser humano gracias a que se unió con la Verdad.

Existe una gran diferencia entre actuar desde un lugar de autointerés y sobrevivencia a comportarnos desde un lugar de interés común. Gandhi demostró el poder del altruismo y la disolución del ego, contra la fuerza que ejercemos cuando sólo nos preocupamos por intereses personales.

NIVELES DE CONCIENCIA HUMANA

Como mecioné los niveles más bajos de 200 son destructivos tanto en lo social como en nosotros. Por el contrario, todos los niveles por arriba de 200 son expresiones constructivas del poder. El nivel 200 divide la fuerza (o la mentira) con el poder (la verdad).

Tu nivel de conciencia depende del área de tu vida en la cual estás enfocado. En otras palabras, un individuo puede operar a cierto nivel en un área de su vida y a otro nivel en otra. Para calcular el porcentaje del nivel de conciencia de una persona tienes que sumar todo como somos en todo lo que hacemos.

Entendamos a detalle los niveles siguientes para crear conciencia y vivir en magnitud/poder = verdad:

El nivel 20: vergüenza

El sentimiento de vergüenza califica extremadamente bajo. La personalidad de alguien que sufre de vergüenza tóxica es frágil, distante e insegura. Cuando la gente sufre de vergüenza quiere ser invisible porque la vergüenza produce neurosis y es destructiva para la salud emocional, física, psicológica y espiritual. La vergüenza tóxica se convierte en un recurso dañino con uno y con otros y tiende al perfeccionismo y la rigidez; además, propaga los sentimientos de enojo, orgullo y culpa.

El nivel 30: culpa

La culpa es extremadamente utilizada en nuestra sociedad como un método de manipulación y castigo, se manifiesta en una variedad de expresiones, como remordimiento, autorecriminación, comportamientos destructivos y victimización. Al no sanar la culpa, la proyectamos de manera constante en nuestras relaciones.

El nivel 75: duelo

Éste es el nivel de la tristeza y la pérdida. Aquellos que viven en dicho nivel se encuentran constantemente en un estado emocional de arrepentimiento y depresión. Sienten que no podrán remplazar lo que simboliza aquello que creen que han perdido e incluso la palabra pérdida tiene que ver con el ego/miedo.

El nivel 100: miedo

Hoy en día el miedo gobierna a gran parte del mundo: a nuestros enemigos, a envejecer o morir, a lo que piensen los demás, a ser rechazados, y múltiples temores que propaga la sociedad que son los motivadores primarios de las poblaciones del mundo. Una vez que el miedo tiene tu atención no permite que te concentres en algo diferente, se vuelve obsesivo y puede tomar cualquier forma. El miedo nos aleja del crecimiento espiritual y nos inhibe.

El nivel 175: orgullo

Cuando estamos en este nivel nos sentimos positivos, en contraste con los campos más bajos. En nuestra sociedad, el orgullo está considerado algo bueno; sin embargo, esto no es del todo funcional. El orgullo es defensivo y vulnerable ya que depende de estímulos externos. Nuestro ego se prepara para atacar en cualquier momento, el orgullo es débil ya que puede transformarse en vergüenza tóxica en cuestión de segundos.

El nivel 200: coraje/valentía

Este nivel divide la fuerza del poder y la mentira de la verdad: es tanto el nivel donde nos empoderamos como la zona de exploración, transformación y determinación. Vemos la vida como un reto estimulante y divertido; además, tenemos el coraje de probar cosas nuevas, generamos la misma o más energía que tomamos y nos volvemos asertivos.

El nivel 350: aceptación

En este nivel entendemos y aceptamos que somos la fuente, la fuerza y el creador de nuestra vida. Tomamos responsabilidad de nuestras acciones y dejamos de vivir como víctimas de las circunstancias y de nosotros. Nos damos cuenta de que la felicidad se encuentra dentro de nosotros. El amor es el creador que se encuentra dentro de nosotros. Cuando llegamos a este nivel dejamos de preocuparnos en juzgar algo como negativo o positivo. Al dejar de juzgar, actuamos desde el amor y la creatividad.

El nivel 500: amor

El verdadero amor no es físico, celoso, controlador, ni adictivo, sino incondicional, permanente e inmutable y no depende de condiciones externas. El amor es un estado del ser: es relacionarnos con un mundo perdonador y apoyador, pero no es una virtud intelectual, sino que emana de nuestro corazón y tiene el poder de lograr grandes cosas gracias a que sus motivos son puros. El amor está directamente relacionado con nuestra intuición, es la capacidad para movernos a un conocimiento más profundo de la vida. Esta hermosa energía se concentra en todas las cosas bellas de la vida.

El nivel 540: alegría

Cuando el amor se hace cada vez más incondicional, empieza a ser experimentado como felicidad/alegría interior y nos acompaña en cualquier cosa que hagamos. La alegría nace de cada momento de la existencia. Todo pasa sin esfuerzo y en sincronía. Somos capaces de reconocer que todo es una expresión de amor y divinidad.

El nivel 600: paz

A pesar de que el mundo es el mismo, cuando nos encontramos en un estado de completa paz, éste se convierte en un flujo continuo y nos envuelve en un baile evolucionado, en el cual la fuente de vitalidad es sorpresiva porque vemos el mundo con ojos nuevos y lo que parecía estático se vuelve inspirador. Esta increíble realización no es racional, lo cual hace que haya un silencio infinito en la mente. Todo está interconectado, todo es ideal tal cual es.

CONCIENCIA

Nacemos con cierto nivel de conciencia y subir de nivel es algo complejo, pero posible. Es entender que los pequeños saltos hacen toda la diferencia; o sea, si una persona sube de 361 a 361.1, esto hace gran diferencia en su vida y la de los demás. Este pequeño salto de una sola persona tiene el poder de cambiar la vida de miles de personas.

Que leas este libro y estés abierto a la oportunidad de descubrir que hay algo más para ti quiere decir que te hallas muy cerca de encontrar una vida en la cual no tienes que sentir vergüenza, una en la cual puedes encontrar el amor y la alegría incondicional. Simplemente estar abierto a esto eleva tu nivel de conciencia.

El dilema más grande que enfrenta el ser humano es sanar la ceguera espiritual colectiva: realmente estar dispuestos a practicar estas enseñanzas y no dejarlas como información intelectual. El camino es empezar con uno mismo.

El talón de Aquiles que debilita a la Humanidad es el orgullo, el cual nos invade cuando no queremos cambiar de opinión o soltar lo que hemos creído real. Califica en 175 en la tabla, por lo cual no puede proveernos del poder del amor, el honor o la dedicación. Observa cuándo el orgullo está en tu camino, cuándo te sientes por encima de otros o de la vida con tus opiniones, pero no permitas que éste limite la oportunidad de ser bañado por el poder del amor. El antídoto es la humildad, amar lo que es, en todo momento.

Cómo reaccionamos depende del mundo que creemos estar viendo. La persona en quien nos convertimos y lo que vemos están determinados por nuestra percepción, la cual crea el mundo experiencial.

La mente no entiende el mundo, sino sólo resuena a los reportes de nuestros sentidos. Hasta nuestros pensamientos y sentimientos más profundos son únicamente reacciones motivadas por lo que creemos. A su vez, la mecánica inexplorada es como sigue:

> Percibimos lo que creemos = reforzamos lo que creemos, porque pensamos que lo vemos fuera = proyectamos lo que creemos = lo vemos en el mundo.

La proyección es la casa de la percepción, porque lo que proyectamos en el mundo físico es lo que vemos. Somos tan persistentes en lo que proyectamos, que somos completamente ciegos ante ello. No nos damos cuenta de que inventamos el mundo que vemos primero en nuestra mente. Nos puede parecer una locura lo que miramos, pero nosotros creamos las imágenes. El propósito de la vista es mostrarnos lo que queremos ver; por ende, muchos solo oímos lo que queremos escuchar. Si quieres ver violencia, esto manifestaras; pero si quieres vivir en paz, ésta también se halla accesible para ti. Si queremos romper dicha ceguera, sólo tenemos una función en esta vida: experimentarla desde la armonía interior.

LA VISIÓN QUE DA ALAS
Conclusión

> *El espíritu es el poder*
> *que dirige a la masa.*
> MARISA G.

Durante años la biología ha afirmado que el ser humano es un animal racional, y muchos de nosotros hemos llegado a creer que somos seres vivos simplemente porque respiramos y tenemos un cuerpo formado por tejido, órganos y huesos y porque poseemos una mente racional que nos permite pensar y analizar. Tener una mente que razona nos ha llevado a creer que somos superiores a otras formas de vida. Esa mente racional se basa en la capacidad para percibir, interpretar, etiquetar y calificar.

En ese sentido, podríamos entender que la razón sólo cree en lo que se ve físicamente, es decir, en el mundo de la forma; por ello está relacionada con el ego. Si la razón no puede dar forma a lo invisible, entonces no creerá en ello, ya que su lema es: ver para creer. Sin embargo, al quedarnos únicamente con la definición biológica del ser humano dejamos a un lado el motor de la existencia. *El espíritu*, la energía que da vida a todo lo que existe. Nuestra parte no física es la realidad, aunque usted no lo crea, como diría un antiguo programa de televisión.

El espíritu es la causa y el mundo de la forma es el efecto de la causa. Quizá esta idea te parezca rara e incluso esotérica, querido lector; pero es necesario salir de la mentira para poder conectar con lo verdadero, con lo único real: nuestro ser espiritual que es amor puro, intuición, intención, voluntad y conciencia.

Somos, luego existimos, lo cual quiere decir que para tener y hacer primero necesitamos ser. Ser la energía de lo que anhelamos, pues ése es nuestro estado puro, un nivel de conciencia en el que no existe la falta ni la carencia, sino sólo abundancia, que es otra forma de decir amor. Y es ahí cuando contactamos con ese espacio puro y real de nosotros, que encontramos nuestro poder interior y nuestra conexión con todo lo que existe. La duda, la culpa, la vergüenza, el miedo, la preocupación y la ansiedad son producto de información no útil y no procesada que hemos interpretado y almacenado. Esa información es un bloqueo una especie de velo que nos impide ver la maravilla del ser.

El poder interior

Le llamo poder interior porque no está en el mundo de la forma, ni afuera en un país exótico, ni lo tiene escondido un gurú en la India, ni tampoco lo venden por internet.

El poder está en reconocernos como seres espirituales que experimentamos una vida física.

Nuestras emociones no se ven, pero son energía en vibración que crean nuestro mundo físico. Si pusiéramos más atención a escuchar nuestro estado de ánimo, tomaríamos conciencia de lo que manifestamos. Manifestar es dar forma; por ello, dime cómo te sientes y te diré como vives.

Ejercicio de elección

Nosotros como entrenadores y facilitadores del proceso MMK decimos y pedimos a nuestros clientes en la primera sesión que elijan una intención, una energía ancla con la que quieran bañar y nutrir sus pensamientos, acciones y decisiones. A eso le llamamos contexto de maestría. ¿Te gustiría hoy regalarte esta elección?

¿Qué quieres elegir hoy para ti? ¿Cómo te quieres sentir?, ¿Cuál quieres que sea tu contexto de maetría? Paz, luz, sabiduría, amor, compasión, libertad, etc. Una vez que lo elijas piensa: ¿Cómo se siente, cómo habla y cómo se comporta alguien que elige por encima de las circunstancias anclarse a una energía de las mencionadas?

Repite lo siguiente: soy un ser de amor, un ente de luz, la representación de mi poder interior. A medida que reconozco mi espiritualidad, los temores se reducen a tal punto que estoy consciente de que el miedo no existe, nunca existió.

Soy _____

Capítulo 3
Cómo entender la vergüenza, la culpa y la ansiedad: Estado hipnótico de desvaloración

¿Qué es esto que llamamos vergüenza? y ¿cómo distinguirla cuando ocurre? Definirla no es tan sencillo, pues se diluye en nosotros y en la cultura social, se halla tan erradicada en nuestros paradigmas sociales y personales que se ha vuelto transparente para nosotros, y eso forma parte de su poder. Es tan común que se convierte en un elemento invisible que se permea en nuestras conversaciones, emociones, comportamientos, toma de decisiones, etc. Por ello, es muy importante entender de fondo este tema.

Podemos relacionar la vergüenza con la sensación de inseguridad, aparentar, miedo, tristeza, sentirnos inadecuados, crónicamente enojados, solos y vivir sintiendo que el mundo no está a nuestro favor. Vivimos con una sensación de que hay algo malo en nosotros, nos encontramos decaídos, con pocas posibilidades, en círculos viciosos, adictivos, aburridos y físicamente adoloridos.

La vergüenza es más que un sentimiento: es una corriente constante en nuestra vida que delinea nuestra manera de entenderla, que carga la idea de que "no somos merecedores, ni somos buenas personas, no importo o no soy adecuado en mayor o menor medida".

La vergüenza nos hace sentir que hay una falla en nosotros como *somos*. La culpa radica en sentir arrepentimiento por algo que *hicimos,* lo cual es una gran distinción. La vergüenza se convierte en un pilar de nuestra identidad personal, cultural o social y por ello tiene tanto poder: es una experiencia colectiva.

No quiero calificar este fenómeno de la vergüenza como algo "malo", sino como algo no funcional que necesita de nosotros para existir; además, vivir empañados con esta constante sensación nos da la impresión de que somos poco poderosos para simplemente vivir, gozar, transformarnos o cambiar nuestras circunstancias de vida cuando sintamos las ganas.

Lo que genera la vergüenza es una incapacidad para no sentirnos capaces de disfrutar, no nos conectamos con nuestra creatividad y sentimos que no tenemos lo que se requiere para conquistar lo que deseamos vivir.

Aunque la vergüenza se siente como un estado emocional, impacta en todas las áreas de nuestra vida. Invade nuestro ser, el lenguaje, lo que decimos por dentro y fuera, nuestra imaginación, lo que creemos que va a pasar, cómo observamos el pasado y lo que vemos posible ahora. También lo que hacemos o dejamos de hacer se define por cómo nos hace sentir y se convierte en un virus emocional ya que gobierna nuestro estado interno como una respuesta psicológica.

La vergüenza es un sentimiento tramposo ya que lo vive un poco diferente cada persona; los sentimientos hacen referencia a cómo reaccionan nuestros sentidos frente a algo exterior. Nuestras sensaciones cambian en cada uno según como respondamos a lo que vivimos. Sin embargo, la experiencia puede tener ciertas cosas en común: una reacción física como dolor de espalda, cuello, hombros, problemas estomacales, dolores de cabeza, cansancio, mala postura, dolores crónicos, pensamientos incómodos, comportamientos problemáticos y agonía espiritual, que se vive cuando no sentimos la capacidad para conectarnos con una fuerza mayor. Nos sentimos solos y vulnerables.

¿ES LA VERGÜENZA UNA CRISIS ESPIRITUAL?

Cuando experimentamos vergüenza muchas veces parecería que nos convertimos en la *vergüenza misma*, lo cual crea un conflicto espiritual interno.

La mente comienza a cuestionarse a nivel muy profundo: ¿tengo derecho a existir?, ¿soy un error?, ¿soy merecedor de recibir amor y abundancia?, ¿le debo mi trabajo a la vida para merecer vivir? o ¿estaré haciendo lo correcto?

Poco a poco, al vivir en esta energía nos alejamos de la espontaneidad de *ser* humanos. Nos sentimos menos y nuestra luz comienza a apagarse; la comunicación con otros se hace distante y hostil. Cuando vivimos así nos alejamos de nuestro ser divino, así como nos aislamos de las fuentes externas que nos dan comodidad y alegría.

Podemos sentir profunda soledad en dicho estado. En momentos de gran vergüenza rechazamos lo bello y la abundancia porque pensamos que no existe mucho dentro de nosotros que sea merecedor de ello.

La vergüenza hace que nos percibamos lejos de nuestra identidad real. Usamos un armazón para escondernos y reforzamos nuestros vacíos, a la vez que el alma se opaca frente a los reclamos de la vergüenza.

Vergüenza excesiva

Cuando nos sentimos atrapados en esa sensación estamos atascados con sentimientos de inutilidad, inefectividad y desesperación. Nos llenamos de dudas, entre ellas la de apreciarnos como seres humanos. La vida se torna en función de los juicios que nos hacemos sin reparo y constantemente intentamos lograr algún triunfo o nos aferramos a algo o alguien, vivimos en el mundo de los apegos en espera de que algo de afuera nos rescate en un intento desesperado por contener el vacío que nos embarga.

A veces pensamos que vivir así es una condición que durará por el resto de nuestra vida, lo cual proyecta un futuro establecido en sufrimiento y limitación. Creamos una vida intrínsecamente defectuosa ante nuestros ojos y vivimos de mitos de quiénes somos y cómo funciona el mundo. En éstos existe gente buena y gente mala, verdades negras o blancas, o verdades sin salida: todo es absoluto y dramático. Al estar ahí no vemos escape a la realidad que hemos creado. La vergüenza llama a nuestra puerta y exige lealtad.

Muchos psicólogos —como Helen Block Lewis— han vinculado la vergüenza y los sentimientos de culpa con la depresión tan extensiva que hoy tenemos en nuestras sociedades.

La Organización Mundial de la Salud (OMS) estima que 15% de la población va a padecer depresión. De hecho, se prevé que en 2030 ocupará el primer puesto en la clasificación de las enfermedades mentales.

Una y otra vez se concluye que el hecho de vivir con la bruma de tales sentimientos nos conecta con el miedo que sentimos tanto de manera personal como colectiva. Por ello, es de gran importancia conocer todos los vértices en los que aparece en nuestra vida este virus para sortearlo y vivir con libertad.

El sentimiento de vergüenza empieza a desarrollarse desde que somos niños. Ha sido alentado por nuestras sociedades y hemos aprendido a vivir excesivamente avergonzados, la gran mayoría sin darnos cuenta de que esto nos opaca.

La fuente por la cual se propaga la vergüenza son las relaciones: unos a otros nos pasamos la batuta de la vergüenza, de modo que la insertamos en nosotros de manera inconsciente y la comenzamos a propagar.

Avergonzamos a otros de manera constante, los desaprobamos, los juzgamos y lo hacemos como un acto de defensa; de alguna manera preferimos sentir que es mejor aminorar a otros que exponer nuestra vergüenza, o sentir el juicio de otros impuestos en nosotros. Estas dinámicas sociales que hemos recreado son completamente disfuncionales y nos alejan de la relación con nuestro espíritu y con el de otros.

Otra forma de hacerlo es por medio de grupos que son discriminados a cierto nivel y propagan la vergüenza colectiva. Algunos de los grupos que reciben el mensaje que son menos que los demás son:

- Mujeres.
- Personas mayores.
- Discapacitados.
- Adictos.
- Negros.
- Hispanos.
- Razas.
- Judíos.

- Gente con poco dinero.
- Migrantes.
- Homosexuales.
- Indígenas.

Sin darnos cuenta, desde que somos pequeños propiciamos la separación entre unos y otros porque replicamos conversaciones que escuchamos en casa, donde vemos a los demás como diferentes o peores, según las características que nos enseñaron a juzgar, sin reconocer que más allá de nuestro físico o comportamiento todos partimos de la misma conciencia y buscamos nuestro destino espiritual.

ORIGEN DE LA VERGÜENZA COLECTIVA

La religión y la vergüenza

Desafortunadamente, la religión puede aumentar la vergüenza si se desvía de un fin de bienestar. El propósito de un acercamiento espiritual es encontrar consuelo, sanación y unicidad con uno, con los demás y con la inteligencia consciente que existe en todo. Pero en múltiples ocasiones a lo largo de la historia, la religión ha impulsado la vergüenza en muchos de nosotros.

Yo como mujer me he sentido sucia, pecadora y poco merecedora del amor de Dios. Cuando nos sentimos así, nos debilitamos. Cuando ha sido mal dirigida la Iglesia, ha fomentado nuestra aparente fragilidad para manipular y controlar a los seres humanos, porque una vez desconectados de nuestro bienestar personal y nuestra conexión natural con el ser divino, sentimos un vacío y emprendemos una búsqueda. Esto se resuelve si eliminamos la idea de la vergüenza impuesta por el exterior y nos conectamos con el universo y el amor.

> El fin de la religión es fortalecer nuestra vida espiritual y la relación con nosotros y con los demás. Por ello, debemos estar atentos a que nuestro acercamiento a cualquier institución nos proporcione este propósito.

Para las personas que sentimos vergüenza puede ser difícil reconectarnos con un Poder Superior si creemos que nos condenó. Las culturas empapadas de vergüenza suelen tener un aprecio negativo de Dios: lo imaginan juicioso, vengativo, enojado, que nos castiga mediante los desastres naturales y la maldad humana. Es la visión del ego en la que Dios es un oponente y crea un malentendido en nosotros. Cuando el ego nos domina sólo podemos proyectar un Dios basado en sus mismas características. Pero al despertar del ego, de la dualidad en que todo lo tenemos que juzgar, descansamos en la idea de que la conciencia es bienestar y que Dios y nosotros somos ella. Por ello, Dios deja de ser algo separado de nosotros: es el amor siempre presente que ha dado la espalda al ego.

Puede ser que estés confundido y tengas que lidiar con la tristeza hacia el Dios que "te hizo" sentir mal por mucho tiempo. Otros perdemos el interés en lo espiritual como resultado de lo que nos enseñaron; así, nos desconectamos de nuestro corazón, de la fe y de la esperanza. Recuerda que la vergüenza nos separa del mundo. Cuando sanamos, descubrimos que no estamos solos y que nunca lo hemos estado, que vivimos conectados unos con otros y con nuestro universo divino. Al recordarlo y sentirlo descansamos en el aprecio que nos da sentirnos integrados en un mundo que sólo es regido por el amor. Podemos observar la factibilidad de un Dios que no entiende el mundo del ego; por lo tanto, no entiende el mundo del castigo, en el cual el universo está en integración y la energía que rige todo vive en armonía, como bien lo explica Einstein:

Einstein tomó una ruta diferente de la de otros científicos, porque cuanto más conoció, más confuso se quedó. La lógica humana quedó atrás, así como la racionalidad mental. *La realidad tiene otro orden*. Lo mecánico, la secuencia es un producto humano. Aunque insistamos en que es lo *correcto,* la existencia no va a cambiar de acuerdo con nuestras conclusiones. De este modo, cuanto más profundizas en la vida, ésta se vuelve cada vez más misteriosa y llega un punto en el que tienes que abandonar la mente y escuchar la naturaleza: ése es el entendimiento supremo.

Todo lo que existe es un misterio y todos nuestros esfuerzos para comprenderlo van a dejarnos con más preguntas. El genio alemán afirma al respecto:

> Un ser humano es parte de un todo, llamado por nosotros *universo*, una parte limitada en tiempo y espacio. El ser se experimenta a sí mismo, además de sus pensamientos y emociones, como algo separado de lo demás —un tipo de ilusión óptica de su conciencia. Esta distorsión es un tipo de encierro para cada uno que nos restringe a deseos personales... y afectos centralizados a personas cercanas a nosotros. La gran tarea es liberarnos de esta prisión, abriendo espacios de compasión que incluyan a todos los seres vivientes y la naturaleza competa con su inmensa belleza.

EL UNIVERSO COMO UN TODO ARMONIOSO

Einstein discute la ciencia y la existencia de Dios con su maestro espiritual Tagore

Si no tuviera fe absoluta en la armonía de la creación, no la hubiera tratado de explicar durante 30 años en una fórmula matemática. Lo único que pone al hombre por encima de los animales es la conciencia de lo que hace con su mente y le permite estar consiente de sí mismo y de su relación con el universo.

Creo que tengo sentimientos religiosos cósmicos. Nunca logré entender cómo uno puede satisfacer estos sentimientos mediante la oración a objetos limitados. El árbol es vida, una estatua es muerte. El todo de la naturaleza es vívido y la existencia, ante mis ojos, rechaza a un Dios infinito que se asemeja al hombre.

El hombre encuentra a Dios en su esencia. Una religión cósmica no tiene otra intención más que enseñar al hombre que el universo es racional y que su destino más alto es reflexionar y cocrear con sus leyes.

Me gusta experimentar el universo como un todo armonioso. Cada célula tiene vida. La materia es energía solidificada.

En este mundo vasto, nuestros cuerpos son como una prisión: miro hacia adelante y espero ser libre, pero no especulo lo que pueda pasarme cuando lo sea.

Creo que no es importante saber qué pasa después de esta vida, mientras cumplamos con nuestra misión: amar y servir.

Por el momento vivo aquí y mi responsabilidad ahora es este mundo. Me relaciono con las leyes de la naturaleza: ésta es mi labor en la tierra.

Tengo fe en el universo porque es racional. Todo está escrito por una ley y tengo fe de mi propósito en esta tierra. Tengo fe en mi intuición, en el lenguaje de mi conciencia, pero no tengo fe en especulaciones del Cielo y el Infierno. Estoy consciente de este momento: del aquí y ahora.

INFLUENCIA SOCIAL Y LA VERGÜENZA

Los seres humanos vivimos sumergidos en una cultura que se vuelve invisible ante nosotros, se permea desde la tierna infancia y comienza a tener un impacto en nuestro comportamiento, palabra y respuesta ante la vida. Existen al respecto cinco pilares socioculturales que contribuyen al sentimiento de vergüenza:

- La constante presión de vernos de determinada manera para "pertenecer" y la presión de conquistar ciertas metas con el fin de *ser* alguien. Esto se nos enseña desde muy pequeños: comenzamos con la distorsión de pensar que somos este cuerpo.
- Apego en lo material y lo que los demás piensan de nosotros.
- Prejuicio y discriminación.
- Vergüenza por no pertenecer a instituciones o a ciertos estatus sociales, intelectuales, etcétera.
- Vergüenza moral por no seguir estándares esperados.

Cada persona influye en nuestra sociedad con lo que aprecia, a lo que le da relevancia y el trabajo interno y de conciencia que lleva a cabo en su vida. Podemos ayudar a que la sociedad transforme su salud colectiva si tratamos de comprender la intención de nuestros actos y si indagamos si nuestro actuar es por amor o por miedo. Lo ideal es comenzar por aceptarnos y respetarnos ya que la relación que tengamos a nivel personal será un reflejo de las relaciones que construyamos en el exterior. Entender y valorar a las personas que nos son ajenas es un paso importante: buscar la integración.

Poco a poco de manera generalizada iremos descubriendo que en realidad no hay diferencias y que todos buscamos el mismo fin, unos extendiendo amor y otros con tanto miedo que sus llamados de amor se traducen en inconsciencia que se manifiesta en violencia y ataque. Juntos, al leer este libro, descubriremos que somos capaces de crear sociedades alineadas al amor. Si en vez de castigar, culpar y señalar, comenzamos a integrar sociedades y sanar las mentes que no encuentran salida de sus pesadillas mentales empezaremos a despertar.

La fuerza del amor nos incluye a todos y nos gobierna, lo hagamos de forma consciente o no. Cuando alineamos nuestra vida a esta energía, vivimos en la luz, la cual nos alumbra y a nuestro entorno. Es un poder que multiplica lo mejor de nosotros y permite que la Humanidad extinga su ceguera y egoísmos. Cuando el amor es lo que se revela en nosotros, vivimos y morimos en paz. Esta gran energía lo explica todo y nos da el propósito de vivir. Así, nuestros deseos, creatividad, relaciones y presencia se bañan de una presencia completa.

Muchos vivimos buscando el amor en objetos, el poder, el éxito y el reconocimiento. A veces preferimos salir a buscar lo que ya tenemos en nuestro interior y abrazar el amor que llevamos dentro. Nos damos cuenta de que es una fuerza tan poderosa que muchos no sabemos cómo rendirnos a ella. Somos seres completos en todo momento, así como la Luna que siempre se vive magna y radiante, pero desde nuestra perspectiva a veces parece estar incompleta. Lo mismo nosotros siempre estamos plenos y no nos hace falta nada, sino sólo eliminar lo que bloquea nuestra percepción y que no permite asumirnos como seres totales.

Al vernos enteros, la bondad es natural porque vivimos desde la abundancia del espíritu, la cual sana al mundo por su esplendor ilimitado. El uso del control, el dominio y la destrucción se han volcado en contra de nosotros. Es momento de nutrir el mundo con otro tipo de energía.

Si queremos sobrevivir como especie, debemos voltear a nuestro interior y conectarnos con la plenitud presente. Si deseamos entrar en un equilibrio con el planeta, y con cada ser viviente, el amor y la bondad son la única respuesta.

Cada uno de nosotros carga un generador de energía que quiere hacer resonancia con nuestros familiares, amigos, animales, sueños y proyectos. Cuando aprendamos a usar esta valioso recurso y cuando estemos dispuestos a dar y recibir amor de manera incondicional, conquistaremos la compasión, la empatía, la tolerancia y la sabiduría para vivir en una sociedad despierta.

El amor abarca todo: puede trascender el tiempo, el espacio y cualquier dimensión, porque todo surge y acaba en amor. La gran lección que he aprendido es que la vida es más simple de lo que creemos. Pero para llegar a esta simplicidad debemos dejar ir: vivir desde nuestra presencia, sostenernos en el amor que llevamos dentro y dejarnos llevar a nuestro gran destino. La vida nos está guiando en todo momento. La Humanidad hoy nos pide hacer sociedades abiertas, alineadas a la franqueza, de modo que la verdad nos hará libres.

CUANDO NOS ALEJAMOS DEL AMOR

Cuando no estamos dispuestos a desvanecer la vergüenza, en muchas ocasiones ésta se convierte en desamor por nosotros: es como si existiera un hoyo en el centro de nosotros. Todas las cualidades y bellezas se desvanecen ante nosotros. En ese momento nos cuesta trabajo ver las cosas positivas y reconocernos simplemente por quiénes somos y cómo somos. No se puede apreciar la belleza de la propia Humanidad. Nos enfocamos en la fealdad en lugar de lo hermoso, en la vergüenza en vez de en la gracia, y en la debilidad en vez de en el poder.

ESPIRALES DE VERGÜENZA

Lo anterior no quiere decir que los seres humanos no experimentamos honor y dignidad, sino que en momentos o épocas se apodera de nosotros el virus de la vergüenza y ante situaciones respondemos desde la perspectiva de ésta: muchos de nuestros pensamientos no explorados se basan en carencia y no en abundancia. Por lo tanto, proyectamos miedo en vez de crear inspiración y presencia.

Identifica cuando estés por entrar en esta espiral: comenzamos a ser más críticos con nosotros y analizamos nuestro comportamiento, nuestra personalidad, nuestras fallas o nuestro físico de manera compulsiva. Establecemos estándares altos y lo que somos y creamos lo vivimos como poca cosa. Nos volvemos hipersensibles a las críticas de otros, al pendiente de la posibilidad de hacer el ridículo, ser rechazados o equivocarnos. Esta idea de voz juzgadora por los demás es un reflejo de cómo nos condenamos a través de los pensamientos.

La vergüenza necesita atención inmediata, pues ondas de vergüenza se pueden convertir rápidamente en espirales como torrentes que nos llevan a gran velocidad, como remolinos que giran cada vez más rápido. Pueden durar días, semanas o meses, durante los cuales la persona dolorosamente evalúa, revisita, analiza su vergüenza con los temas que cada persona tenga enganchada con ella cada vez más intensamente, sintiéndote peor acerca de ti mismo y de tus "errores" o los de otros. En esos momentos la habilidad para apreciar las veces que sentimos orgullo sano y el respeto por nosotros nos va quedando lejos. A veces pensamos que estamos mal por culpa de los demás, y no somos honestos al reconocer que los usamos a ellos para autodestruirnos. No nos hacemos responsables de lo que sentimos, pues creemos que los demás nos lo provocan.

Pregúntate hoy: ¿cuándo fue la primera vez que te sentiste así?, ¿es un sentimiento familiar a lo largo de tu vida? y ¿se ha repetido en otras ocasiones?

Te das cuenta de que es algo tuyo que supones generado por alguien o algo que sucede ahora.

QUÉ REACCIONES BLOQUEAN NUESTRA SALIDA DE LAS ESPIRALES DE VERGÜENZA

Toda reacción que nace del miedo se convierte en un bloqueo. Actuamos así porque no nos sentimos plenos, sino que dependemos de nuestro comportamiento para "protegernos" y tratamos de anestesiar el dolor no resuelto que reprimimos. Cuando estamos dispuestos a ver de frente el dolor, en vez de reaccionar con estos bloqueos tomamos la ruta de la transformación.

REACCIONES QUE CAUSAN BLOQUEO

Negación

La persona que niega su vergüenza quiere creer que es aceptada por ella misma y por los demás, así que se ciega a todo aquello que cree puede traerle vergüenza, ridículo, humillación etc. Normalmente vive en un mundo de apariencias y hará lo que sea para mantener su imagen y ser vista como buena persona o sobresaliente. Por ejemplo, una persona que abusa de la fama, su éxito, algún talento, el trabajo o el alcohol y niega que esto ya no es funcional sentiría vergüenza al admitir que existe vulnerabilidad en este tema. Le cuesta trabajo entender el origen de su comportamiento; además, a veces no comprendemos cómo se puede ser ambas cosas: una buena persona y tener comportamientos de abuso y autodestrucción.

Envejecer puede ser otra razón para sentir vergüenza. Hacernos viejos puede ser un proceso vergonzoso, por lo cual la persona puede dañar su cuerpo por creer que debe conservar su juventud o su imagen con el fin de ser aceptado. Nos rechazamos cuando creemos que envejecer es algo malo. Cualquier cosa que le cause vergüenza a una persona puede ser defendida con negación, porque rechazamos lo que no nos atrevemos a aceptar.

Vivir en negación nos lastima. La persona que está avergonzada de su madre puede alejarla y perder su relación con ella, así como el individuo que siente vergüenza por envejecer puede perder el respeto a sí mismo. Este tipo de personas pueden ganar mucho al recibir la realidad como es, pero sólo lo pueden hacer cuando se permiten ser vulnerables y conquistar su vergüenza, al soltar y vivir en autenticidad. Por ejemplo:

- José niega tener cualquier problema físico e ignora su dolor de espalda porque se sentiría vulnerable de verse "débil". A su vez, Martha niega que está lo suficientemente ansiosa para ver a un profesional, pues se sentiría avergonzada de estar "mal". Ella debería tener todo bajo control. ¿Usas la negación como un mecanismo de defensa?, ¿de qué manera?

Retracción

Otra estrategia que nos bloquea es retraernos. Cuando sentimos vergüenza es fácil alejarnos de los demás o de la situación que nos está genera este sentimiento. Reconocemos que nos aislamos cuando tenemos este tipo de pensamientos: "Hoy me siento tan mal acerca de mí que no puedo ser feliz, ni tomar decisiones". "No puedo estar cerca de nadie, eso me hace sentirme aún más avergonzado." Sentimos poco mérito por quienes somos y por la necesidad de protegernos y en realidad no queremos sentirnos rechazados, de modo que lo que más deseamos a nivel inconsciente es conexión. Por ejemplo:

- Mariana es muy buena para ayudar a los demás, pero no acepta ayuda. Si alguien se acerca lo suficiente, estará segura de que la persona se dará cuenta de lo carente que se siente. Dar ayuda la hace sentirse en control y poderosa.

Bruno se ausenta porque empieza a sentirse incómodo, lo cual hace que pierda mucha de las satisfacciones sociales y conexiones de trabajo o sociales. ¿Usas la retracción como un mecanismo de defensa?, ¿de qué manera?

Resentimiento

El resentimiento aparece con el fin de alejarnos de los demás porque en el fondo cargamos un dolor profundo no resuelto. Lo usamos como protección para que otros no puedan tocar lo que nos lastima, ni puedan destruirnos. Crea un mundo solitario que nos atrapa y nos aleja de otros, porque ahí sentimos un control aparente. Las emociones nos gobiernan y sin darnos cuenta toman el propósito de nuestra vida al ser ellas las que rigen nuestras relaciones y reacciones. Este dolor es una perspectiva que nos perturba frente a algo o a alguien. Pregúntate: ¿cómo podría ver paz en lugar de *esto* que crea tales sentimientos? Por ejemplo:

- Judith culpa a los demás por hacerla sentir mal, pero no cuestiona qué quieren decirle realmente. Alan explota siempre que está con sus niños. "Dice que lo hacen enojar a propósito" al no hacer inmediatamente lo que les pide. Para él es más fácil estar molesto con sus hijos que lidiar con sus sentimientos de insuficiencia. ¿Usas el resentimiento como un mecanismo de defensa?, ¿de qué forma?

Perfeccionismo

Otro recurso para protegernos de la vergüenza es el perfeccionismo, muy común entre muchos de nosotros y en nuestra cultura. Cuando nuestra energía está enfocada en ser perfeccionistas, en realidad estamos aterrorizados de "cometer errores". Para nosotros comprueban que hay algo fundamentalmente malo en nosotros: sentimos que si no hacemos todo en excelencia y tenemos éxito aplaudido por el exterior no valemos.

Cuando estamos en este modo existen dos opciones: sentir vergüenza o tratar de hacer todo perfecto, por lo cual no nos detenemos. Por ello luchamos desesperadamente en contra nuestra humanidad, porque todos cometemos errores y dichas expectativas no son reales ni amorosas.

El perfeccionista no es necesariamente arrogante, ni trata de ser Dios, sino sólo trata de no sentir rechazo sobre todo de sí mismo. La constante es una presión por demostrar que es suficiente. Pensamos que los demás miran para buscar imperfecciones y tememos que al encontrarlas se den cuenta de nuestros defectos y piensen que no valemos.

En dicha postura no se gana. Sin importar qué tan buenos seamos o qué tan perfectas sean las cosas que hagamos, cuando se es perfeccionista se siente que vivimos un paso adelante de la vergüenza. En consecuencia, es difícil relajarnos y no nos sentimos cómodos por mucho tiempo pues la aceptación total de quiénes somos está en juego. Normalmente, cuando vivimos así, el mundo es uno en el cual competimos y nos comparamos de manera constante.

La realidad es que actuamos así porque no nos sentimos satisfechos con quienes somos. Vivimos con miedo a ser juzgados y con la necesidad de hacer o estar en lo correcto. Cuando vivimos así nos cuesta trabajo estar sin hacer, disfrutando el momento y siendo uno con el presente. Sentimos que nos perdemos o nos diluimos cuando no estamos imponiendo de alguna manera nuestra personalidad, lo cual se vuelve agotador y artificial; además, se convierte en una vida en la cual manipulamos a otros porque necesitamos de ellos para tener nuestra aprobación, reconocimiento, fama, dinero, etc. Vivimos adictos a la droga que nos han programado de dependencia social en la cual creemos que lo que nos da valor y el propósito de la vida es lo que hacemos, cómo lo hacemos o cómo nos vemos.

En dicha postura invertimos nuestra energía ante la creencia de "debo ser mejor". Comprar esta idea nos pone inmediatamente en un contexto de carencia, pero no existe alguien mejor que quien ahora está frente al espejo. Cuando al fin aceptamos quiénes somos y nos descubrimos realmente, soltamos cualquier idea que nos aleje de lo que somos, seremos y fuimos. Sólo en este reconocimiento encontraremos plenitud. Aquí pasamos del drama y el autorrechazo a la abundancia y la naturalidad. La fórmula es soltar los apegos y los deseos sociales en que se dispersa la felicidad que siempre está presente. Por ejemplo:

- Juan se viste impecable, todo en su vida parece un anuncio de revista, la vida perfecta, con gran atención al detalle. Cuando su compañero en el trabajo se da cuenta de que tiene problemas de salud por las exigencias que se hace a sí mismo, Juan se siente inseguro porque no sabe qué impresión da y quiere verse todopoderoso.

Katia insiste en que todo en su casa debe ser de cierta manera y hace que todos en su familia cumplan con los mismos estándares hasta que desgasta la dinámica familiar. ¿Usas el perfeccionismo como un mecanismo de defensa?, ¿de qué manera?

Arrogancia

La arrogancia sucede cuando inflamos nuestra autoimagen y nos percibimos mejor, superior o diferente de los demás. Lo hacemos para ocultar lo que rechazamos de nosotros: es ponernos en un pedestal para que nadie (incluidos nosotros) podamos ver lo que no nos gusta de nosotros; sin embargo, esto tiene un precio: estar en dicho pedestal nos separa de los demás, no nos permite conectarnos, crea la ilusión de que no somos parte de otros y la intimidad emocional queda ausente. En esta postura no vivimos la belleza de la intimidad de otros, así como con cada acto arrogante nos acercamos al centro del dolor y nos alejamos de la posibilidad de sanar. La arrogancia puede aparecer con el simple hecho de hacerles caras a otros, desesperarnos o exigir por sentirnos en una posición superior cuando alguien nos da un servicio: es mostrar un poder aparente y a veces surge de maneras supuestamente sutiles.

El ego nos engaña y justificamos nuestras posiciones superiores a otros sin darnos cuenta de que todos somos iguales y todos estamos presentes para conectarnos espiritualmente, sin importar el rol que desempeñemos en determinado momento. Vinimos a aprender de cada uno de los encuentros que tenemos. Por ejemplo:

- Arturo critica a su esposa porque no la considera intelectualmente capaz. La avergüenza, la ignora, generalmente ataca sus opiniones porque él se siente en lo correcto y más culto.

Al entrar a su casa, Carlos impone su mal humor y trata de que quienes lo rodean se sientan mal porque de esta manera él logra su importancia y llama la atención.

Luis trata a las personas de rango superior con sumo respeto, pero siente la necesidad de imponer su arrogancia con quienes le hacen un servicio y cuando su trabajo depende de él.

¿Usas la arrogancia como un mecanismo de defensa?, ¿de qué modo?

Exhibicionismo

El último bloqueo de la vergüenza es el exhibicionismo. En esta fase tenemos la necesidad de ser vistos y de mantener cierta imagen. Caemos en la caja de: "Quiero que me vean como… ya sea inteligente, atractivo, exitoso, rico, en forma, intelectual, necesitado, pobre de mí, etc.". Muchos usamos hoy en día las redes sociales para nutrir esta disfunción. Nuestra atención está en lo que los demás piensan de nosotros y, por lo tanto, nuestro jardín interior está abandonado. La mirada de la vida está en buscar reconocimiento y la exposición de nuestros "atributos" o nuestro "drama". Es un mundo solitario, reactivo a la crítica, pero sobre todo es un mundo donde estamos tan perdidos en nuestro sueño que creemos que lo que mostramos es real.

- Karen habla de su divorcio y todo el sufrimiento que vive en él de manera constante, por lo cual siente la necesidad de exhibir su vida personal. Pablo habla de sus conquistas sexuales, en tanto que Sara habla de sus triunfos y exhibe en redes sociales su gran estilo de vida.

A la menor provocación, Marina habla de su éxito, amistades o viajes... ¿Usas la exhibición como un mecanismo de defensa? y ¿de qué manera?

AL SOLTAR...

Para llegar hasta donde nuestra alma sueña y para conquistar nuestra vida, debemos quitar disfraces, ideas, personalidades que adoptamos en el camino, volver a la inocencia de niños, a la mente amorosa. O podemos perdernos en pensar que ya somos de determinada manera con escasas posibilidades. A veces compramos la idea de que aparentemente nuestras características nos definen. Si no soltamos lo que en verdad nos encasilla, en el día a día reforzaremos la conversación del acuerdo personal que ya hicimos de quienes "pensamos que somos". Una vez más, el lenguaje nos puede aprisionar pues nos volvemos lo que decimos que somos, para bien o para mal.

Una vez que nos permitimos soltar, cuando conocemos mayores dimensiones de poder en nosotros, nos damos permiso de explorar quiénes somos realmente en cada momento.

TU GRAN VIDA

La caminata es de frente a la vida, libres de posturas y reclamos. En consecuencia, hay que echar mano de la pasión por imaginar, inventar, manifestar o transformar. Cuántos de nosotros nos perdemos en el camino al tomar decisiones por miedo, al extender trabajos que nos alejan de nosotros; entregados a relaciones en las que nos hacemos diminutos; pero somos fieles al temor y a la duda. Estamos comprometidos con conversaciones pobres: chismes, televisión, redes sociales, crítica y quejas; perdidos en un lenguaje repetitivo, superficial y nocivo para el espíritu. Hoy es el día que podemos alinearnos a nuestra grandeza. ¿Quieres?

¿Será que muchos no nos encaminamos a nuestra gran vida? El hambre de conquistar aquello que debemos manifestar también está presente y te pide su encuentro.

DILEMAS RELACIONADOS CON LA VERGÜENZA

Abandono

Cuando experimentamos vergüenza, creemos que es una alternativa pensar que podemos ser abandonados por otro ser humano.

Palabras como abandono o traición las eliminamos de nuestro lenguaje porque son condicionantes de nuestro estado de ánimo y sólo constituyen nuestra interpretación de los actos de otros. A veces las personas se van o se alejan y nosotros otorgamos tales títulos.

Las personas se van por sus razones, pero eso no nos define a nosotros. Lo interesante es que una persona que vive demeritándose frente a las acciones de otros tiene su atención puesta fuera de sí y no en su poder, ni reconoce que los otros son proyección de la mente. Usamos los pensamientos para reforzar el mundo de carencia con el que nos relacionamos, sin cuestionarlos para volver a la paz. No vemos de manera neutral lo que sucede en nuestra vida, sino que tomamos las vivencias de manera personal y cuando las relaciones terminan u otras personas deciden hacer vidas lejos de nosotros, pensamos que es porque no merecemos su amor, y así fortalecemos lo que creemos acerca de nosotros con los actos de otros.

Al perdernos en esa sensación, creamos conversaciones internas que nos revelan no ser suficientes. Si esto no lo exploramos, tal creencia comienza a permear en cómo comprendemos el mundo y cómo actuamos de cara a él.

Todos los seres humanos venimos equipados con lo que necesitamos para conquistar lo que la vida nos presenta. En el momento en que recibimos la vida tal cual, damos un paso importante. En ese instante revelamos nuestra autoridad y nos damos cuenta de que no hay nada más grande que la disposición de vivir la vida que deseamos. ¿Te has puesto a pensar quién serías si no tuvieras el pensamiento de que alguien pudiera abandonarte o dejarte, que tu felicidad dependa de otros? Serías libre para amar y vivir. No tendrías que manipular a nadie, ni complacer de manera artificial. Serías una gran compañía, pero sobre todo una persona que se mueve a la comprensión y se saldría del miedo.

SERÉ LO QUE QUIERES QUE SEA

Al vivir con miedo a ser "abandonados o dejados", es fácil convertirnos en la persona que creemos que el otro espera de nosotros. La línea de pensamiento es así: "No me aceptarías si supieras quién soy realmente. Tengo que complacerte siendo la persona de la cual puedas estar orgulloso". ¿Te parece?

AUTONEGLIGENCIA, AUTOABUSO Y AUTOSABOTAJE

La autonegligencia ocurre cuando una persona ignora sus necesidades; por ejemplo, no va al doctor cuando está enferma, ni come para alimentarse, descuida su apariencia, ni atiende lo que su cuerpo trata de comunicarle... Tales acciones demuestran autoabuso pasivo. Al no cuidarnos y tratarnos con cariño, hacemos a un lado todo lo que la vida nos ofrece para estar bien. El abuso comienza cuando creemos merecerlo, y negar lo que nos da bienestar es un primer paso a esta autoagresión.

El autosabotaje es otra manera de dañarnos (por ejemplo, cuando nos "olvidamos" de inscribirnos a tiempo para el programa de estudios o el paciente que no hace lo necesario para sanar) o en el trabajo casualmente llegamos tarde a juntas o entregas importantes... siempre con una justificación en mano que crees que te salva y te absuelve de asumir responsabilidad. Esta persona mina sus oportunidades de salir adelante y ser feliz porque piensa que no tiene valor. Las excusas son somníferos que nos duermen de nuestro poder personal: vivimos justificando por qué no damos resultados o estamos conquistando nuestra vida.

COMPORTAMIENTOS ADICTIVOS/COMPULSIVOS

La vergüenza y el vicio son una gran mancuerna: son pareja naturalmente. Cuanto más desconectados nos sintamos, más dependeremos de algo que nos haga sentir alivio, que nos duerma el dolor que sentimos, a veces mediante la "magia" del alcohol, las drogas, los bienes de consumo, el sexo, la comida, el trabajo, la terapia, la moda, etc., tratando de llenar un agujero sin fin. Pero la única manera de sanar el dolor es sintiéndolo, entendiendo su origen y deshaciendo la gran mentira en la que nos tiene perdidos.

Tales conflictos internos parecen nudos entrelazados que aparentan verdad, pero son como cuando uno se da a la tarea de desenredar una cadena: al final el nudo aparente desaparece y no queda nada porque ese nudo no existía. Todo dilema, conflicto, guerra o sufrimiento —por muy grande que parezca— es capaz de disolverse en nuestra mente sin quedar nada más que amor. Esto lo veo una y otra vez en las sesiones de MMK.

Cada vez que elegimos la adicción al drama en vez de nuestro poder personal, debilitamos nuestro aprecio, pues reforzamos la creencia de que necesitamos extraer el poder de algo externo con el fin de sentir paz. La adicción es la confusión que tenemos de pensar que el poder proviene del mundo de las ilusiones. Una vez vendidos en la idea adornamos las adicciones, el consumo lo presentamos como algo de prestigio, el alcohol como algo que se relaciona con el relajamiento o la diversión, o el sexo lo presentamos en relación con otros. Sin embargo, en el fondo nos rendimos a un comportamiento débil al tratar de extraer la aparente falta de poder de una fuente donde no reside. Si sustituyéramos el impulso de la adicción por unos minutos de meditación, moveríamos la necesidad de saciar nuestro poder a una fuente donde encontramos el beneficio que buscamos: unirnos con la fuente del poder.

Toda nuestra separación con el amor nace de un pensamiento a la vez; por lo tanto, es fácil recuperar nuestra paz, lo cual logramos en la voluntad de cada instante.

Piensa en algo que ahora te tenga agobiado... Ahora experimenta con la idea de que por alguna extraña razón nunca más en tu vida pudieras volver a pensar en ello... ¿Cómo te sentirías?, ¿qué harías diferente?

LA VERGÜENZA Y LA FAMILIA

Las familias que se construyen en vergüenza suelen tener secretos; además, consideran que deben esconder muchas cosas: la enfermedad mental de un familiar, la adicción de pastillas de la madre, los problemas que el padre tiene en el trabajo, la depresión del hijo, adicciones, abusos, embarazos, abortos, preferencias sexuales, problemas alimenticios, amantes, etc., la mayoría de lo que las familias vivimos día a día y que para muchos son aconteceres de la vida. Sin embargo, para otros se vuelven secretos, oscuras cargas energéticas que no brindamos a la luz, los cuales destruyen a larga y no permiten que la salud y la espontaneidad rijan el bienestar de la dinámica familiar. En las familias cuyas situaciones se hablan se aligera el viaje y se permite el sentido del humor que sana bastante. Las situaciones dejan de ser buenas o malas y simplemente son parte de la vida y se manejan con esa facilidad; fuera de juicios, culpas o reclamos. Al compartir la vida, nos convertimos en un conjunto de personas incluyentes, aceptantes, que trabajan en conjunto para apoyarse y solucionar situaciones como equipo. Hay un respiro de paz cuando hablamos las cosas y nos sentimos abrazados por quienes nos aman al saber que nos quieren incondicionalmente y nada de lo que vivamos es motivo de rechazo o burla.

El verdadero amor a cualquier otro ser humano y a nosotros se siembra en la frase: "Yo quiero lo que tú quieras, te amo como eres y sin condiciones".

Cómo sanar la vergüenza que se crea en la familia

Los comportamientos más comunes que generan vergüenza nacida en la familia son:

- Mensajes de que no somos suficientes, ni buenos, ni capaces de ser amados, ni pertenecemos a ella, ni deberíamos existir.
- El miedo a tener creencias, como abandono, traición y desinterés.
- Abuso físico, sexual o verbal.
- Guardar secretos.Perfeccionismo parental.
- Exigencias.
- Expectativas.
- Negligencia.
- El ego como motor de la familia y juego de poderes.

Guías para resolver/superar la vergüenza con origen de familia

a) Aprender la diferencia entre investigar el pasado para aprender de él o quedarnos atrapados en él, así como reconocer que el pasado ya no existe.

b) Encontrar los mensajes que de niños se nos quedaron grabados y nos hacen daño y sustituirlos por conversaciones maduras y realistas.

c) Aceptar el proceso de sanación y encontrar paz con lo que estos mensajes causaron.

d) Sustituir los mensajes del pasado con nuevos mensajes de amor y respeto, así como reconocer que hoy es tu responsabilidad que tu vida funcione, de nadie más.

e) Cambia tu comportamiento para que sea consistente con mensajes nuevos y más sanos.

f) Regresa la vergüenza "prestada". (por ejemplo, cuando la madre le dice a su hijo: "Deberías estar avergonzado de ti mismo. Si sacaras mejores calificaciones, tu papá no se pondría tan mal y no tendría que tomar". Se culpa al hijo de que su padre toma cuando la realidad es que ésta no es su culpa/responsabilidad.

g) Considera perdonar a las personas de tu familia que sientes que te lastimaron. Es normal que mientras exploremos estos sentimientos de enojo surjan. Ten cuidado en que tu enojo no se convierta en resentimiento y entiende que tal enojo puede ser porque en el fondo hemos cargado la creencia de que no somos suficientes y esto nos hace daño hoy en día; sin embargo, nosotros debemos soltarlo, pues hemos de reconocer que el enojo es con nosotros y no con otros.

Algunos ejemplos de mensajes que cargamos que debíamos soltar

- "No estoy bien, hay algo malo conmigo".
- "No soy suficientemente bueno para…"
- "No pertenezco a mi entorno: nadie me quiere o acepta".
- "Es imposible amarme como soy".
- "Todo sería más fácil si fuera diferente".

Cambia los viejos mensajes por mensajes de amor y respeto, para lo cual apégate a los pasos siguientes:

a) Encuentra y observa cada mensaje que hayas hecho tuyo o que te hayas creído.

b) Identifica que la persona hablaba desde su perspectiva y reconoce que no fue personal.

c) Desafía la idea de que ese mensaje es cierto, sin importar quién te lo dijo.

d) Considera el mensaje y suéltale tu atención, lo cual necesita para tener fuerza. Con el fin de que algo sea real para ti es porque tu enfoque está ahí: muévelo a algo funcional.

Sustitúyelo con un mensaje nuevo que sea real y que no te haga sentir vergüenza a ti ni a otros. Por ejemplo, las personas no somos suficientes o no suficientes, pues esto son sólo creencias. Los bebés no nacieron con esta calificación, lo cual es absurdo. Debemos salirnos completamente de la conversación de suficiencia, merecimiento, importancia, etc., porque es totalmente del ego. Todos somos seres divinos, completos y amorosos que vivimos fuera de la dimensión de las creencias limitantes, del mundo ilusorio del ego, que sólo crea limitación, miedo y un mundo lejano a lo que es verdaderamente legítimo en la experiencia humana.

Ejercicios

Es importante hacer los ejercicios para ir soltando, pero no podemos sanar lo que no vemos o no hemos reconocido, y en este punto del libro es importante identificar dónde estamos atorados.

Si te hizo clic cualquiera de los comportamientos anteriores toma nota en cuáles; además, analiza las siguientes declaraciones que hacen personas que basan su vida en su vergüenza. Nota si te relacionas con alguna de ellas:

- Constantemente me preocupo acerca de cómo me veo.
- Me preocupa lo que otros piensen de mí.
- Cuando hablo acerca de lo que realmente quiero, constantemente me siento avergonzado.
- Me siento inseguro/incómodo cuando estoy con otros.
- Tengo problemas para afrontar críticas.
- Me da miedo sentirme humillado delante de otros.
- Doy por hecho que los demás van a darse cuenta de mis defectos.
- Vivo sobreanalizando mis defectos.
- Cuando alguien me dice que les gusta algo de mí reacciono.

- No creo que soy igual de buen@ que las personas que me rodean.
- Me da pena cómo actúan o se ven las personas de mi familia.
- Algunas veces me siento menos sin saber la razón.
- Me preocupa lo que vaya a hacer mal o que me vaya a equivocar y quedar en evidencia.
- No me gusta que me evalúen, aunque sepa que haya hecho un buen trabajo.
- Me da pena estar cerca de alguien que hace el ridículo.
- Uso mi voz para criticar o hacer comentarios fuera del amor.

Muchas veces somos tan críticos acerca de nosotros que tenemos problemas para aceptar un cumplido. Cuando alguien nos dice algo bonito, pensamos que nos miente o que lo dicen sólo por hablar. Otros necesitamos constantemente el aplauso exterior, pero no nos damos cuenta de que en realidad nuestra respuesta es una proyección del interior y que cumplidos o críticas no tienen nada que ver con nosotros, sino con el ego. Fuera del ego no podemos ser avalados ni criticados, sino simplemente somos, por lo cual nos abrimos a la retroalimentación si ésta resulta funcional.

Reflexiona en lo siguiente:

- ¿Te cuesta trabajo aceptarte?
- ¿Necesitas que constantemente te aplaudan o te reconozcan por algo?

SANA LAS HERIDAS DE LA VERGÜENZA

Para dar un paso en una dirección diferente vamos a trabajar con nuestro lenguaje. A continuación, las declaraciones deben ser incluidas en la narrativa interna para que comiencen a abrir una nueva realidad. El leguaje es generativo, crea y construye nuevos futuros para nosotros y tiene un efecto inmediato en nuestro estado emocional, por lo cual trabajaremos en incorporar un diálogo saludable dentro de nosotros.

Ejercicio
DECLARACIONES

a) *Si me doy cuenta de que en este momento no dejo de pensar y estoy en una espiral destructiva, declara lo siguiente: "Esto que pienso no es verdad".* Desafía los asaltos repetitivos que generan emociones que nos llevan al autorrechazo, detén los ciclos de destrucción y encuentra un despertar en el momento presente... En lugar de identificarte con lo que piensas, contempla los pensamientos para que surjan nuevas alternativas. Respira profundo y repítete cinco cosas que agradeces ahora.

b) *Si otros pretenden maltratarte, discriminarte o insultarte es por creencias de ellos: podríamos decir que son llamados de amor que nacen de la confusión, lo cual no significa que debas vibrar con este ataque. Pon límites:* "La manera como ahora me hablas o te comportas conmigo no me funciona; por ello, cuando podamos platicar de forma constructiva y encontrar soluciones conversaremos". De este modo corregimos dinámicas y también nos damos cuenta de que tenemos un decir importante en la construcción de nuestras relaciones. Poner límites respetuosos es tu obligación.

c) *Me dijeron que no valía nada y lo creí: "Ahora puedo ver que esto no es cierto, sino que tenía que ver con otros".* Perdona y libera. Esta declaración nos ayuda a desafiar la vergüenza en la familia. Y de esta forma no la propagamos en nuestros hijos.

d) *Me critican de manera constante. Si vivimos en un entorno complicado es momento de tomar decisiones que nos den paz.* Declara: "Hoy invento una nueva vida para mí". Esta declaración es muy importante para alguien que siente que no tiene poder ni qué decir en su vida.

e) *Estoy cansado de rechazarme a mí mismo. Voy a comprometerme a no insultarme, por lo cual me trataré* con respeto". Esto desafía la autodestrucción y cultiva el respeto, que es muy importante. Cada vez que te digas algo negativo, cancélalo con algo relacionado con tu parte amorosa. No te veas como un cuerpo, sino como un alma bella y amorosa. Cuando nos atacamos experimentamos un ahora insoportable y nos mantenemos alejados de la conciencia de la totalidad. Normalmente cuando se relaciona con nuestro cuerpo, echamos a andar la culpa y la vergüenza, lo cual se refleja en el cuerpo por medio de la comida, la enfermedad, el tabaco, la sexualidad, el alcohol, las compras, la droga, etc. Antes de actuar trata de hacer conciencia de que te dices qué te aleja de ti y que te lleva a comportamientos que te alejan de un propósito mayor. Piensa también cuando eliges negar tu luz con estos comportamientos si alguna vez te han dado lo que buscas.

Ejercicio

Para vivir de la mano del principio del amor que representa un estado de conciencia en el cual nos permitimos existir, debemos dejar de competir con otros y concentrarnos en los juicios que nos separan. El fuego que alimenta nuestros ataques son la comparación, culpar y atacar. Por ello, es momento de alinearnos a lo que tenemos en común, en vez de responder desde nuestra aparente debilidad, al defendernos con un sentido de superioridad o al usar armaduras emocionales. Concéntrate en la manera comoapareces frente a los demás...

Termina las oraciones siguientes. Un ejemplo sería: "Una de las maneras en que me parezco a ti (escribe el nombre de alguien con quien estés en conflicto) es que ambos dos somos humanos y tenemos luchas internas". "Otra cosa que tenemos en común es que los dos tenemos miedos." "También veo que los dos somos parte del amor y que cada quien a su manera lo pide o lo siente."

Humaniza al otro para dejar de verlo como un objeto al que le proyectas tus juicios y verlo con todo el espectro de su humanidad.

Declara: Hoy aprendo a amar mi vergüenza. Ahora puedo sentarme en silencio con ella. Recuerdo que si la rechazo, la haré más fuerte. Trato de escuchar lo que tiene que decirme acerca de mí mismo y respecto a cómo vivo mi vida. Reconozco que la vergüenza a veces forma parte de quien soy. Si no veo de frente a mi vergüenza, alejaré una parte de mí que viene a enseñarme algo. El fin es integrarme como ser humano, invitar a la vulnerabilidad y aligerar el viaje, no tomar todo personal porque la vida es un sueño. Nada tiene más significado que el que le damos.

Cómo sanar la vergüenza
en las relaciones

Honestamente, para la mayoría de nosotros es mucho más fácil darnos cuenta de cómo nos lastiman o han lastimado otros que cómo nosotros lo hemos hecho con los demás. Cuando se trata de relaciones cercanas, es clave que estemos pendientes de nuestras acciones, comentarios y lenguaje corporal para abrir posibilidades.

A veces agredimos de forma inconsciente para sentirnos poderosos y superiores en control y lo hacemos como una defensa para no exponer nuestra vergüenza. Por ejemplo, una mujer que critica a su esposo por ser flojo, por su físico, o su desempeño antes de examinar sus propias creencias frente a su ineficiencia, físico o desempeño. La esposa se protege y proyecta sus creencias para que él no exponga las conversaciones de critica que tiene con ella y que la tienen avergonzada.

De cierta manera, la vergüenza puede hacer sentirnos poderosos y en control de forma ilusoria. Por ello, es un reto dejarla ir. Preferimos sentir que dominamos algo o a alguien, que la intimidad o vulnerabilidad de ver todo acerca de nosotros.

Al no sentirte aceptado por ti al 100%, será muy probable que te enojes contigo mismo de modo constante. Lo que hacemos es que transferimos nuestro enojo a los demás.

> ¿A quién podría atacar y descalificar una persona que se siente mal?: por lo general a las personas que tiene más cerca —sus allegados. Éstas son a quienes más juzga y tiene dificultades en apreciar. Así, cuanto más

las amamos, más necesitamos demeritarlos para no quedar expuestos cuando nos sentimos inseguros.

Para dejar a un lado dicho fenómeno podemos cambiar de premisas, a saber:

Pregúntate:

¿Quién soy realmente?, ¿qué necesito reconocer a nivel más profundo de este momento? Tal premisa invita, en oposición a ¿qué puedo cambiar de mí o de otros para sentirme mejor? Esta premisa rechaza y nos aleja del presente, del ahora y de otros.

Las siguientes conversaciones internas suelen proyectarse en nuestras relaciones o situaciones de alguna u otra manera:

- Soy deficiente (dañado, incompleto, equivocado y defectuoso).
- Estoy sucio (manchado, feo, impuro y desagradable).
- Soy incompetente (no soy suficientemente bueno, sino inepto y no sirvo para nada).
- No soy querido (no soy amado ni apreciado).
- Merezco ser abandonado (olvidado, no amado y dejado).
- Soy débil (pequeño, impotente y débil).
- Soy malo (horrible, despreciable y malvado).
- Soy lamentable (miserable e insignificante).
- Merezco ser criticado (condenado, desaprobado y destruido).
- Me siento avergonzado (humillado, mortificado y deshonrado).

LAS RELACIONES Y LA VERGÜENZA

Cuando construimos nuestras relaciones en la vergüenza lo reconocemos porque se basan en conflicto e inseguridad. Existe la posibilidad de la desaprobación en todo momento. El día a día es defectuoso automáticamente. Te comparas con los demás, tiendes sólo a notar las debilidades, existen exigencias y expectativas de manera crónica. Con probabilidad te sientes menos inteligente, guapo y atractivo de lo que *en realidad importa*.

Las relaciones que se centran alrededor de la vergüenza pueden ser enfermizas, serias, dramáticas y con poca intimidad. La vergüenza buena y el sentido del humor van de la mano. Reírnos de nosotros y con otros es importante. Tener un mejor entendimiento de que errar y no ser perfectos es nuestra parte humana, pero hay una dimensión más profunda en nosotros que no se equivoca y que es perfecta.

Podemos usar nuestra vergüenza constructivamente cuando desarrollamos la habilidad para transformar mensajes importantes que recibimos al sentir vergüenza. Por ejemplo:

- Si no sientes amor, ¿hay algo que puedas modificar en tu manera de ver las cosas?
- Si te sientes expuesto y vulnerable, asegúrate de que la confianza esté presente.
- Si sientes que no eres suficiente, ¿qué pasa en este momento, cuándo fue la primera vez que sentiste esto (tómate un momento para recordar) y cuando decidiste vivir con esta creencia, ¿te funciona o te funcionaría más soltarla?"

Lo ideal es que nos hagamos amigos de todo lo que aparece en osotros para integrarnos como seres humanos, pues no debemos vivir rechazando lo que somos con el fin de sentir respeto hacia nosotros.

Ejercicio

Exploremos cuáles han sido las conversaciones de vergüenza y culpa que has cargado hasta ahora...

- ¿Cuál es el mensaje... trata de poner en palabras lo que te dices?
- ¿Qué haces cuando recibes este mensaje?, ¿normalmente es en el trabajo o en lo personal o en cuáles situaciones?
- ¿De dónde o de quién aprendiste este mensaje?
- ¿Qué edad tenías cuando decidiste que dicho mensaje era cierto?
- ¿Qué nueva declaración necesitas hacer para cambiar tal mensaje?

Ejercicio

Amor, honor y dignidad son los mejores antídotos para transmutar la vergüenza en luz. Haz una lista en la cual menciones las veces que te has tratado fuera de la vergüenza. Por ejemplo:

- Siento amor y satisfacción cuando...
- Me siento honorable de...
- Me respeto a mí mismo cuando...
- Siento dignidad cuando...

VERGÜENZA BUENA Y CONCIENCIA DE NOSOTROS

La vergüenza es incómoda, en consecuencia, las personas que no están paralizadas por ella pueden usar la vergüenza para alterar su comportamiento. Por ello decimos que no es mala, sino que cuando nos identificamos con la vergüenza nos ata, pero cuando sabemos trabajar con ella nos abre camino. Por ejemplo, puede ser que una persona se dé cuenta de que toma una decisión con la cual siente vergüenza y gracias a este sentimiento corrige su dirección para encontrar un camino que le dé paz. Pasa por un sentimiento incomodo para seguir con la vida que realmente desea o la persona que siente un vacío espiritual quizá sea capaz de transformar esto en una búsqueda/introspección para encontrar una experiencia amorosa y profunda.

La vergüenza se debe usar valientemente para que sea útil. La persona que está aterrorizada de sentir vergüenza y sólo quiere esquivarla no gana nada más que miedo y sufrimiento y se pierde en su rechazo, pero la persona que camina con su vergüenza crece con su molestia, así como crea una conciencia rica y significativa acerca de quién es y su razón de existir.

A veces es difícil transformar la vergüenza porque sentimos que ataca al núcleo de la existencia de nuestro ser. La persona que está consciente de su vergüenza puede encontrar valor en ella sin hallarse aterrorizada. La vergüenza funcional debe ser moderada y temporal y nos lleva a la introspección, la cual promueve efectividad en las relaciones humanas; además, promueve la conciencia en nosotros y el aprecio de nuestras relaciones y puede actuar como una guía para vivir una vida tanto plena como feliz.

Una vez que traemos a la luz el odio, el miedo, la culpa, la ignorancia, la vergüenza y las subpersonalidades, nos damos cuenta de que no hay nada por temer. La luz nos invita a ver que sólo son limitaciones que están ahí para ayudarnos a crecer. Cada vez que dejamos ir algo y lo entregamos a la luz nos acercamos un poco más al amor incondicional, a nuestro verdadero ser.

Los juicios que hacemos son luchas dentro de nosotros. Si reconocemos esto tendremos mayor entendimiento de cómo vivir. Así, la condena y la culpa desaparecen y la comprensión nos acompaña. Hay un mantra que lo explica:

> "Om Namah Shivaya, Om Namah Shivaya,
> Om Namah Shivaya..."

Lo que se pide con este mantra es: donde hay oscuridad deja que haya luz, donde hay ignorancia deja que haya sabiduría, donde hay odio deja que haya amor. Repetir estas tres oraciones nos ayuda a estar más cerca de la fuente, a actuar desde un lugar de bondad y a expandir nuestra visión del mundo.

Ejercicio

¿Vives en ansiedad, miedos o tristezas?, ¿te conectas a la vida con facilidad?, ¿te has sentido de esta manera por mucho tiempo? y ¿qué te dicen tus respuestas? Probablemente a lo largo de tu vida te has sentido avergonzado. Trata de recordar los mensajes que has recibido y quién te los dijo. El primer paso a la transformación es hacer consciente lo inconsciente.

¿Qué pasaría si reconocieras que este mundo es sólo *una ilusión?* o *¿si realmente entendieras que fuiste tú quien lo* inventó? Y ¿qué pasaría si pudieras ver que quienes parecen deambular en él para pecar o morir, atacar, asesinar y destruirse son sólo almas inocentes perdidas en su ignorancia e invadidos por el miedo?

LA VISIÓN QUE DA ALAS
Conclusión

> La culpa sepulta, la vergüenza desvaloriza y la
> ansiedad te hace vivir asustado y con prisa.
> MARISA G.

LA VIDA INÚTIL DE LA CULPA Y LA VERGÜENZA

Culpa y Vergüenza son dos hermanas que nacieron de Desamor, quien al no sentirse querida, un día por aburrimiento y necesidad de compañía las concibió.

A Culpa le impuso como tarea atacar con pensamientos de reproche y dolor a cualquier persona que cometiera un error y a Vergüenza le encomendó la misión de señalar y poner en evidencia a todo aquel que se sintiera inferior.

Lo cierto es que aun cuando Culpa y Vergüenza no se soportaban, para subsistir se necesitaban.

Culpa buscó un lugar entre los humanos por medio de hacerles creer que les era indispensable con la finalidad de regularse y autocontrolarse y así ya no cometer más "desastres"; pero eso no era propiamente verdad, ya que Culpa —al recriminar y juzgar— abría la puerta a Vergüenza para invalidar y desvalorar. Juntas contaminaron el corazón de aquellas personas que les dieron valor al creer que estas dos hermanas podrían aportar un buen juicio, rectitud y honor. Lo que los humanos desconocían es que Culpa y Vergüenza provienen de Desamor y que nada que de allí venga puede ofrecer una sana solución.

Se acerca el día de despertar y entonces todos verán que la idea de regularse sólo parece existir porque se cree en la dualidad: en el bien y el mal. Pero cuando el ser humano sepa que su esencia es amor, ya no vivirá con miedo a ser malo o creer en el error. En ese momento será libre, desterrará a Culpa y Vergüenza de su sistema de pensamiento y no volverá a creerse un ser indigno, inadecuado o deshonesto.

Para transitar en esta vida física, los humanos tenemos un sistema de creencias, el cual cada quien forma con su visión del mundo, que es resultado de nuestros pilares. Esto lo explica Alejandra Llamas de manera detallada en su libro *El arte de conocerte*. El sistema de creencias es el filtro mediante el cual una persona percibe su entorno. Las creencias dictan cómo deben ser o no ser las cosas o las personas y revelan comportamientos apropiados e inapropiados... ¿Qué son las reglas si no un puñado de creencias?

LA CULPA

La culpa es la creencia de que se hizo algo indebido, de que se infringió o transgredió una o algunas de las creencias (reglas) que una persona tiene respecto a cómo debe ser una buena persona o alguien que se comporta de manera apropiada, es decir, un ser de bien. Al existir creencias de cómo debe ser una buena persona, también hay creencias de lo que es ser una mala persona. Muchas de estas cuestiones morales o sociales forman parte de un colectivo y son normas de convivencia generalizadas. A simple vista pareciera un recurso útil, pues avisa que la persona se salió de un camino por el que acostumbra ir. Sin embargo, pierde toda su supuesta utilidad cuando se convierte en un torturador mental que descalifica y hiere. Lo que sucede con la culpa es que suele estar asociada con la idea de que se cometió un pecado, lo cual puede llevar a creer que la única forma de redimirlo tiene que ser mediante el arrepentimiento y luego el sacrificio o si no habrá un castigo.

Esta ecuación de pecado=culpa=sacrificio o castigo es una conversación interna de miedo que genera profunda recriminación y una sensación de no ser merecedor; sin embargo, los seres humanos no pecamos, sino que erramos. Errar significa no percibir desde el amor; pero lejos de traer temor, el error ofrece aprendizaje y siempre tiene solución, que es un cambio de percepción.

Para darme a entender explicaré el caso de una mujer que un día llegó a sesión con una situación de culpa. Me permito usar sus palabras textuales porque ella me lo pidió.

—No puedo con la culpa, me porté de la peor manera. Hice algo innombrable: fui infiel a mi novio.

Si analizamos la situación desde el punto de vista moral, podremos estar de acuerdo en que mi clienta hizo algo "indebido" y todavía parece más real si se tiene la creencia de la fidelidad en la pareja. Sin embargo, esa perspectiva se basa en juicios y prejuicios sociales que forman parte del deber ser y en su mayoría provienen del miedo.

Trabajamos en la sesión varios aspectos, entre ellos su pensamiento: "No debí haberlo hecho". Pudo ver que ese pensamiento estaba en un tiempo que no existe y que mantenerlo era empeñarse en negar la realidad: que sí lo hizo. Aceptar que lo realizó la llevaba a la responsabilidad, la cual no tiene nada que ver con la culpa, sino con la habilidad de respuesta. La diferencia entre sentirse culpable y sentirse responsable es mucha, ya que sentirse culpable es escuchar: *no eres digno porque hiciste algo malo* y sentirse responsable es escuchar: *hiciste algo y en ti está poder decidir cómo responder a esta situación.*

Indagamos en su pensar y mi clienta descubrió que más que culpa sentía remordimiento, lo cual es el aviso de que se transgredió un valor o creencia, pero sin juzgar su esencia. Se dio cuenta de que el remordimiento no la calificaba como mala ni mucho menos quería lastimarla, ni avergonzarla, sino enseñarle y brindarle aprendizaje. Ella tomó su remordimiento como el aviso de que dentro de sí misma habitaba el poder de elección para ser capaz de pararse frente a la situación en un lugar de responsabilidad y amor. Eligió ya no mentirse ni mentir y en vez de considerarse mala, se vio a sí misma como humana, lo cual le brindó autoperdón y la fuerza necesaria para aclarar la situación.

RECONOCER EL CÍRCULO VICIOSO DE LA CULPA

Para deshacernos de la culpa debemos conocer qué es y cómo opera.

¿Qué es?

La culpa es un programa pirata de sufrimiento que se encarga de reforzar la idea de que siempre nos equivocamos; no obstante, es ineficaz porque llevamos años usándola sin resultados que conlleven paz y digo que es pirata porque nada que se origine del miedo es real.

¿Cómo opera?

La persona comete un error y su sistema de creencias se lo hace saber con un malestar. Hasta aquí todo es coherente, pues el malestar es el aviso de que hay un aprendizaje generador de oportunidades. Sin embargo, la conversación de culpa surge cuando no hay aceptación de la situación. Ello hace que la culpa aparezca con pensamientos del tipo: "Ya ves, nunca haces nada bien, siempre cometes errores, no piensas antes de actuar, debiste analizar más las cosas y reflexionar antes de tomar cualquier decisión".

La culpa no se refiere sólo al hecho, sino también nos regaña por no haber realizado algo antes del hecho. Lo que la culpa nos dice es que no sabemos hacer nada bien y al parecer nunca aprenderemos a hacerlo. Esto genera tanto dolor, frustración y enojo que para liberar energía necesitamos señalar un culpable en el exterior, lo cual se llama *proyección*. Así, la culpa está vinculada con el ataque, primero porque los pensamientos de no aceptación son un diálogo de desvalorción y segundo porque al señalar al exterior, se los endosamos al otro.

Tips para deshacerse de la culpa

Para deshacerse de la culpa sobra decir que hay dos ingredientes básicos al inicio: disposición y apertura. Gracias a estos ingredientes puedes permitirte hacer una lectura más amorosa de lo ocurrido.

El primer acto de amor es darte cuenta de que todo error surge de la inconsciencia, de una mente confusa o dormida.

Por esta razón, entenderás que el error no te descalifica, sino que cada error es una invitación a despertar, a sanar y modificar la información que has proyectado en los demás.

Entender que el error es un acto inconsciente te llevará a aceptarlo y como la aceptación es el camino del amor, ahí comienza tu liberación. El amor cura y lo hace cuando comprendes que no hiciste nada malo, sino algo necesario para despertar de la robotización desde la que salías a actuar.

LA VERGÜENZA

La culpa y la vergüenza caminan de manera tan estrecha que a veces resulta difícil distinguir una de la otra; sin embargo, hay diferencias pues —como ya vimos— la culpa nos dice que merecemos un castigo porque hicimos algo malo, mientras que la vergüenza nos indica que somos inadecuados y que nadie va a querernos.

Así, el peor miedo que experimenta una persona que vive avergonzada de ser quien es lo constituye el miedo al rechazo, a ser desechado o abandonado. Estas últimas palabras construyen la identidad de un ser desvalorado que cree que solamente tiene valor si es aceptado por otros.

La vergüenza habla como sigue: "Eres tonto, no eres suficiente, estás gordo, eres pobre, eres un flojo". Y su mensaje es: "Hay algo que no está bien contigo y parece que nunca lo estará".

Enseguida relato con autorización el caso de una clienta. Su pensamiento decía: "Soy sucia", pues sufrió abusos sexuales en su infancia y desde ese evento hasta la fecha la vergüenza era —según sus palabras— una forma de vida. Después de muchos años de no permitirse relacionarse con hombres, ahora estaba enamorada de un compañero de trabajo y no se atrevía a hablarle, pues se sentía indigna y poco merecedora. La vez que habló con él se puso tan roja que pensó que las mejillas iban a explotarle. Trabajamos varias sesiones y pudo descubrir que desde un lugar inconsciente, ella abusaba de sí misma al considerarse sucia e indigna, al definirse por una vivencia pasada, y que la forma de cesar ese abuso consistía en amarse y aceptarse ella y su pasado. De ese modo, pudo darse cuenta de que lo vivido en su infancia no la define hoy como persona y que es su elección regresar al amor y a la conexión con su mundo interior. Desde esta nueva perspectiva aprendió a relacionarse consigo misma, lo cual le permitió comenzar una relación de pareja sana.

LA VERGÜENZA COMO MENSAJERA

La vergüenza puede manifestarse con sudoraciones, rubor en las mejillas, risa nerviosa, etc. Dichos síntomas nos avisan que estamos en una conversación que necesitamos llevar a la luz para tomar conciencia al cuestionar nuestros pensamientos.

Cuando te notes así o sientas necesidad de ocultar tu rostro o agachar la cabeza, haz un alto: respira y date cuenta de que experimentas una conversación interna que te dice que debes ocultar algo malo contigo. ¿Qué me estoy diciendo?, ¿qué oculto que no quiero que vean los demás? Cualquiera que sea el caso, es algo falso, pues la esencia de mi ser es perfecta y completa.

Tips para deshacerse de la vergüenza

Una vez más me permito recordar al lector o lectora que los primeros ingredientes son tener disposición y apertura, además de un firme deseo de vivir fuera de la sombra de la vergüenza.

A continuación piensa: si hoy pudiera verme sin juicio y con humildad o compasión, ¿qué vería? Es necesario que hagas una nueva interpretación y descripción de ti mismo que no contenga información de desvaloración.

Una vez que tengas una perspectiva limpia de ti, di la siguiente frase:

—Hoy estoy dispuesto a perdonarme y dejar ir toda inseguridad y creencia de limitación sobre mi ser. Me doy cuenta de que no tengo nada de qué avergonzarme, pues soy energía divina que experimenta la vida física.

Dos formas de entender la perfección

La perfección vista desde el ego es la búsqueda incansable de algo que ni él mismo sabe qué es. Nace de la idea de que creer en la falta, en la carencia: y así… es como se inventó el deber ser, el cual constituye una especie de estándar, como un lugar adonde llegar para tener dignidad u honorabilidad. Cuando caemos hipnotizados por el deber ser, hacemos de nuestra vida una búsqueda constante de perfección y nos convertimos en perfeccionistas que huimos de la equivocación, pues para nuestro ego el *error* es un *horror*. Así, cuando cometemos un error experimentamos frustración, indignación y recriminación, lo cual nos lleva a sentir vergüenza y a negar el valor nuestra existencia. No obstante, ¿qué pasaría si hoy te deshicieras de esa idea, si te liberaras de creer en el error como negativo y vieras que evolucionar es aprender?

Desde la visión del espíritu, la perfección es reconocernos como seres completos no por lo que hacemos o tenemos, sino porque nuestra verdad es el amor y nuestra esencia es pura.

Capítulo 4
Cómo deshacer tus historias limitantes

La mente es como una grabadora que se repite sin parar, los pensamientos uno a uno construyen narrativas que se vuelven historias no investigadas y se transforman en teorías acerca de la realidad. ¿Cuántas veces nos ha pasado que nos damos cuenta de que sufrimos porque inventamos relatos en nuestra mente acerca de los demás: "Él ya no me quiere", "algo malo va a pasar", "sería feliz si él o ella cambiaran", "él o ella no deberían hacer eso"? Inventamos historias que justifican nuestras posiciones de inseguridad y una vez que esta toca la puerta nos encaminamos a unos de los engaños más efectivos del ego. La inseguridad abre la puerta del miedo por quienes somos, lo que sentimos, el futuro y cómo deberían ser las cosas. Finalmente, ya no nos sentimos capaces de vivir nuestra vida.

> *Imagina a un ser que vive una vida de la cual se siente inseguro. Eso implica un gran caos mental y una gran angustia emocional. Por un lado, su ser le pide abrirse a la vida y descubrir que él es la vida y de modo simultáneo la mente le dice que tenga cuidado porque esta vida no merece su confianza.*
> Sergi T.

La inseguridad invita a la ansiedad, la vergüenza y la culpa que se conectan con nuestras historias mentales, comenzamos a construir relatos que hablan de lo que pudiéramos perder, de lo que pudiera suceder, de lo que no se nos va a conceder. *La mente nos inunda de justificaciones y pensamientos que le dan vuelo a nuestra tortura mental, la cual nos aleja de la realidad y del presente.* Puedes reconocer a una persona que se encuentra absorbida por su relato mental porque está lejana y ausente, como hipnotizada, y de hecho lo está. Se halla en un trance de lo que ve en su mente sin poder conectarse con la simple gloria de existir. La vida se lleva a cabo en sus pensamientos y no en lo que es verdad. Recordemos que hay pensamientos amorosos alineados a la Verdad, la Realidad o el Amor que son sinónimos o pensamientos falsos, que son todos los demás, los cuales se alimentan del mundo de las ilusiones.

Vivir en ellos nos lleva al miedo, nos vuelve reactivos y nos coloca en una actitud defensiva; el mundo se vuelve peligroso en tanto nos convertimos en un pequeño personaje al que le pueden quitar algo: alguna cosa, la seguridad en sí mismo, su futuro o su valor. Vivir a la defensiva de cualquier situación es una de las mayores alarmas de que el ego está presente en ti de manera crónica.

Al responder de tal modo, nos situamos en una posición de guerra, sin estar conscientes de que sólo reaccionamos desde nuestras historias no verdaderas y, por lo tanto, ante el mundo de nuestra ilusión mental, en el que las personas amadas se pueden volver "nuestros grandes enemigos". Sin embargo, lo único que en realidad estamos haciendo es proteger al ego.

Es importante reconocer que dicha historia, aunque quiera engañarnos haciéndose pasar por la realidad y aun cuando muchas personas coincidan con ella, es sólo una ficción a la cual le otorgamos el poder de convertirse en lo que somos: *yo y mi historia*. Yo, la enferma, a quien la dejó el marido, la que sufre por el pasado, la que no tiene lo que quiere, la que no puede ser feliz por culpa de... la que busca siempre a quién contarle su historia con la cual está completamente identificada.

En este caso, los seres viven *siendo* el ego, viven en un falso sentido del ser que necesita una historia en la cual existir y mediante la cual justificar sus acciones, reacciones, emociones y objetivos de vida. Este tipo de personalidades viven adictas al drama, y si no lo reconocen no despertarán al reconocimiento de que sus escenarios y reacciones son creados en gran medida para saciar una adicción biológica.

La mayoría de nosotros podemos pensar en alguien que es adicto a la tristeza, la ansiedad y/o el miedo. Las emociones como la culpa y la vergüenza que subrayan nuestras historias son sumamente adictivas, así como se vuelven la fuente generadora de pensamientos y acciones que desplazan una gama de bioquímicos al cuerpo, de los cuales creamos dependencia biológica. Vivimos para evitar ser expuestos, con el "armazón" puesto por el riesgo a que los demás nos vean realmente. Asimismo, estamos atentos al peligro que creemos que nos rodea y no se puede bajar la guardia, por lo cual también se vive en un estado exhausto. Todo ello hace que la composición química del cuerpo esté constantemente alterada.

Cuando lo que nos domina es la culpa en nuestra historia, nos evaluamos constantemente, así como nos mantiene "trabajando" en nosotros y analizando cada evento y transacción que vivimos. La vida se vuelve un problema que debemos resolver, en vez de ser un misterio por disfrutar.

No tenemos tiempo para descansar porque siempre hay algo más que hacer. La culpa nos mantiene en nuestra mente: es una manera de sentirnos aparentemente "poderosos". De este modo, pensamientos como "tengo que sacar todo adelante" o "debo comprobar que valgo la pena" nos acompañan en nuestras acciones. Vivimos sin reconocer que *vinimos al mundo no a cambiarlo, sino a amarlo*. En esta gran distinción radica la dirección que le damos a nuestro propósito de vida.

Los pensamientos y la actividad mental también pueden volverse compulsivos. La obsesión mental o analizar una y otra vez lo que pasó o pasará forma parte de un ciclo adictivo. El objetivo es romper estos patrones a nivel biológico para conquistar la posibilidad de ser felices, lo cual Eckhart Tolle llama *el cuerpo del dolor*: lo describe como un campo energético semiautónomo, hecho de emociones viejas y no revisadas que habitan en nosotros; además, tiene su propia inteligencia primitiva y su principal objetivo es la sobrevivencia; a su vez, igual que todas las formas de vida, necesita alimentarse periódicamente de nueva energía; despierta cuando siente hambre, cuando es hora de reponer la energía perdida, y se nutre de energía similar la de vibración más baja (resentimiento, tristeza, coraje, decepción, enojo, etcétera).

El *cuerpo del dolor* es primo hermano del ego y una adicción a la infelicidad; una vez que éste se apodera de nosotros, no solamente no deseamos poner fin a nuestra miseria, sino también tratamos de que los demás se sientan tan infelices como nosotros, a fin de alimentarnos de sus reacciones y emociones negativas. Este cuerpo del dolor tiene una fase activa y otra latente; por ello, cuando está latente olvidamos que llevamos una nube negra o un volcán dormido en el interior.

Nos relacionarnos con personas que tienen el cuerpo del dolor similar al nuestro para que nos ayuden a saciar nuestras necesidades emocionales. Cuando el *cuerpo del dolor* está activo en nosotros, se apodera de todo: de nuestro diálogo interno, de nuestros pensamientos y emociones y, por lo tanto, de nuestras acciones.

Respondemos desde alguna emoción y nos relacionamos con ella bañando nuestra experiencia de vida, anclados en el conflicto mental que nos gobierne en determinado momento. Maduramos esta condición el día que dejamos de culpar a otros y de culparnos de manera radical. ¿Reconoces en ti estos ciclos?, ¿cuáles son los periodos en los que está activo el *cuerpo del dolor*?, ¿coincide con tus familiares? y ¿tienes conflicto con una persona en particular?

Es importante madurar el cuerpo emocional con el objetivo de no ser regido por dichas reacciones. Con ello se pretende lograr lo conocido como *inteligencia emocional*, la cual permite el bienestar psicológico, buena salud física, desarrolla entusiasmo, motivación y nos facilita tener mejores relaciones tanto profesionales como personales. Asimismo, implica no usar los comportamientos de otros como justificación de nuestros ataques o infelicidad.

Cuando el ego encuentra una identidad dentro de nosotros es difícil que se desprenda de ella; de este modo, si puede engañarnos acerca de que somos nuestras historias así lo hará, pues eso lo mantiene vivo y con fuerza. Para saber si vives dentro de una historia basada en el ego identifica si dentro de ti existen resentimientos, enojos, iras, quejas u otros sentimientos. Reconoce qué te dices y qué le da fuerza a estas emociones: puede ser una historia contra alguien o algo o contra alguna situación. La historia te mantiene preso y se ha vuelto tu circunstancia; mientras no reconozcas que el ego es el único que gana, tu estado de conciencia será regido por él y por tus reacciones. Por ende, nos dormimos ante la riqueza de vivir.

Una persona que se victimiza requiere necesariamente una historia y un pasado. En el presente la historia ya no es, la víctima muere y, por lo tanto, el ego también; de ahí el gran poder de vivir en el ahora. Debemos estar alertas a que la identificación del ser resulte con el espíritu esencial, todopoderoso, libre y eterno. Así nace la posibilidad de liberarnos del ego y conectarnos con la esencia.

Las reglas de oro para salir de relatos ilusorios serán las siguientes; si no las aprendemos y aplicamos, caeremos en la trampa del ego:

No podemos apegarnos a creencias sociales ni morales, lo cual sucede cuando defendemos nuestras posturas porque creemos que moral o socialmente tenemos la razón. En ese parámetro estamos en lo correcto; por ejemplo: Juan no debió robar a Pedro. Desde los puntos de vista social y moral tenemos la razón, pero ese pensamiento será mentira si la verdad es que Juan robó a Pedro. Por ello nos salimos de los juicios de lo que evaluamos como "bien o mal" con el fin de aceptar la realidad como es, sin evaluarla para movernos a la aceptación y desde ahí decidir quién queremos ser frente a eso y para recuperar la posibilidad de la paz desde la Verdad.

Es claro que queremos la paz, porque a lo mejor el compromiso mayor es con los argumentos y opiniones. Esto no significa que nos quedemos pasivos, sino que si actuamos sería desde un contexto de amor e integridad.

No podemos cambiar la realidad

Byron Katie dice al respecto: "No puedes cambiar la realidad y pelear contra ella te hará perder 100% de las veces". Todas las oraciones que comienzan con: "Esto no debería", "esto debería", "él debería" o "ella no debería" pelean con lo que es. Cualquier resistencia a lo que es constituye una conversación del ego. Hacer responsable a algo fuera de ti te aleja de verte a ti mismo.

> El otro no se vuelve "el malo" de la historia por no compartir nuestras creencias.

Cuando estamos en la postura de "yo tengo la razón", automáticamente nos ponemos a la defensiva. Cegamos nuestro crecimiento y el otro se vuelve un atacante en lugar de un maestro. Caemos en la silla de la víctima y todas las infinitas posibilidades para sanar se evaporan. Por ende, no hay buenos ni malos, sino seres iguales en una experiencia humana llena de lecciones y aprendizajes. Podemos tener la razón a nivel superficial, pero la Verdad a nivel espiritual esta fuera de lo intelectual, en lo profundo no hay juicios y en ese espacio la Verdad nos invita a soltar para volver al amor.

> Pensar que otros deberían hacer lo que es mejor para nosotros resulta una fantasía.

Hay una pregunta en la metodología de Byron Katie acerca del juicio al vecino que aparece en www.thework.com (que tiene el fin de sanar las relaciones humanas), la cual dice:

¿Qué necesitas que el otro _nombre_ piense, diga o haga para que seas feliz? Desarrolla:

Me parece interesante que siempre que aplico esta metodología a mis estudiantes y llegan a tal pregunta se van como foca en tobogán: están llenos de ideas, sugerencias, peticiones y exigencias. Pero si analizáramos esta pregunta con atención, no pondríamos nada.

Imagina la postura de necesitar que "alguien" haga algo con el fin de tu felicidad. De entrada, ponemos lo más sagrado: nuestra felicidad en manos de otra persona. No tenemos poder ni decir en la vida de otros, sino sólo en la nuestra. Nadie ha cambiado a otro ser humano y pretenderlo es una postura de soberbia. ¿En verdad podemos saber que si el otro hiciera lo que dicta nuestra mente estaríamos mejor?, ¿sabemos más que Dios?, ¿conocemos cuál es su camino espiritual? y ¿estamos dispuestos a regalar nuestra felicidad porque nos hallamos más comprometidos con lo que pensamos de otros que con nuestra paz interior?

Lo mejor que puedes hacer por los demás— ya sean tus amigos, familiares o personas no cercanas a ti— es dejarlos en paz o ayudarlos a ser quienes son en realidad, siendo tú mismo. Nada de otros está ahí para que lo cambiemos, sino para que nosotros nos transformemos.

> El ego va a regocijarse en una situación a largo plazo en la cual te haga creer que eres la víctima; entonces, dejará lugar para el ruido mental y para las emociones más pobres.

No hay nada más efectivo para el ego que meterte en un cuento que le dé alimento durante toda una época. Para ello es ideal un divorcio, un pleito familiar, una demanda, una enfermedad, un conflicto continuo, etc. Y no es evitar vivir esto, si es lo que se nos presenta, sino "cómo" lo vivimos: desde la postura de la víctima en la cual nuestra mente, emociones y diálogo están invadidos por lo que vivimos, enganchados en la reacción y el drama, o desde el espíritu, la paz, permitiendo aprender y soltar. Un gran ejemplo de esto fue Gandhi, quien cuanto más se complicaba su situación de vida, lo enjuiciaban o encarcelaban, menos reaccionaba. Se sostenía en amor y en la Verdad. Así lograba ser escuchado, respetado y las situaciones se solucionaban no porque él hacía "algo", sino justamente porque no lo hacía. Permitía que el universo entrara a sanar la situación, como sanamos de una enfermedad cuando soltamos lo que nos está enfermando. No es sumar, sino crear un estado de conciencia diferente que altera todo. Como todo es conciencia, Gandhi bañaba de claridad y sensatez los escenarios y se elevaba más allá de las circunstancias. La palabra clave es confiar.

> Si no vivimos conscientes de nuestro poder, se lo daremos a otros para que sus decisiones y acciones tengan una respuesta inmediata en nuestro bienestar.

Un día debemos decidir cuál es nuestro mayor propósito: estar en paz o pelear contra otros. Los grandes sabios del Tao nos invitan a vivir cediendo el paso. Al ponernos en armonía con el entorno, salimos del sueño terrenal y abrimos los ojos de la inocencia para finalmente vivir.

Deja de reaccionar hacia los demás y crea con ellos acuerdos que respeten el decir de cada uno. Busca el balance y regresa a tu poder emocional. Las cosas no son como deberían ser en un mundo ideal; los seres humanos y las circunstancias son como son y nuestra maestría reside en cómo nos relacionamos con lo que aparece en cada momento. Amor o miedo es lo que podemos elegir en cada momento; si has elegido el miedo o la reacción, elige otra vez y entrega a la luz tus pensamientos falsos para que los transmute.

CUESTIONA

Cuestionar nuestros pensamientos es uno de los recursos más poderosos que tenemos. Si un pensamiento está robándote tu paz, tu salud mental, emocional y espiritu, pregúntate: ¿es éste un pensamiento de amor o estoy proyectando mis miedos y creencias? Si el pensamiento proviene del sentimiento de culpabilidad, miedo, enojo, ira, vergüenza o venganza, puedes estar seguro de que no es verdad y que necesitas transformarlo. Cuando criticamos o juzgamos, estamos expresando que hay dentro de nosotros una distorsión espiritual y personal que debemos sanar. Cada pensamiento no amoroso que sostenemos es un llamado de amor o de curación de nosotros o de otros.

Las historias y pensamientos limitantes se disuelven en el momento presente: es la única dimensión en la que podemos suspendernos y replantear lo que vivimos y cómo lo vivimos. Como su nombre lo indica, las historias (recuentos) limitantes son narrativas de eventos que ya pasaron; por lo tanto, ya no existen. Son creencias e interpretaciones que permitimos que gobiernen nuestra vida y nos cieguen de lo que verdaderamente *es* y lo que somos capaces de construir o manifestar. Por ende, la única manera de liberarnos es aceptar que el único tiempo que hay es ahora. Uno de los recursos para mantenernos en el presente es cuestionarnos en este momento si estamos dispuestos a hallarnos en él. Respira profundo, observa a tu alrededor y reconoce este tiempo como la gran conexión a tu vida. Si sueltas el pasado en este instante, elegir la paz es una posibilidad… siempre.

Al estar dispuestos a soltar, tomamos esta decisión desde un lugar de conciencia/amor, lo cual revela sabiduría, conocimiento y paz interior. Al respecto ¿alguna vez te has preguntado cómo reaccionarías o cómo te sentirías si pudieras ver las cosas de una manera diferente? La verdad es que nuestra percepción cambia todo. Marianne Williamson dice que un milagro es un cambio de percepción.

Un milagro es dejar ir toda forma de defensa, de todos nuestros pensamientos negativos y juzgadores y marca el final de las ilusiones. Es reconocer la niebla que negaba la Verdad cuando dejamos de creer en el pecado, la culpa y el miedo. No se trata de cambiar las situaciones externas, sino que sucede algo dentro de nosotros: es ver la vida con ojos nuevos. Un milagro es el momento de transformación, de aprendizaje, en el cual finalmente distinguimos los pensamientos falsos de los verdaderos al saber que los falsos nos piden ayuda para ser sanados.

Pongamos un ejemplo sencillo para entender cómo hasta en lo cotidiano podemos elegir expandirnos en las experiencias y volvernos la vida de modo distinto: vas por primera vez a una clase de yoga. Los alumnos a tu alrededor saben qué hacer, están en buena condición física, son flexibles y se ven cómodos con las indicaciones. Sin embargo, te das cuenta de que no sabes nada, no vas al paso, no entiendes cómo colocar tu cuerpo y estás sudando y totalmente fuera de balance. Sientes que estás haciendo el ridículo, por lo cual comienzas a atacarte. Una experiencia que elegiste para relajarte la has tornado en tu contra. Ahora tienes pensamientos como: nunca voy a llegar a ser como ellos, soy un bueno para nada, no puede ser que esté tan gordo, ya quiero que acabe esto… o puedes tener la percepción de que poco a poco vas a integrarte a tu ritmo y que vas a concentrarte en expandirte *dentro* de esta experiencia. Tienes el poder de elegir a qué te quieres alinear. Una línea de pensamientos te ataca y la otra te pone en la realidad. Es importante tener bondad con nosotros, lo cual constituye el poder de transformación más poderoso que existe.

La bondad es noble y pura, así como eleva nuestra integridad personal sin pedir nada a cambio; pero para llegar a este nivel de poder, no puede haber excepciones, sino que debemos dar la bienvenida a todo, y tampoco podemos esperar un reconocimiento. Deja que tu bondad sea genuina y te sorprenderás. Te alejarás de la desesperación, la pérdida o el ataque, que son conversaciones del ego. Al cambiar lo que pensamos, se modifica cómo vemos el mundo. Lo que vemos es lo que experimentamos y nuestro poder radica ahí.

PATRONES Y CAMPOS DE ENERGÍA

Como sabemos, la calidad de tus pensamientos moldea tu vida. Los conceptos/pensamientos patrones de energía débiles nos hacen sentir sin poder. Los patrones de energía sana están asociados con el bienestar con la Luz, mientras que los patrones de energía débil se relacionan con la enfermedad. Si piensas en vengarte o atacar, bajarás tu nivel energético y tu calidad de vida. Piensa en perdonar y sentirás poder dentro de ti.

Por la educación que recibimos y por la influencia social y cultural, muchos relacionamos el amor, la compasión y el perdón como algo sumiso. Pero la realidad es que estas tres virtudes son extremadamente poderosas y nos aligeran lo que nos acerca a la Luz.

El libro *Power vs. Force*, escrito por David R. Hawkins, hace referencia a un estudio en el cual se creó un mapa de los campos de energía de la conciencia humana del que hablamos anetriormente. Cada persona, emoción, pensamiento, cosa, película, etc., tiene un nivel y patrón de energía, lo cual afecta la manera como actuamos, la percepción que tenemos, nuestra salud, etc. En otras palabras, determina nuestra vida y la de todos los seres vivos. Funciona de la forma siguiente: por ejemplo, si sostienes en tu esternón una manzana que es un elemento de mayor frecuencia y mides la fuerza de tus músculos y después intercambias la manzana por una bolsa de papas que son de menor frecuencia y nuevamente mides la fuerza de tus músculos, cuando sostienes la bolsa de papas fritas tus músculos son mucho más débiles de lo que son cuando sostienes la manzana. Esto pasa sin que te las comas. Imagina lo qué pasa en tu cuerpo cuando te las comes.

Ahora reflexiona lo anterior en función de lo qué pasa en tu cuerpo cuando experimentas vergüenza, cuando crees que no eres suficiente, cuando te repites de modo constante que eres un bueno para nada o cuando cargas historias de queja, ataque o culpa. ¿Puedes ver el poder que tienen tus pensamientos en tu vida y en la vida de los demás y cómo impactamos el mundo material con lo que pensamos y, por lo tanto, con lo que sentimos? Moverte a la salud mental contribuye a la salud colectiva y tiene un efecto universal.

He hecho un estudio interesante con mis estudiantes: les pido que cierren los ojos, que recuerden algún momento en el que hayan sentido dolor, enojo o vergüenza y que se entreguen a experimentar el sentimiento. Una vez que están ahí por un par de segundos se sienten invadidos, cambian su postura y su mirada y su energía baja visiblemente. Reconocen cómo sólo llevar a su memoria recuerdos conectados con emociones bajas pueden recrear estas sensaciones en su ser (aunque no esté sucediendo nada).

Lo anterior quiere decir que nos programamos para sentir y vivir de determinada manera, creamos hábitos de formas de ser, nos entrenamos para ser depresivos y después olvidamos que somos capaces de cambiar esto. Podemos subir y bajar la intensidad de estas emociones según lo dispuestos que estemos a sufrir. Nos habituamos a vivir, ansiosos, enojados, vengativos, etc… ya tenemos la postura, los pensamientos, las memorias, las emociones, los actos y las conversaciones. *Tenemos ese poder, aunque nada de esto sea real.*

Por otro lado, deja que tu respiración te regrese a un estado emocional balanceado. Ahora piensa en algún momento en el cual te hayas sentido plenamente feliz. Déjate experimentar la felicidad, toma un par de respiraciones y regresa al momento presente. ¿Sentiste la diferencia?, ¿notaste la diferencia en tu estado de conciencia, en tu postura y en tu cuerpo emocional? Creamos hábitos de "cómo ser" y olvidamos que podremos sustituirlos si no son funcionales.

HUMILDAD EN OPOSICIÓN A ORGULLO

Con la humildad viene la capacidad para reírnos de nosotros. Gracias a esto, poco a poco dejamos de ser víctimas de nuestra mente y nos convertimos en aprendices. Estar abiertos y motivados a elegir algo nuevo es lo que hace que atraigamos vitalidad a nuestra vida y nos ayuda a dejar atrás el pasado.

Al principio te puede costar trabajo entender que nuestras historias alteran nuestra experiencia de vida y las de otros. Es difícil estar abiertos a la posibilidad de que existen millones de maneras de experimentar el mundo. Lo que ves depende completamente del ángulo en que lo mires. Cada punto de vista depende del nivel de conciencia que tiene el espectador.

Por ejemplo, se dice que las guerras empiezan en la mente del hombre; entonces, si esto es así, también acaban en ella. Todo es una proyección. Cuando nos alineamos a nuestro Verdadero ser y el Poder Superior, creamos una mentalidad milagrosa, la cual es receptiva e inspiradora y se conecta con la belleza de la vida. Solamente observa y simplemente es. Esta mente no es afectada por nuestro ego, ni proyecta, sino que es una mentalidad abierta.

Proceso MMK

En el proceso MMK que aplicamos en el Instituto MMK hacemos una sesión circular en la cual primero se identifica en qué contexto está la persona con la que trabajamos según su historia. Recuerda que lo que pensamos nos hace sentir de determinada manera, ya sea miedo, confusión, enojo, victimización, carencia etc. La persona con quien trabajamos define cómo se siente con lo que nos expresa. Después trabajamos para eliminar su historia (su interpretación, que la invita a vivir en sentimientos limitantes sostenidos por el miedo).

Nos movemos de la inconsciencia, donde radica el sufrimiento —desde el cual ha tratado de encontrar sus respuestas— a un espacio más elevado de conciencia: en éste evapora lo que creía como *verdad* y se amplía la gama de posturas en las cuales puede trascender determinada situación. Una vez liberado el sufrimiento, el cliente reconoce que lo que lo aprisionaba era su interpretación ante un hecho. Toda victimización depende de una historia y ésta depende de un pasado y de un conjunto de pensamientos, creencias y declaraciones que fomentan nuestras expectativas y demandas.

Cuando el cliente logra verse fuera de la historia se reconecta con la mente universal que le regala posturas de unidad y amor. Desde este espacio de conciencia no se experimenta inquietud de que algo sea diferente de como ya es; además, la necesidad de cambiar algo se convierte en plenitud y agradecimiento.

Pocas personas tienen la voluntad y la valentía de hacer un recorrido hacia adentro y la mayoría usa su mente para tratar de *conseguir* algo, cambiar algo en el plano físico y recubrir sensaciones incómodas con cosas o personas.

La necesidad evoca al control. No comprendemos que *somos la vida* misma y que no existe la necesidad de controlar nada. Si sientes alguna necesidad no huyas, ni la cubras, sino vívela y sabrás que no existe. Si huyes de ella o la reprimes, te cansarás de hacerlo, y a esto llamamos *recuerdos*, que siguen siendo pensamientos o historias que aparecen en el presente y que nos hablan del pasado. En ese momento podemos trabajar con ellos y soltarlos.

El presente es el momento de mayor dimensión y transformación porque es el único instante en el cual la mente tiene acceso a sí misma, así como en él existe un encuentro con la sabiduría: cuando el cliente logra el punto que llamamos *contexto de maestría*.

		ESTADO	FRECUENCIA
VERDAD	CONTEXTO DE MAESTRÍA	Iluminación	700-1000
		Paz	600
		Alegría	540
		Amor	500
		Entendimiento	400
		Aceptación	350
		Buena Voluntad	310
		Neutralidad	250
		Valentía	200
FALSEDAD	EGO	Exigencia	175
		Odio	150
		Anhelo	125
		Temor	100
		Dolor	75
		Apatía	50
		Culpa	30
		Verguenza	20

Desde dicho contexto se alinea a la salud; en este paso, el cliente diseña nuevo lenguaje y nuevas acciones que son congruentes con su claridad. Si el cliente sólo trabajara en diseñar acciones sin hacer el trabajo de llegar al contexto de maestría, no las llamaríamos acciones, sino reacciones porque saldrían alineadas de un contexto de carencia/miedo. La mayoría de nosotros en vez de actuar, reaccionamos durante el día. Mucho de lo que hacemos nace del miedo, de la defensa o de proteger a nuestro personaje.

Analiza por un momento la historia que cargas ahora y siente la cantidad de emociones limitantes que contiene, las cuales están listas para salir si te adueñas de ellas, las sientes y las trabajas en el presente. Esto será posible si las dejamos de proyectar en el exterior. La trampa es no defender la historia con tus razonamientos sociales o morales que —como hemos visto— desde ese enfoque puedes tener la razón, pero no es la Verdad. Si caemos en ello, lo único que defenderemos será lo que creemos "correcto" y nos perderemos la lección.

LA VISIÓN QUE DA ALAS
Conclusión

*Todo aquello que te limita no es tu verdad,
sino una mentira construida de pensamientos
basados en la necesidad.*
Marisa G.

Has avanzado ya en la lectura de este libro hasta un punto en el que puedes ver con claridad cómo la culpa, la vergüenza y la ansiedad son frecuencias energéticas de limitación; sin embargo, todo lo que "existe" tendrá un sentido útil si así lo decides ver. Sabes ya que la culpa está instalada en el tiempo pasado y aparece con pensamientos de si hubieras o si no hubieras, mientras que la ansiedad se refiere al tiempo futuro, a la expectativa y a la suposición, pero ¿qué pasaría si hoy vieras que la ansiedad puede ser una invitación al bienestar?

ANSIEDAD

Soy la representación de tu desconfianza. Te visito no con la idea de martirizarte, sino con la finalidad de avisarte, contarte y decirte que estás en un tiempo que no existe.

Ansías tener todas las respuestas, que nada te tome por sorpresa y tener el control, pero no te das cuenta de que eso se llama temor.

Tu constante prisa interna te impide delegar, no te deja relajar y mucho menos confiar. Te lleva a vivir preparando, juzgando, adivinando e inventando historias de terror.

¿De verdad crees que eso es vivir? Y... mientras corres de aquí hacia allá, yo te persigo con miles de síntomas sin cesar para ver si así logro que te detengas, que te tomes un momento de profunda reflexión y presencia. No quiero asustarte, sino simplemente soy una alarma, un llamado, un pellizco para despertar.

LA LIMITACIÓN

Existe una prisión que no tiene rejas ni barrotes, sino sólo un puñado de historias entrelazadas con creencias, apegos y definiciones exageradas, fuera de contexto y desproporcionadas.

Vivencias vistas con los ojos del temor que se convierten en historias de terror, de las cuales se desprende información no procesada, no liberada y mucho menos sanada.

Los cuentos que te cuentas dan origen a creencias, ideas y estructuras de pensamiento que con el filtro del miedo aprisionan tu poder. Ha llegado el momento de liberarlo, de extraer el caos mental, que hasta ahora te ha limitado y no te ha dejado brillar.

Recuerda: eres luz, naciste para iluminar.

Para deshacer tus historias limitantes, me gustaría que tuvieras en cuenta que la mente de ego opera y emite juicios de todo lo que observa, pero —por extraño que parezca— sólo puede ver lo que tiene registrado o almacenado en su bagaje personal. En consecuencia, cuando el ego ve algo o a alguien, lo que percibe es la historia que él interpreta o fabrica con la información proveniente de los diversos significados que concluyó de vivencias anteriores y que ahora son parte de su base de datos.

Para darte claridad, te contaré un ejemplo en el cual tomo como base mi historia personal: cuando iba en la primaria, a la edad de 6 u 8 años máximo, mis profesoras se desesperaban conmigo pues me decían que yo era una niña muy despistada y demasiado soñadora, porque pasaba horas cantando, bailando, escribiendo y dibujando. Recuerdo que en aquel tiempo calificaban los cuadernos con sellos con la figura de algún animal que supuestamente representaba tu desempeño. Mis cuadernos estaban llenos de sellos con loros por "platicadora", cochinitos por "sucia", osos perezosos por "floja" y burros por "burra" (jajajá). Yo escuchaba estos comentarios no sólo en el colegio, sino también en casa. Por ejemplo, si me sentaba a la hora de comer tarareando alguna canción, siempre me decían: "El que canta y silba en la mesa poco juicio tiene en su cabeza". Experimentar estas vivencias en repetidas ocasiones me hizo llegar a la conclusión de que algo malo pasaba conmigo, por lo cual fabriqué la creencia de que era una niña malhecha, no yo físicamente, sino todo lo que yo hacía. Es decir, llegué a creerme burra, sucia, malhecha e inadecuada, además de media loca, pues me encantaba cantar y bailar.

Esas creencias hicieron que generara un personaje tímido que se escondía del mundo, al cual ya ni siquiera le interesaba pertenecer, sino no padecer más juicios o críticas sobre su ser. Pero como afortunadamente todo lo que es mentira tiende a desaparecer, un buen día —cansada de vivir, frustrada y enjaulada en la prisión que yo misma me fabriqué— declaré: "Ya no más". No me interesa el qué dirán, porque es una trampa de mi mente ególatra. Es absurdo seguir creyendo que los demás tienen el valor de lo que yo soy con su criterio o calificación acerca de mí, más cuando sé que su opinión es sólo la proyección de su estado interior. Esa conciencia, junto con otras "caídas de veinte", fue el camino para abrir los ojos. Quizá yo no hacía las cosas como lo dictaban las normas o el "deber ser", pero eso no me descalificaba ni nublaba mi esencia.

Para hacer y construir, primero es necesario deshacer tus historias limitantes. Deshacer es dejar de poner atención y credibilidad a todo aquello que no te funciona. Ten presente que así como son tus creencias son tus resultados y si éstos no te gustan puedes transformarlos.

Cómo deshacer el nudo

Identifica aquello que no te funciona, lo cual sabrás porque tus sentimientos te lo avisarán al no sentirte en bienestar. Todo lo que te limita te debilita.

Responde las siguientes preguntas que son un camino hacia la toma de conciencia:

1. ¿De dónde proviene esta idea, pensamiento, creencia o comportamiento?, ¿cómo lo adquiriste, lo aprendiste o tú mismo lo concluiste?
2. ¿Para qué lo tienes incorporado si no te funciona? y ¿qué te hace mantenerlo en tu sistema operativo?
3. Si ya no tuvieras esa idea, pensamiento creencia o comportamiento, ¿qué cambiaría?
4. ¿Cuál es tu peor miedo de soltarlo?
5. ¿Qué te aportaría dejarlo ir?
6. ¿Quién eres con la idea, pensamiento, creencia o comportamiento?
7. ¿Quién serías sin él?
8. Escribe tu conclusión del trabajo que hiciste con los cuestionamientos anteriores.
9. Revisa si se hay alguna posibilidad para ti; si es así, anótala y piensa de qué manera puedes incorporarla o adoptarla.

Por otra parte, los apegos son también ataduras mentale, que condicionan y sujetan a vivir en necesidad. ¿A qué te apegas? Los apegos no sólo son a cosas o personas, sino también se puede tener apego a querer tener la razón, a ideas o comportamientos rígidos por identidad o tradición.

> Cuando te despejas, te despegas de aquello a lo que te apegas, y entiendes que el apego es control y está lejos de llamarse amor.

Ten presente que para soltar, transformar y liberar, únicamente necesitas quererlo con una voluntad firme y una perspectiva limpia que no te enjuicie, sino que te anime a hablar, pensar y actuar alineado a la verdad. La verdad es siempre amor, así como profunda conexión con la fuente de vida que te creó.

LAS EMOCIONES ENCAPSULADAS

Los eventos que hemos vivido a lo largo de nuestra vida son significados de momentos de pérdida, duros o difíciles, así como traumas que —debido a la interpretación que les dimos— experimentamos con emociones de dolor, tristeza, culpa, odio, desesperación y demás. Las emociones son pensamientos que se convirtieron en química y —según la intensidad y atención que hayamos dado al evento en su momento, sin importar si ya pasaron 5 minutos o 20 años— la emoción puede haber quedado encapsulada como síntoma de que algo no se procesó.

Ejercicio para procesar y soltar emociones
1. Mediante el recuerdo, identifica un momento que tengas clasificado con la etiqueta de trauma o dolor.
2. Revive la escena en tu imaginación y verás cómo con sólo traerla a tu mente empezará a hacerse presente un coctel químico. En instantes sentirás la emoción en tu cuerpo, la cual es lo que mantiene vivo el recuerdo y lo que lo hace parecer real, pero, aun cuando la emoción que sientes es real, la interpretación que le diste al recuerdo no lo es.

3. A continuación pon la mano donde notes la emoción y expresa: sé que te he guardado por un tiempo, pero hoy te suelto y me libero. Me permito sentir _____ (nombra la emoción, toma unos minutos de desahogo y permite que aflore en forma de llanto o gritos).

4. Una vez liberada la emoción, abre los ojos, haz una pausa, respira, vuelve a poner la mano en la parte del cuerpo donde la sentiste originalmente y expresa: "Ahora estoy libre de este dolor, ya he hecho espacio para incorporar a mi vida _____ (agrega lo que consideres te traerá paz mental)". Siente esta nueva energía con cada parte de ti e incluso puedes imaginarla en forma de luz con un color que te guste. Siente cómo cambian tu frecuencia energética y tu estado de ánimo y cómo te liberas.

Capítulo 5
Cómo sanar relaciones disfuncionales en casa y en el trabajo

Sánate a ti mismo y sanarás el mundo.

En este universo interconectado, cada vez que nos sanamos, sin importar qué tan grande sea la transformación, evolucionan la energía y la conciencia del resto del mundo.

Las relaciones disfuncionales se crean cuando sentimientos de culpa, vergüenza, ansiedad, depresión, resentimientos y hasta odio están presentes en una relación, ya sea personal o profesional. Ambos tipos de relación tienen el mismo valor, ya que la relación que tenemos con otros o cualquier ser humano expuesto a nosotros en diferentes escenarios de la vida *reflejan la relación que tenemos con nosotros*. Las relaciones disfuncionales hacen que el miedo sea el protagonista y cuyos principales ingredientes son la *distorsión y el pasado*.

Cuando el ego consigue convencerte de la separación crea conflicto con otro ser humano y se regocija porque consigue lo deseado, así como hacerte sentir especial, separado, correcto, exclusivo, moral o socialmente superior. Esta separación con otros se consolida cuanto más refuerces tu historia, donde tienes la razón y los otros cada vez están más metidos en la caja de los "malos" o "equivocados". Entonces la aparente separación que proyectas se vuelve cada vez más dolorosa porque lo único que realmente le interesa a nuestro verdadero ser es amar.

La vida nos pone a otros seres humanos en nuestro camino para que revelen de nosotros lo que no hemos podido ver y que debemos soltar, con la finalidad de que nos lleven más allá y podamos tocar todos los rincones de nuestro ser que necesita amor. En cada momento estamos en relación con todo lo que nos rodea, la cual se logra en paz o por medio de nuestros juicios y calificativos. Al reaccionar, la posibilidad de la serenidad se derrumba. Nos dormimos en nuestras creencias y nos perdemos en ellas: esto es la soberbia total, porque queremos corregir el mundo y a otros con nuestros argumentos. La atención está fuera cuando debería hallarse dentro, viendo qué debemos liberar para estar en una posición más amorosa. Esta pelea con lo de afuera es en el fondo un grito interior de tu ser pidiendo amor y aceptación incondicional.

Desde una mente clara analiza cómo tienen efecto en ti y en el mundo que pintas para ti, así como las creencias, pensamientos y opiniones. Desde esta perspectiva es interesante observar cómo describen lo que interpretas de lo que ves. Reaccionamos con nuestros dogmas aprendidos a lo que creemos ser real.

Lo anterior repite una y otra vez nuestras preferencias mentales, pues pensamos que gracias a lo que creemos entendemos al mundo y a otros: esto sólo revela nuestra arrogancia porque, de hecho, creemos que por nuestras opiniones el mundo tiene sentido y que si soltáramos nuestros razonamientos viviríamos en un limbo o enloqueceríamos. No nos damos cuenta de que en todo momento contamos con la sabiduría, la intuición y el conocimiento al que accedemos cuando nos volvemos uno con la Consciencia Universal. Siempre podemos sustituir lo que creemos que sabemos por el maestro a quien tenemos acceso cuando reconocemos que otras dimensiones de la no forma alimentan nuestro ser y en ellas accedemos a la paz. Conéctate con esta libertad en este momento por medio de la respiración, la cual separa nuestro interior de lo que aparentemente nos está agobiando.

El ego nos hace creer que cargar con múltiples opiniones nos da una identidad, cuando lo único que logra es alejarnos de la conciencia que está presente para nosotros en cada momento y que es la fuente que puede impregnar a cada persona o situación. Amor y conocimiento son lo mismo. Cuando decides conocer algo nuevo de una situación en vez de imponer opiniones entras al territorio del amor y ahí accedes a tu sabiduria.

Si en ese momento asumes la responsabilidad de tus sentimientos, el poder volverá a ti. Así liberas a los demás de tener que aparecer en tu vida de cierta manera para que seas feliz. Cuando logras esto, dejas de proyectar desde el miedo, por lo cual sueltas el control y la manipulación e invitas a la presencia a tus relaciones: esto se llama *despertar*.

Sea lo que sea que estés viviendo en este momento, la única manera de liberarte es aceptarlo. Sin embargo, cuando no intervienes con tu historia, la mente se abre de forma natural a un rango más amplio de conciencia.

OBSTÁCULOS EN LAS RELACIONES

Ejercicio

Identifica cuáles mecanismos usas para crear disfuncionalidad en tus relaciones. Así, cuando usamos nuestros atributos para juzgar a otros:

a) Piensa en alguien que no te caiga bien. Haz una lista del 1 al 5, en cuyo caso 1 es la persona que más resientes y que crees que más te haya lastimado, mientras que 5 es la persona no favorita para ti, pero puedes tolerar. De cada una de estas personas, escribe un renglón acerca de lo que no te gusta, lo que te lastima, sus defectos etcétera.

b) Reduce a una las características o acciones y escoge la que más te moleste. Por ejemplo:

- Marta me hirió.
- Alejandro es insoportable.
- José es mentiroso.
- Mi hijo no me hace caso.
- Laura debería ser más cuidadosa.

Estas características pueden representar una parte de ti que usas para defender tu falsa superioridad. Si forma parte de ti, este ejercicio te ayudará a externalizarla.

Cada característica que nos resalta de otros tiene una energía que se identifica con nuestro ego controlador/protector. Se necesita gran energía para albergar estas características en nosotros, lo cual explica por qué los sentimientos como el rechazo, el enojo y los resentimientos son tan intensos. Hazte las siguientes preguntas acerca de cada una de las personas en tu lista:

- ¿De qué manera esta persona es mi maestro?
- ¿Qué puedo aprender de él y/o de la situación?
- ¿Qué puedo aprender de cómo es esta persona?

Por ejemplo, en mi lista Marta me ayuda a ver cómo uso mi "posición de víctima" para juzgar a otros.

José me ayuda a ver que para mí la palabra es muy importante, pero que también la uso para atacar a otros que no son eficientes con ella.

Alejandro me ayuda a ver que me sobreidentifico con tratar de ser genuina y agradar a todos.

Mi hijo me enseña en todas las ocasiones en que no muestro interés por él y por otros.

Laura me demuestra cómo quiero ser perfecta y hago sentir mal a otros al exponer sus equivocaciones.

Tratar de ser perfecta todo el tiempo es inhumano y ahora me doy cuenta de que estas características son producto de la vergüenza tóxica. Ésta es la manera como rechazo la vulnerabilidad.

Al revisar la lista, habla directamente con la parte de ti que no reconoces. Pregúntate lo que crees y de qué forma cambiaría tu vida si te permitieras ser más auténtico. Escúchate y ve el mundo desde otra perspectiva. Al soltar quizá venga un descanso que has estado anhelando.

Te sorprenderás con la nueva energía que sentirás si después de hacer este ejercicio, dejas ir lo que con mucho empeño sostienes como armadura, para hacer que los demás no estén a tu altura. Convierte tu sombra en luz. Con este ejercicio aprendemos a ver en qué rincones de nuestro comportamiento se esconde la vergüenza.

CUANDO EL CONTROL ES EL OBSTÁCULO

El control es el peor enemigo de la cercanía. Vivir así dentro de una relación pretende demostrar que quieres tener intervención sobre otra persona, al tratar de cambiar aquello que no está en tu dominio y al manipular el ámbito del otro, sintiendo frustración y sufrimiento constante. No puedes cambiar a una persona, ni "arreglar" a tus padres, tus hijos, tu pareja o a tu jefe, a que hagan digan o piensen lo que te parecería, sensato, justo y hasta mejor para ellos.

Para Byron Katie existen tres ámbitos en la vida:

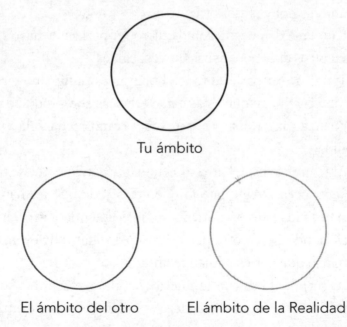

Tu ámbito

El ámbito del otro   El ámbito de la Realidad

a) *Tu ámbito* representa absolutamente todo lo relacionado contigo. Ahí mandas, tienes poder y pones tus reglas; en este lugar tus creencias y pensamientos son legítimos y válidos para ti.

El reto en la vida es quedarte en *tu ámbito,* vivir la vida desde ti; no en el ámbito del otro para juzgarlo, sin respetar sus ideas, sus creencias, sus comportamientos y sus acciones.

Lo anterior parece sencillo, pero constantemente brincamos al ámbito que no nos pertenece. Reconocemos que estamos en ámbitos de otros cuando sufrimos y perdemos el poder en nuestra vida.

Las oraciones que indican que estás en otro ámbito comienzan con:
- Él debería...
- Ella no debería...
- Esto no debería haber pasado.

b) El *ámbito del otro* es donde viven todas las personas: las que viven contigo, a tu alrededor y en el mundo. En el ámbito de otros no tenemos poder, ni mandamos, ni tenemos ningún tipo de decir.

c) La característica de vivir en el *ámbito del otro* es pensar que nuestras creencias y pensamientos deben ser impuestos a los demás. Partimos de la idea de que tenemos que decir a los demás cómo deberían vivir su vida. Por muy razonables que sean nuestras ideas, son *nuestras* y entrar a la vida del otro para corregirlo es una ilusión que nos lleva al sufrimiento.

d) El tercer *ámbito es el de Dios o de la realidad.* En este ámbito sucede todo lo que está fuera de nuestras manos, todo lo que relacionado con la realidad, como un temblor, una enfermedad, una muerte, etc. Pelearnos con la realidad o con Dios es algo que hacemos constantemente: no admitimos los hechos como son y podemos pasar la vida sufriendo por no aceptar una muerte, una enfermedad o algo que simplemente es.

e) ¿Vives en tu ámbito? y ¿te haces responsable de tu poder para tu vida o vives queriendo cambiar a los demás, corrigiendo o peleando ante lo que es?

Piensa si has sufrido en la última semana: ¿en el ámbito de quién has estado?

SANA TUS RELACIONES PRIMARIAS O LAS ENCONTRARÁS EN EL MUNDO

Nuestras experiencias y nuestra perspectiva definen el tipo de relaciones que tenemos. Por ejemplo, a mí me costó mucho trabajo sanar la relación con mi padre y entender que era mi maestro. A lo largo de mi niñez tuve muchos conflictos con él y la relación fue un gran reto para mí; cuando llegué a la adolescencia tenía muchas inseguridades y no me sentía autosuficiente., etc., sino como la víctima. Llegamos a madurar nuestra relación, pero de modo inconsciente yo caía en el mismo patrón con otros hombres. Afloraban en mí inseguridades y miedos, a la vez que me ponía a la defensiva y trataba de protegerme para no ser lastimada.

En ese sentido, recientemente aprendí a ver a los hombres con otros ojos. Dejé que se convirtieran en mis maestros y ahora puedo ver que dentro de cualquier hombre, como en mi padre, hay inocencia, así como dentro de mí. Sin embargo, a veces también hay mucho miedo, confusión e inconsciencia en ellos, como a veces la hay dentro de mí.

Ahora entiendo que nuestra historia fue como tenía que ser y así dejé de ser *mi* propia víctima.

Si no aprendemos la lección de nuestras relaciones, éstas se convierten en patrones que vivimos una y otra vez. Ellos están ahí para mostrarnos lo que debemos sanar y movernos de separación a unidad. Cada vez que recreamos este tipo de relaciones buscamos sanar el evento inicial y así sanamos todos, porque en realidad se sana una distorsión en nuestra mente. Elegimos la misma lección una y otra vez para tener una oportunidad de clausura y de crecimiento.

Cuando no curamos la vergüenza, las relaciones se ven extremadamente afectadas, y hablo no sólo de relaciones amorosas, sino también de relaciones en el trabajo, amistades, familiares, etc. Cuando sufrimos de vergüenza proyectamos el miedo a ser rechazados de forma crónica.

Nos cuidamos para que otros no se den cuenta de que no somos perfectos o suficientes, en el amor o en el trabajo. Nuestras relaciones son dominadas por el miedo que tenemos al desamparo. Creamos relaciones codependientes y pensamos que *necesitamos* de otros para estar bien. La palabra *necesitar* ya indica temor. Al pedir algo de otros necesariamente estamos en su ámbito, pero lo ideal es pensar: "Quiero lo que a ti te haga feliz, pues ello me da completa libertad y desde este lugar puedo amarte y respetarte de forma verdadera. Yo estaré siempre en bienestar; cuando la vida nos una —ya sea por trabajo o por amor— seremos felices porque sobre todo compartiremos nuestra presencia, que es lo único real que podemos darnos.

La vergüenza no nos permite ser flexibles, porque necesitamos tener el control. Vivir relaciones sanas quiere decir estar abiertos y de cierta manera nos piden ser vulnerables para crear complicidad.

La integración de todas las partes del ser es un proceso que se logra por medio de la autoaceptación. El sentimiento de ser un ente completo resulta del autoamor y sucede cuando alineamos la personalidad, el alma y los deseos del corazón con una fuente superior. Quiere decir que entendemos que somos seres completos que no necesitamos ser arreglados, pues lo único que debemos hacer es recordar lo que somos. Esto es equivalente al amor incondicional.

LA CRÍTICA Y EL ATAQUE

Cuando alguien nos critica tendemos a reaccionar, enojarnos y atacamos a veces sólo con nuestros pensamientos. Esto nos carga de la misma energía que tiene la conversación de la crítica y la otra persona. Sin darnos cuenta, al defendernos vibramos en el conflicto.

¿Cuál es la manera adecuada de responder cuando alguien nos critica?: escuchar. Lo mejor que podemos hacer cuando alguien nos critica es prestar atención y reflexionar. Digamos que alguien me dice:

—Ale, no entiendo los libros que escribes, no tienen ningún sentido. Espero que un día pongas tu energía en algo que tenga lógica. Tu trabajo me parece una pérdida de tiempo.

Yo puedo defenderme o escuchar y reflexionar como sigue:

• Dicha persona dice esto por su visión del mundo.

- ¿Existe aunque sea una mínima verdad en lo que afirma? Voy a explorarlo porque es una oportunidad de autoconocimiento. Si me defiendo, empañaré la oportunidad de ir dentro de mí y ser curiosa del mensaje que me trae mi hermano.
- ¿Puedo y quiero cambiar algo?
- ¿Soy capaz de ver las cosas desde otro ángulo?
- Gracias a lo que él me ha dicho, reconozco que seguramente esto también vive en mi mente. Ha traído a mi conciencia algo que me he dicho a mí misma y ahora puedo explorar si tener estas conversaciones dentro de mí me funcionan o no.

Si lo que me dice me causa dolor, podré unirme al dolor de la persona que genera la crítica y darme cuenta de que mi reacción está haciendo espejo con su dolor y que al sentirlo tengo acceso a él para sanarlo. Así nos conectamos en lugar de rechazarnos.

Al no hacernos responsables de cómo nos sentimos ante cualquier situación, hacemos responsables a otros, quienes no tienen el poder de hacernos sentir mal aunque quisieran provocarlo en nosotros. Es algo que creemos y que ellos sólo subrayan para que estemos dispuestos a ver, sentir y soltar. En este caso es probable que la otra persona tenga razón de la misma manera que lo es no tenerla. Si está en lo correcto, necesito el amor para corregir y responsabilizarme de mi vida, no desde el juicio sino desde el autoconocimiento. Pero si no lo está, también requiero el amor para seguir en paz.

Cuando te encuentres en una situación así recuerda que esa persona habla de su proyección sobre nosotros, pero también es información, no es personal. Si una persona tiene algo malo o bueno que decir acerca de nosotros, no hace falta reaccionar. Por ello, respira. Si reaccionamos, debe haber un motivo por el cual lo hacemos. Tal vez, a cierto nivel sabemos que es verdad y cuando lo traen a nuestra conciencia nos frustra. Cuando reaccionamos quiere decir que necesitamos indagar más profundo.

Si alguien te incita verbalmente, será posible que recibas información valiosa. Esta persona te está dando la oportunidad de conocerte un poco mejor. Existe la posibilidad de que se atreva a decirte algo que nadie más te ha dicho. Al escuchar con atención, trata de entender a la otra persona y acercarte a una solución.

Si estamos abiertos a escuchar críticas, es muy probable que la otra persona nos lo agradezca: ésta es la definición de tratar a los demás de la manera que nos gustaría que nos trataran. Si logramos entender que no sólo somos nuestro cuerpo, pensamientos y acciones, podremos asumir que se nos puede criticar porque no hay un *yo* al cual insultar.

Existe la posibilidad de que lo dicho por la otra persona no sea verdad; pero si lo que la otra persona expresa es falso, entonces no debería molestarte. Es común pensar que la persona que nos ha criticado o incluso dañado no tenga ninguna virtud, pues representa el mal y es la peor persona que ha caminado sobre la faz de la Tierra, pero…

- ¿Es esto absolutamente cierto?
- ¿Es absolutamente cierto que esta persona no te ha ayudado en nada?

EL LENGUAJE QUE NOS ENGAÑA

Cuando nos sentimos heridos tendemos a buscar razones y causas externas: es la oportunidad de corregir nuestro lenguaje para que éste no nos confunda. Nos engañamos cuando nuestras oraciones nos condicionan al victimismo y al drama; por ejemplo:

- Estoy harto de tus mentiras.
- El examen me está poniendo muy ansioso.
- Esta economía me está arruinando.
- El equipo contrario ha acabado con nosotros.
- La educación de mis hijos me está costando un ojo de la cara.
- Mi madre me está asfixiando.
- Mi ex novio me ha partido el corazón, me ha destruido.
- No soporto a mi compañero de trabajo.
- Estoy a punto de darme por vencido con este proyecto.
- Mi ex es despreciable.
- Mi jefa me pone todos los días de mal humor.
- Ese perro es un dolor de cabeza.
- Acabarás conmigo.
- Me enfermas.
- Mi profesora de historia hace que me dé el peor sueño del mundo.
- Que me corrieran fue un cachetadón en la cara.
- Su forma de verme me pone la piel chinita.
- Me urge salirme de esta casa.
- Que me haya traicionado fue una puñalada en la espalda.

En ninguna de estas oraciones, que muchos usamos de manera cotidiana en las conversaciones, la persona se hace responsable de sus emociones. ¿Lo notas? Es culpa de algo o alguien. Los actos son descritos con interpretaciones y tienden a ser exageraciones de los hechos. Con el fin de justificar una reacción emocional. Lo correcto sería decir por ejemplo: Los pensamientos que elijo creer acerca de mi madre me asfixian.

Reconoce que no hay personas, situaciones o condiciones que tengan el poder de quitarte tu luz. Sentirte digno es tu derecho y tu elección. La gente puede criticarte, castigarte, intimidarte y tratar de quitarte tu paz, pero no puede robar tu serenidad, a menos que le des ese poder. Si crees que alguien o alguna situación te la ha quitado es porque le has dado la llave para entrar a tu santuario sagrado por medio de tus pensamientos y tu lenguaje. Pregúntate: ¿a quién han ofendido, criticado o dañado: a mi ego o a mi espíritu? Reconocerás que siempre será a tu ego, porque el espíritu queda fuera de los estragos del plano físico.

Nelson Mandela fue un gran maestro en ese sentido

Un guardia de la prisión de Robben Island describe a Mandela como un hombre que podía elevarse más allá de las circunstancias:

Nada ni nadie podía moverlo de un espacio de serenidad en el que reposaba. Era capaz de perdonarlo todo. Dormía con el alma placentera, *nadie le debía nada y él no debía nada a nadie*. Sin importar lo que hubiera pasado en el día, tenía la capacidad para soltarlo y regresar a un espacio de claridad y bienestar.

¿Por qué estaba dispuesto a perdonar? "Odiar crea nebulosidad en la mente" decía Nelson Mandela, quien amanecía siempre positivo y dos palabras lo describían: *dignidad y humildad*.

La dignidad se traduce en una persona que se comporta con honor honestidad y se gana el respeto de otros por su calidad humana, mientras que es humilde quien no requiere presumir sus logros, sino que reconoce sus fallas y debilidades y actúa con simplicidad. Esta enorme cualidad hace destacar los atributos de otros. Estas dos características más una inteligencia, prudencia, sensibilidad y valentía, entre otras cosas, hicieron de Mandela un hombre fuera de lo común.

Cuentan quienes lo conocieron que debían rotarse seguido a los guardias de la cárcel, quienes generalmente eran crueles y racistas. Dicen que después de unos meses eran influidos por lo que llamaban el "el efecto Mandela". La presencia, la mirada, el sentido humano del respetable sudafricano era tal que después de un tiempo las personas se acercaban a él con admiración y profundo respeto. Los hombres más herméticos revelaban su lado humano al estar cerca de este gran ser humano.

Al querer intimidar a Mandela, su presencia comunicaba: "Veo que cargas dolor y ésta es la manera como lo manifiestas, no tiene que ver conmigo. Por ello, espero que sanes para que te sientas en paz y encuentres otras maneras de responder ante la vida.

Las personas tenemos un instinto por la sanación y una fuerza interna por sobrevivir. Mayor capacidad de salud tiene quien vive en alta vibración energética, porque su sistema inmunológico es más fuerte, su mente actúa con mayor claridad y su tono emocional es sólido y contento. Una persona así es un atractivo a nivel profundo para alguien que vive con dolores irresueltos, a la defensiva o atacándose a sí mismo y a otros. Incluso a nivel biológico la persona espiritualmente inconsciente desea estar cerca de alguien con paz interior, porque esa vibración que transmite es capaz de sanar a otros mediante su presencia. Por ello, los guardias   —humanos al fin— deseaban sentir en ellos ese profundo bienestar que se echaba a andar a lado de Nelson Mandela.

Es difícil imaginar los momentos sombríos que vivió Mandela encerrado. Me parece un gran reto no rendirte a la desesperación en esa situación. Imagina las fiestas familiares a las que no asistió, años nuevos, cambios de estación, enfermedades, etc., todo lo que vivió en soledad.

No tenía días especiales, comida rica por saborear, contacto físico que lo sostuviera emocionalmente, vacaciones o momentos especiales de placer. Las vivencias que durante 27 años pasa un ser humano él las vivió en una celda, en un mismo lugar. Pienso que sabía que si caía en anhelar todo lo que se estaba privando, comenzaría su autodestrucción. Se volvió un maestro en vivir en el presente, el único lugar que la mente puede estar en paz.

"Fui agresivo y arrogante en ocasiones de joven. 27 años en la cárcel me hicieron entender de manera profunda la tolerancia" (Nelson Mandela).

La virtud de la tolerancia abre la puerta al amor de manera inmediata.

Así, el dolor y abandono que sentía fueron sustituidos por ánimo y optimismo. Mandela aprovechó la estancia en la cárcel para construirse, volverse una persona capaz de convertirse en el primer presidente negro de Sudáfrica. "La celda es el lugar donde puedes conocerte a ti mismo. A mí me dio la oportunidad de meditar y evolucionar espiritualmente" le escribió a Winnie Mandela.

Me parece interesante que en la sociedad en la cual vivimos tomamos por hecho que los eventos exteriores determinan nuestra felicidad, que poder comprar, elegir, viajar o tener grandes lujos nos darán la realización que buscamos, pero Mandela nos comprueba que no necesariamente es así, sino que hace alusión a lo que en el Instituto MMK decimos: "No debe definirte lo exterior, el universo con toda su magia vive en cada uno de nosotros".

REACCIONES EN LAS RELACIONES DISFUNCIONALES

Una vez enganchados en algunas conversaciones disfuncionales sembradas por el virus de la vergüenza y el ego, éstos comienzan a invadir nuestro comportamiento y puede reflejarse de la siguiente manera (reconoce si alguno de esos comportamientos reactivos está activo en ti):

Parálisis
Nos paralizamos por sentirnos incapaces y vivimos a la defensiva porque no podemos pensar en nada qué decir o simplemente las palabras no fluyen. La vida puede hallarse estática sin toma de decisiones, transformación o crecimiento y se vuelve una vida alejada de los deseos de nuestro corazón.

Energía vacilante

La vergüenza nos roba la energía vital y hace que nos sinta-mos, en general, pequeños y débiles.

Evasión

Queremos escapar de la situación en la que nos encontramos, sin ser vistos, preferimos desempeñar roles pequeños y que-darnos en relaciones o trabajos sin sentido, a la alternativa de exponernos a "hacer el ridículo" o "ser señalados". De cual-quier manera, creemos que no hay mejores oportunidades para nosotros.

Retracción

La retracción puede ser más sutil que simplemente correr/es-capar. Al sentir vergüenza, algunos construimos paredes para no mostrar quiénes realmente somos, por lo cual nos retira-mos emocionalmente y lo que anhelamos es intimidad y po-der confiar.

Crítica

Cuando experimentamos vergüenza podemos convertir-nos en personas extremadamente críticas de los demás. Al hacerlo liberamos creamos una ilusión de superioridad frente a otros. Vivimos sin reconocer que la crítica es proyección, y esas fallas que vemos en otros son mensajes de nosotros.

Para encontrar paz tenemos que dar la oportunidad a los demás de ser humanos y quererlos como son no por tratar de ser buenas personas, sino porque esto nos pone en sincronici-dad con lo que es y, por lo tanto, nos da paz. Al no rechazar, ni juzgar, ni querer cambiar lo que es, nos salimos de los juegos mentales del ego y entramos al reino de la paz, donde todo está en una armonía que no por fuerza tenemos que entender mentalmente. Pero sobre todo nuestro estado regresa a un espacio de expansión y se conecta con las posibilidades infinitas de este momento.

CÓMO TRANSFORMAR TUS RELACIONES

Pon tus relaciones en orden, a saber:

1. Sé honesto.

Las relaciones humanas pueden ser complejas: existen cosas que nos dan mucha felicidad y otras que pueden ser un reto. Si tu relación ofrece más conflicto que alegría o felicidad, indica que debes aprender algo. Sé honesto con lo que funciona y con lo que no funciona en tu relación.

Pregúntate: ¿qué pensamientos traes a la relación?, ¿cómo te estás haciendo responsable del conflicto o sólo culpas al otro? y ¿cuál es el fin de esta relación?

Negar o reprimir, no transforma nada, ser honesto sí. Una comunicación abierta contigo y con otros es el primer paso para crear una relación amorosa.

2. Cambia tu visión.

Si crees que otros te hacen sufrir es porque no los ves con claridad, sino lo que estás viendo es tu versión de esa persona. Si logramos verlos tal cuales son, simplemente sentiremos comprensión y aceptación. Sentir enojo es una clave de que te centras tu atención en aspectos limitantes o ilusorios para justificar tus juicios. Con el fin de curar tus relaciones concéntrate en neutralizar tu mente: piensa cuál es el pensamiento con el que choca mi paz que creo es verdad de esta persona. Reflexiona en lo siguiente:

> *Da a la otra persona una buena reputación*
> *para que pueda vivir de acuerdo con ella.*
> DALE CARNEGIE

Si hay acciones del otro que no van de acuerdo contigo, pon limites y sé claro y directo. En caso contrario, el enojo será contigo por permitirte vivir situaciones que no deseas. Recuerda que en una relación las peticiones son clave: pide lo que necesitas y que el otro también se sienta con el derecho a pedirte lo que desea... una petición da al otro la opción de decir *sí* o *no* (sin tener que dar explicaciones) o negociar.

Todo ello le da fuerza a la relación y cuando dicen que sí es con autenticidad y *no* por obligación. Cuando decimos *sí* pero en realidad queremos decir *no*, más adelante lo cobramos.

3. Establece una conciencia del ahora.

Los conflictos que tenemos se basan en el pasado, comienzan en nuestra mente y deben terminar en ella. ¿Cuál sería tu conflicto en este momento si no pudieras hablar de lo que se hizo ayer o hace una semana? Disfruta del momento presente que siempre contiene un infinito de posibilidades.

4. Intenta unir en vez de separar.

Es verdad que todos somos diferentes y tenemos distintas creencias y maneras de ver la vida. Tenemos realidades diversas, pero si partimos de un lugar de amor y nos abrimos a la posibilidad de aceptar, crearemos lazos de integración, pues la vida nos pide estar *dispuestos*. Al hacerlo, el universo nos abre la posibilidad del *cómo*.

5. Invita al Poder Superior a tu relación.

Es casi imposible salir de un problema en una relación con la misma mentalidad con la que iniciaste el conflicto, porque los dilemas aparecen por el nivel de conciencia en el que vivimos. Aquí necesitamos la ayuda del Amor. Si estamos abiertos a recibir esta ayuda, te darás cuenta de cómo casi mágicamente tus dilemas se desvanecen elevarás tu estado de conciencia. Crea una oración que diga algo así: "Esta situación o este dilema está más allá de lo que puedo entender. Te pido que me ayudes e intervengas con una solución de armonía y amor para ambos". Confía, déjalo ir y ten fe.

RELACIONES SANTAS

Si nuestra actitud es de responsabilidad, querer conocer la Verdad, el perdón, la unión y los intereses compartidos (despertamos del sueño de la separación), creamos lo llamado *relaciones santas*.

Invitamos a nuestro espíritu a nuestras relaciones, lo cual es contrario de lo que nos aconseja el ego que vive del conflicto y los juicios. Lo importante es que éste sea nuestro objetivo, al reconocer que existen dos caminos en nuestra mente y que el ego se manifiesta primero. Por ende, a veces intervendremos en reacción a su consejo y atacaremos una vez más; pero si nos permitimos espacio en nuestras intervenciones con otros, escucharemos la segunda voz, la cual será un bálsamo de no resistencia y responderemos desde la Verdad del ser.

Este tipo de encuentros son construidos en respeto: son más que sentir aprecio por la otra persona, es honrar al otro, se reconoce la dignidad e integridad que están presentes. Las relaciones son necesarias para mostrarnos lo que debemos evolucionar que se encuentra bajo las barreras de la negación. Cada vez que entramos en contacto con otra persona nos brinda una oportunidad de mirar a nuestro interior y perdonarnos las ilusiones que abrigamos. Sin el reflejo que vemos en los otros nos sería imposible encontrar la culpa y la vergüenza que hemos protegido por nuestra ceguera.

El ego nos dice que nosotros no tenemos un dilema, sino que lo tiene la gente con quien nos relacionamos. Cuando se nos muestra algo de nosotros que no nos gusta, el ego nos dice que ataquemos a la otra persona. Es lo mismo que romper un espejo con una piedra porque no nos gusta lo que refleja. Creerle al espejo es sólo ver un aspecto de nosotros y otro ilusorio.

En la Antigüedad se empleaban mensajeros para llevar noticias importantes a los soberanos; así no era raro que se ejecutara a quien llevaba las noticias perturbadoras. Al no hacerse responsable por su participación en el mensaje, el gobernante proyectaba la causa de su frustración con una agresión contra el mensajero. Algo similar sucede con nuestros amigos, conocidos, padres, seres queridos, empleados o hijos: continuamente nos traerán mensajes de lo que hemos negado en nosotros y los terminamos culpando.

Toda reacción ante otros es una invitación a explorar cómo se activan la culpa, la vergüenza o el miedo que tenemos oculto. En lugar de agredir a la persona, pedimos encontrar lo que no podemos ver y en un instante se puede anular el sistema de pensamiento del ego. Se logra mediante un cambio en cómo nos relacionamos. Por ejemplo:

- **Reactivos:** basados en emociones repetitivas.
- **Relación sagrada:** agradecemos los actos de otros, por lo que nos vienen a mostrar. Gracias a ellos vamos aligerando el viaje y la otra persona se transforma en nuestro espejo. Gracias a otros reconocemos qué debemos perdonar.

El ego trata de convencernos de que volvamos a la relación de rechazo que teníamos con otros para sobrevivir en nosotros; pero como el objetivo de nuestra relación empieza a pasar de rechazo a santa, con frecuencia sentimos que perdimos algo importante. A veces vivimos adictos a los químicos que suelta nuestro cuerpo, a las reacciones vinculadas con miedo, culpa o vergüenza, ataque o dinámicas disfuncionales. Y sentimos una descompensación, pero pronto nos acomodaremos a la paz.

Si las personas que te rodean *no* comparten tu camino espiritual y hasta llegan a ser hostiles o a insultar, también podrás tener una relación santa con ellos. Aprender a estar en paz con una persona problemática produce un crecimiento acelerado, lo cual no quiere decir que debamos permanecer físicamente con ellos, pero sí que aprendamos de ellos lecciones de perdón y liberación poderosas.

REEMPLAZAR ACTOS DE VERGÜENZA POR ACTOS DE RESPETO HACIA OTROS

Concentrarte en lo bello, el respeto y el aprecio son maneras positivas de reemplazar palabras y acciones surgidas de la vergüenza. Así, puede ser que tales comportamientos sean extraños al principio. Muchos de nosotros tenemos que hacer un esfuerzo consciente y constante para asegurarnos de que actuamos desde un lugar de amor. Al respecto puedes usar los siguientes pasos para estar consciente:

a) Cada día elige la intención de ser respetuoso y amable, pues detrás de una acción siempre existe una intención. Tener claro el origen de nuestras acciones cambia el sabor de boca de nuestra vida, porque podemos elegir no caer en ser la victima de lo que vivimos. Por ello, piensa en cualquier situación en la que estés en conflicto: ¿la recuerdas como víctima o como un ser libre y maduro?

b) Pon atención a las palabras y acciones positivas de las personas que te rodean. Observa dónde colocas la lupa del juicio y cámbiala por curiosidad. Por ejemplo:

Mi pareja es un egoísta: *juicio.*

¿Que estará viviendo, sintiendo o pensando mi pareja que actúa así?: *curiosidad.*

Mi hijo es un irresponsable: *juicio.*

¿Qué sucede en la vida de mi hijo, con sus amistades, escuela, proceso de desarrollo, miedos, etc.? y ¿qué le cuesta mucho trabajo concentrarse?: *curiosidad.*

La curiosidad mantiene sano el vínculo de las relaciones, la conexión y la comunicación y nos vuelve un pilar de reflexión para el otro. Mediante estas conversaciones nos presentamos amorosos y cooperativos.

Por otro lado, los juicios nos colocan en una silla de superioridad aparente, cuyo objetivo es corregir: es ego con ego. La conversación deja ser acerca de comprensión y se vuelve en alusión a quién puede más en la relación.

c) Recuerda que respetar a los demás es un reflejo de que te respetas a ti mismo. ¿Cómo sería tu vida hoy si estuviera construida desde un profundo respeto por ti y por otros?, ¿qué harías diferente?

SANAR LAS HERIDAS

Muchas veces me sentía aislada, desconectada de mi familia, del Amor, de mi entorno, de mí misma. Vivía en conversaciones sostenidas por mis miedos, no sentía la capacidad de conectarme con la vida y mi vergüenza invadía mi cuerpo emocional en depresiones, desaprobación y exigencias.

Como consecuencia de lo anterior, decidí sanar y encontrar mi propósito espiritual. Cuando extendí el amor por mí, comencé a alinearme a él como un compromiso activo. Al cambiar lo que pensaba, al perdonarme, al perdonar a otros y al vivir en aceptación empecé a soltar mi vergüenza. Todos y todo está más allá de mi limitada percepción o juicio. Ahora me doy cuenta de que no hay nada por perdonar, que la vida ha sido el camino de enseñanzas que era para mí y que cada persona ha venido con una lección que ha brindado importantes revelaciones, pero esto surgió a partir de la disposición de ver la vida desde otra silla: la silla del amor.

Alejandra Llamas.

Pensamientos en automático

Quédate al pendiente de los pensamientos en "automático". Estos mensajes suceden cómo reacciones a sucesos del exterior, refuerzan la separación y fragmentan la relación con nosotros. Por ejemplo:

- "Claro, pues soy una idiota".
- "Nada de lo que propongo o que se me ocurre en realidad vale la pena".
- "Si me conociera realmente, se decepcionaría de mí".
- "Seguramente hice algo mal, me equivoqué, todo me sale mal".
- "Para qué hacerlo, pues seguramente será un fracaso".
- "Me veo fatal, gorda y vieja".

Nuestra vergüenza se confunde con nuestra identidad y respondemos ante ella de manera inconsciente, pero podemos observarla en cómo nos hablamos.

SUELTA LAS EMOCIONES

Permítete llorar las emociones encapsuladas que tengas del pasado y suelta todo lo que cargas, porque es de gran utilidad dejarnos verdaderamente sentir. Es muy confuso sentir algo y decidir que ello *no* queremos vivirlo en este momento: es rechazar el presente de manera inmediata. Al recibir lo que sentimos, nos ponemos en armonía con el ahora. Al estar de frente a nuestros sentimientos, éstos se vuelven mensajeros. Al permitir que pasen a través de nosotros, nos damos cuenta de que no debemos temerles y de que podemos sentir y estar en amor simultáneamente.

A lo largo de mi vida luché por años en contra de lo que sentía: traté de dormir mis sentimientos con alcohol, pastillas, compras, trabajo, fiestas, etc. Los sentimientos rechazados se hacían cada vez más fuertes, se convertían en síntomas físicos y mi miedo a ser yo y sentir crecía. Le tenía pavor a no saber hasta dónde podían llegar mis emociones y a no poder soportar la angustia, el miedo o la depresión. Culpaba a todo y a todos por no ser "normal".

Sané hasta que dejé de correr de mí y hasta que decidí: mi cuerpo es sabio, me pide que sienta algo y, por lo tanto, ahí había algo que ver. Aprendí a entrar desde la *curiosidad* y no desde el juicio de: esto no debe estar pasando; además, hice profundas sesiones queriendo ver y sentir todo. Lejos de huir quise estar. Mi finalidad no fue tratar de comprender de modo intelectual, porque la mente sólo encuentra razones para las tristezas, a la vez que suma ideas y suposiciones que nos enredan más, sino quedarme únicamente con lo que aparece en cada momento desde la humildad, recibirlo, llorarlo si es necesario y vivir en cada este instante lo que surja como un privilegio. A lo mejor lloro por la Humanidad que no se permite sentir, como yo; pero da igual, lo importante es soltar.

- ¿Qué no te has permitido expresar a ti o a otros?
- ¿Qué no te has permitido sentir?
- ¿Qué no aceptas de ti?

Al dar la bienvenida a lo que es, invitamos al autodescubrimiento y nos ponemos en armonía con el universo. La honestidad se vuelve nuestro gran compañero. Lejos de entrar en dramas, nos sensibilizamos y usamos las emociones para tocar el hermoso instrumento que es nuestro cuerpo para echar a andar nuestra creatividad, la cual necesita todo tipo de sensaciones para sentirse viva.

Aquello que no somos capaces de aceptar se vuelve el eje de nuestro sufrimiento. ¿Por qué no aceptar lo que nos ocurre a lo largo de la vida? El ego nos hace creer que debemos cambiar la realidad externa para adecuarla a caprichos, aspiraciones y expectativas; lo sabio es modificar la interpretación que hacemos de los acontecimientos. Si la interpretación del hecho nos deja sufriendo, habremos caído en las redes del ego; pero si aceptamos o incluso nos da satisfacción, bienestar o armonía, tocamos nuestra sabiduría.

Ante cualquier tipo de dilema, hazte una simple pregunta: ¿qué no estoy aceptando? La respuesta nos hace comprender que la limitación que origina la reacción está en la propia mente.

Todas las emociones humanas pueden ser interiorizadas. Cuando esto sucede dejan de comportarse como emociones y se convierten en nuestra identidad. El amor te convierte en una persona amorosa, mientras que la vergüenza te convierte en alguien que se siente avergonzado de sí mismo.

Si a lo largo de tu vida te has relacionado desde tus emociones limitantes, ahora es el momento de explorar otra posibilidad. Si no experimentas soltar, no estarás en contacto con tu verdadero ser, seguirás creando vivencias que no te satisfacen y no sabrás de lo que eres capaz.

Las emociones limitantes son la cuna de la neurosis y desórdenes de personalidad. Para realmente estar comprometidos a vivir una vida de honestidad y amor, debemos estar dispuestos a comprometernos con lo que es. Este compromiso requiere estar dispuestos a hacer constantemente introspección. Dicha habilidad requiere que tengamos una relación honesta con nosotros y, por lo tanto, con los demás.

Revisa si tus emociones limitantes han estado en primera fila en tu vida si se halla presente lo que sigue:

- Alteramos nuestra imagen de manera constante.
- Tenemos dificultad para identificar y experimentar si nuestros pensamientos, deseos y sentimientos son emocionalmente válidos, y rara vez nos conectamos con nuestro amor propio.
- Existe distorsión de quiénes somos y nuestro valor, así como hay falta de autorrespeto.
- Vivimos con envidia y nos comparamos de manera constante con insatisfacción, crítica, queja, etcétera.

No hemos reconocido que no somos este cuerpo, sino parte de una fuerza divina que se une a todo. En la sociedad la envidia es extremadamente común porque hemos sido educados a medirnos por nuestros logros y no por quien realmente somos. Podemos sentir envidia ante lo que otros tienen, ya sea fama, dinero, pareja, reconocimiento, poder, familia, presencia física, etc. Esta cultura nos ha marcado de manera muy clara qué tiene valor en ella, y muchos no logramos las "metas sociales" que nos impone. La realidad es que la envidia toma fuerza por la vergüenza que sentimos de nosotros.

Creemos que, si conquistáramos esto, estaríamos completos y seríamos felices. Pero en realidad es algo más profundo, relacionado con el dolor que nos causa la vergüenza, creemos que si obtenemos estos triunfos sociales nos aliviaremos del vacío con el que vivimos. Sin darnos cuenta deque el aliciente no está afuera, sino en la habilidad para librar la vergüenza. En ese momento la envidia se disipa porque la satisfacción de ser es plena.

Con el fin de realmente sanar nuestras relaciones y amar a otros, debemos aceptar todo lo que somos y lo que hemos sido: debemos vivir abiertamente si en nuestra vida ha habido retos con nuestra sexualidad, enfermedades, abusos, aborto, adicciones, equivocaciones, infidelidades, comportamientos compulsivos, desórdenes alimenticios, obsesiones físicas, miedos, etc. Puedes hablarlo con un profesional o con tus personas amadas: lo importante es ser honesto contigo y honrar a quién has sido y lo que has vivido en todo momento. Para que no sientas que debes vivir a la defensiva, hónrate. Todo lo vivido ha sido parte del tejido espiritual, lo entiendas o no. Por ello, integra todo lo que eres y has sido.

UNA NUEVA LUZ

Visualizarnos con orgullo, honor, dignidad y respeto por nosotros es extremadamente curativo. Párate derecho, mira de frente, lleno de gracia y fuerza, lo cual es vital porque nos ayuda a ver y sentir lo mejor de nosotros. Cómo sostenemos nuestro cuerpo refleja nuestro diálogo interno y podemos mejorarlo al mejorar nuestra actitud física frente a la vida.

Cada experiencia por la que pasamos, cada día de nuestra vida y cada libro que leemos nos prepara para entender verdades nuevas, o estamos reaccionando desde nuestras memorias y emociones aprendidas o estamos aprendiendo. El proceso de crecimiento puede sentirse como complejo y lento, pero la verdad es que hasta que estemos listos para ver una respuesta no podremos recibirla. Date tu tiempo con la intención adecuada de querer ver lo real y que todo se revela; mientras tanto, confía en el orden de las cosas. No trates de entender la vida, sino entrégate a ella y confía en tu intuición y en ti mismo.

INTEGRACIÓN: SOMOS TODO LO VIVIDO

Mi verdadero ser es hermoso, pero alguna vez fue lastimado por cargar y provocarse tanta vergüenza. Mi ser avergonzado hizo muchas cosas de las cuales no estoy orgulloso y me siento genuinamente responsable al respecto. Mi conciencia me pide que esté consciente de las cosas inmorales que he hecho. Esos comportamientos forman parte de mí y no podré estar completo si no reconozco que todo lo que he vivido es parte de mí. No me puedo liberar de mis demonios sin tomar el riesgo de que mis ángeles se vayan volando con ellos.

SHELDON KOOP

Ejercicio
Profundo proceso de liberación

a) Date de tres a cinco minutos para hacer este proceso. Cierra los ojos y concéntrate en tu respiración. Inhala y exhala lentamente y déjate relajar por completo.

b) Trae tu mente a algo que relacionas con el amor, visualízalo y siéntelo con intensidad con los ojos cerrados.

c) Ahora recuerda una situación en la que hayas experimentado vergüenza. ¿Qué traías puesto? y ¿dónde y con quién estabas? Fíjate en los detalles y permítete sentir todo acerca de esa experiencia. ¿Cuál es el sentimiento que predomina? Facilítate llorar si es necesario para soltar cualquier emoción reprimida que puedas cargar.

d) Ahora regresa esa sensación de intenso amor y piensa en la experiencia que te causó vergüenza. Reflexiona en lo que hubieras hecho diferente bañado de este amor: ¿qué hubiera cambiado de esta experiencia?, ¿te habría ayudado?, ¿cómo te verías a ti mismo? y ¿qué sería diferente?

e) Ahora imagina que te estás preparando para regresar al pasado a cualquier experiencia cargado de amor. Ahora eres capaz de volver al pasado con otros ojos: con compasión y abrazando a la persona que fuiste. Cuando sentimos amor, somos asertivos y poderosos. Si vienen otras experiencias de dolor, báñalas una vez más con la energía sanadora del amor.

f) Quédate en la experiencia hasta que puedas unir tu recuerdo con la sensación de amor. El objetivo es que cuando regreses a tales pensamientos, ahora incluyan el amor y el perdón.

g) Cuando la experiencia pasada ha sido liberada emocionalmente, haz las paces con tus experiencias del hoy y del futuro que se relacionen con ella, es decir, imagina que experimentas una situación parecida o relacionada con la experiencia que acabas de trabajar. Pero ahora tienes todos los recursos necesarios para liderar con la situación y quedar en paz. Así no rechazamos nada y podemos aceptar y fortalecernos con lo vivido.

Cuando nuestras partes y vivencias están desintegradas, nuestro nivel de energía baja y nos es complejo dirigir nuestra vitalidad a nuestros grandes propósitos de vida. La gente que sufre de vergüenza suele estar cansada, lo cual pasa porque se lleva puesta una armadura de gran peso. El simple hecho de vivir es agotador: es escondernos, reprimir y desintegrar, en vez de soltar y gozar.

La verdad es que todas las partes de nosotros son adecuadas tal cual son. Nada podría ser mayor consolación, todos los aspectos de una persona son cruciales. No hay ninguna verdad que diga que una parte es mejor que la otra, pues necesitamos todo lo que somos y fuimos para nuestro despertar. Debe haber igualdad y democracia dentro de nosotros.

Cuando vivimos cargados por el pasado perdemos la opción de tomar decisiones auténticas, que se alinean con quién realmente somos. Nos volvemos protagonistas de una historia y no un campo de energía de infinitas posibilidades. La meta es conectarnos con lo que experimentamos y relacionarnos con esto como uno de los muchos patrones de energía que se deben integrar con el fin de crear una vida sólida; por ello, si nuestras subpersonalidades por ahora forman parte de nosotros, deben ser aceptadas y valoradas. Todas las partes de ti están bien: expandir nuestra conciencia es la meta.

Hasta que logres aceptar el poder, la belleza y la creatividad que hay dentro de ti, será difícil que realmente puedas reconocerlo en los demás. Todo lo que pensamos o deseamos a otros vuelve a nosotros; en consecuencia, es momento de que veas lo maravilloso que eres y sólo desear lo mejor. Al sanarte a ti, sanarás tus relaciones y tu entorno. Si no logras ver tu inocencia, no verás la de otros y seguirás proyectando tus alucinaciones de miedo por medio de tus críticas. Reconocerte inocente y reconocer a otros es terminar con el juego de la proyección y el castigo.

Ser el ejemplo

Los grandes personajes como Mandela se han hecho legendarios gracias a que han enseñado por medio del ejemplo. No es lo que tienen o lo que hacen, sino en lo que se convierten. Esto es lo que la Humanidad reconoce, lo que valora y honra. Volvernos conscientes es el mejor regalo que podemos dar. Todos juntos formamos una gran mente colectiva y cuando una mente despierta a la salud contribuye a la salud de todos. Esto comienza en escenarios de trabajo y en ambientes familiares, los cuales son nuestros salones de clases donde se llevan a cabo nuestras grandes lecciones de vida.

LA VISIÓN QUE DA ALAS
Conclusión

*Las relaciones son espejos de nuestras
conversaciones internas.*
Marisa G.

Si fueras…

La relación que tenemos me desespera, quiero cambiarte todo y por más que lo intento, no te dejas.

Si fueras más puntual y menos indeciso, si hicieras lo que yo te digo… todo sería más sencillo.

Busco estrategias para convencerte, pues quiero persuadirte para que nunca me dejes.

Controlo cada uno de tus pasos y cuando intentas salir de lo esperado, entonces te hago un teatro, una escena de chantaje para hacerte sentir tan culpable que no tengas más opción que dejar en mis manos tu poder de elección.

Atentamente: el *manipulador*

El propósito de las relaciones es la felicidad, tejer lazos de cooperación y entender que no hay una separación entre nosotros, pues somos un todo. Al ver tu grandeza puedo ver la mía.

Una relación disfuncional es aquella que no funciona para hallarse en bienestar, compartir y cocrear. Sabes que estás en una relación disfuncional porque, más que disfrutar, padeces. Las relaciones disfuncionales no son exclusivas de la pareja, sino pueden abarcar cualquier ámbito, ya sea de amistad, familiar o laboral. El sufrimiento es sin duda un aviso de que algo no está funcionando. Creo que sería poco funcional quedarnos únicamente con la interpretación de llamar a todas esas relaciones en las que hay manipulación, necesidad, chantaje, crítica, sarcasmo, insulto o cualquier tipo de violencia como disfuncionales, pues en mi opinión estas relaciones a nivel más profundo buscan enseñar, mostrar y revelar que para vivir el amor hay que encontrarlo primero en el interior. Por amor no sólo me refiero al de pareja, sino también a la salud y bienestar de tener relaciones basadas en la armonía proveniente de reconocerte como un ser que se quiere y acepta, es decir, que posee una autoestima sólida.

Me parece de más posibilidad percibirlas como relaciones de aprendizaje, oportunidades para recapacitar acerca de lo muy desvalorado que se puede estar, al punto de comprender que experimentar una relación con esas características es un pellizco que invita a despertar.

Las creencias inconscientes y conscientes desempeñan un papel muy importante en las relaciones, pues nos condicionan a representar ciertos roles, los cuales son personajes limitados por determinados calificativos que representan un guión escrito bajo el filtro de su supuesta caracterización. Así, una persona que representa el rol de víctima tiene que invitar a participar a su gran obra de teatro a un verdugo; de no hacerlo, no podría desempeñar su papel. Sin duda, ésa es una relación de aprendizaje, pues una víctima vive con miedo y para liberarse debe reconocer su poder de decisión y creación; entonces el verdugo aparece con la posibilidad de ser un maestro que avisa de lo que ha de trascender. Si vemos con los ojos espirituales y no con los de la carne, notaremos que en las relaciones no existen buenos o malos, sino *maestros*, pues las personas que llegan a nuestra vida son una bendición o una lección que nos invita a la sanación.

La mayoría de las veces asumimos esos roles o personajes desde la programación inconsciente, es decir, desde la ignorancia. La construcción mental de cada rol se basa en creencias e ideas que generan una forma específica de ver el mundo y con ello una manera de hablar y un determinado comportamiento. Podremos dejar de representar un rol si creamos conciencia de que ya no nos funciona ni nos aporta. Para hacerlo debemos cambiar la información, modificar las creencias que ya no son útiles para nosotros, porque para vivir una vida diferente es necesario pensar y actuar de modo diverso. Una persona que quiere dejar de identificarse como víctima necesita hacerse responsable de sí misma, así como requiere desarrollar un diálogo interno de amor que le permita establecer límites claros y sanos.

ENCUENTRO DE DOS

Control y Expectativa se conocieron en un café. A él le gustó su mirada en el futuro y ella su necesidad de saber y hacer.

Juntos se sumergieron en una supuesta relación. Ella le avisaba de los posibles escenarios que podían visitar y él hacía todo para estar preparado y que nada se les presentase sin tener una forma premeditada de actuar.

Control le decía a todo mundo qué hacer y no delegaba nada a otros por falta de confianza o fe. Entretanto, Expectativa se dedicaba a espantar a lo desconocido para evitar sacar de quicio a su amado Control.

Control tenía comportamientos obsesivos, pasaba horas comprobando e inspeccionando que nada se saliera de lo esperado; además, estaba disgustado porque Expectativa no era muy acertada, a menudo fallaba en sus predicciones y eso lo desconcertaba. Expectativa se hallaba ausente y no se sentía parte del presente. Pensaba que Control exigía mucho de ella y que no se conformaba con ninguna propuesta. Expectativa dejó de esperar desde la esperanza y cayó presa de la ansiedad y la desconfianza.

Así, Control y Expectativa se perdieron en un cuento de lo que debería ser, incapaces de darle la vuelta al estrés. Dejaron de vivir y se conformaron con subsistir.

Uno de mis clientes llegó a sesión porque en la misma semana su novia "lo dejó" y su compañero de trabajo, al que consideraba su brazo derecho, renunció. Esto lo tenía muy decepcionado y desconcertado, pues le parecía injusto y desde su visión no podía comprender cómo estas dos personas podían ser tan malagradecidas, más cuando se había entregado y lo había dado todo. Trabajamos en sesión toda su perspectiva y él se autodefinió como un rescatador. Cuando le pregunté para qué lo hacía (es decir, para qué rescataba), me contestó:

—Porque me gusta ayudar. Siento que me necesitan.

Le dimos vueltas a su interpretación y para su sorpresa descubrió que lo que le sucedía a nivel más profundo y que se había convertido en el motor que daba vida a su ego era: "Necesito que me necesiten para que no me abandonen". Eran tales sus esfuerzos y su servicio desmedido a otros, que terminaba por sofocar o por hacer sentir en deuda a las personas que ayudaba, al punto de que decidían soltar la relación.

Dicho cliente estuvo consciente de que para desempeñar el rol de rescatador necesitaba estar rodeado de personas con el perfil de ser rescatadas y eso ya no le resultaba funcional, pues lo limitaba y no le permitía relacionarse de manera genuina. Entonces comenzó a tener una relación consigo mismo diferente. Modificó su lenguaje y comportamiento. Dejó de temer al abandono, pues al acompañarse ya no podía sentirse solo. Fue así, con el fortalecimiento de su amor propio, como reconoció que amar es libertad y no necesidad.

CODEPENDENCIA O CONVENIENCIA

La codependencia surge de la impotencia por sentirse incapaz y sin paz.

Tiene su origen más profundo en la necesidad; en pensar que es indispensable apoyarse en un bastón o una andadera para poder avanzar: es una adicción a una droga, a una relación o también a una emoción.

La codependencia es la búsqueda desesperada de amor que nace del desamor.

Cuando la codependencia se manifiesta en una relación, la persona que la padece anhela ser vista sin verse. Espera que el otro le entregue una caja que contenga todo lo que no obtuvo desde la infancia

La codependencia es una especie de conveniencia cuando la persona —con tal de no verse sola— prefiere diluirse en el otro, ya sea complaciendo o adoleciendo.

Lo que sucede es que la persona se percibe a sí misma como incompleta, le faltan pedazos de su gran rompecabezas y eso la lleva a soportar lo que sea con tal de borrar de su mente el sentimiento de insuficiencia.

La conveniencia proviene de la inconsciencia que disfraza la carencia de amor, pero nadie puede llenar un vacío que únicamente existe en la mente de quien lo creó.

Depender del otro es pender de un hilo muy delgado a punto de reventar. Salir de ahí requiere encontrar el amor en uno mismo y después en lo demás.

CÓMO SANAR TUS RELACIONES

Las relaciones son tanto expresiones de lo que hay en el interior como espejos que reflejan el trato que te das. La relación que tienes con los demás es proporcional a la que tienes contigo. Por esta razón, pensar que es posible cambiar al otro para vivir en bienestar es tan absurdo e improbable que te puede llevar a vivir en necedad.

Seguramente ya te habrán dicho o tú mismo habrás intuido que el diálogo es lo que hace posible la comunicación y, por ende, una relación; sin embargo, aunque es muy sano utilizar un lenguaje poderoso para relacionarnos, no es lo único que hace la transformación, pues los factores que parecen alterar o enviciar la relación nunca están en el exterior, sino en tu mente, en tu mundo interior. Esto es sumamente liberador, pues ahí mismo tienen solución. De lo anteriormente expuesto se infiere lo siguiente:

1. Identifica todo aquello que consideras te saca de estar en paz. ¿Es una situación, una persona o un comportamiento? Como soy honesta te diré que nada ni nadie te puede hacer algo a menos que tú así lo decidas con tu atención, pensamientos o etiquetas sobre eso que observas.

2. Pregúntate: ¿de qué manera contribuyo a que esta relación o situación se muestre así? y ¿cómo veo las cosas? Una vez que contestes estas preguntas verás que lo que te hace experimentar lo que te disgusta proviene del tipo de intérprete que eres y te será más sencillo comprender cómo tu visión proveniente de tu interior le da forma a tu exterior.

3. ¿Qué cambiaría si hoy decidieras dejar de percibir al otro como un oponente y lo vieras como un facilitador?, ¿qué quiere decir realmente esa persona con su comportamiento?, ¿qué te dice de ti? y ¿para qué crees que apareció esta persona en tu vida? Si tu respuesta es para fastidiarme la vida, entonces aún no estás utilizando tu

inteligencia espiritual para develar lo que la razón desde el miedo no puede visualizar ni sanar. Por ello, invita a tu sabiduría a contestar.

4. La forma de sanar las relaciones exteriores consiste en sanar tus historias interiores. Es dejar de atacarte con culpas, pensamientos de miedo y menosprecio y regresar a la aceptación que es la antesala del amor. Al respecto hay una frase que he convertido en mi estandarte de vida: "Lo que viene conviene", incluso si no lo parece.

Muchas cosas que vivimos provienen de nuestros miedos, pero como el temor es sólo un invento de nuestro ego, detrás de estas vivencias siempre está la semilla del amor, la cual nos invita a usar la experiencia para acceder a nuestra liberación.

PRÁCTICA

Hoy elijo ver en toda persona con la que me relacione la presencia de la energía del amor.

Capítulo 6
El perdón como práctica.
El camino a nuestra liberación

No podemos causar dolor a otros
sin provocarnos dolor.

Desde la Antigüedad los grandes filósofos entendieron que lo que sentimos se asocia con la interpretación que damos a las vivencias. Por ejemplo, una mujer puede vivir condenando a su padre por haberla abandonado de niña y esto causarle hasta la fecha un malestar emocional con el cual carga y crea su vida. Pero al dar un giro a su historia, al visitar el hecho desde otra postura puede reconocer que su padre se fue simplemente por asuntos de él y que en realidad no tenían que ver con su hija niña.

Para recuperar nuestro poder debemos dejar ir los pensamientos que provienen del ego. Por ejemplo, decir: "Por favor que no vuelva a experimentar esto nuevamente" puede ser convertido a "por favor ayúdame a reconocer mis pensamientos de enojo para que sea capaz de ver a esta persona de una manera distinta". Sin embargo, mientras tengamos pensamientos de ego perderemos nuestra paz, pero al deshacernos de éstos recuperaremos nuestra libertad.

Desde esa nueva postura, la mujer puede comenzar a ser curiosa de lo que sucedió en la vida de su padre e incluso comenzar una relación con él y mejorar de manera dramática la forma como ella vive su vida tanto emocional como psicológicamente. Esto será posible también en la medida en que pueda comprender a nivel más profundo que su padre tal como fue y como se presentó en su vida tuvo importantes revelaciones para su autoconocimiento. Eliminar la palabra abandono ya es un buen comienzo.

En esa nueva era no es necesario pagar penitencias, ni obligar a otros a que las paguen. Tampoco es efectivo vivir sintiéndonos pecadores o indignos. Esas enseñanzas son falsas, no reales, nos confunden y crean caos en nuestra vida: somos el amor mismo.

> Hoy decide vivir más allá del sistema de creencias que nos invita al sufrimiento. Deja atrás tanto ruido mental, elimina lo viejo y permítele reinventarte. Vive en lo nuevo, alineado a tu verdad espiritual.

Hoy nuestro gran propósito como Humanidad es liberarnos, no vivir atados al yo o a las preocupaciones mentales de ti mismo.

El perdón es entonces desvanecer lo que parece real en este mundo que causa sufrimiento. Por ello, se nos pide estar conscientes de los juicios que hay en nuestra mente para de esta manera sanarlos, o sea, reconocer que todos somos dignos de un perdón.

En ese sentido, el perdón es una forma de memoria selectiva que se basa en lo que decidimos recordar de una vivencia. Al replantear lo vivido se abre la posibilidad de dejar ir el resentimiento y de esta manera se erradica el dolor. Renunciar a historias de dolor nos llena de paz y sin pasado no existe la culpa. ¿Estarías dispuesto?

Sólo si perdonamoss podremos eliminar los efectos que el pasado tiene en el presente. El perdón surge cuando aceptamos que no pudimos haber tenido otro pasado, cuando somos capaces de dejar de tratar de entender y nos permitimos experimentar el misterio y el privilegio que es *vivir*.

CUANDO ESCUCHAS LA PALABRA *PERDÓN*, ¿QUÉ TE VIENE A LA MENTE?

Para muchos, el perdón es un acto de gracia que concedemos a alguien que se portó mal con nosotros, ya sea nuestros padres, un socio, una pareja, otra persona, etc. Es una fórmula en la cual una persona compasiva concede el perdón a una persona "peor, mala o equivocada".

El dilema con este tipo de perdón es que quedamos en una posición de victimización frente a la vida y crea un antagónico en nuestra mente.

Experimentamos el presente sintiéndonos desvalorados y tememos el futuro porque existe la posibilidad en nuestra mente de que otra persona nos haga daño; por ende, vivimos a la defensiva.

El fin de un perdón real es disolver la postura de víctima dentro de nuestra mente: que se erradique la posición pequeña y minimizada de nosotros, es decir, que los actos de otros no definan nuestro estado de gracia, identidad o grandeza. Si no logramos esto, nos volveremos víctimas de nuestras historias y, más aún, nos volveremos ellas, pues vivimos en contracción.

Existe una manera de perdonar que no provoca la separación con otros y la desintegración de nuestra felicidad: es una posición en la cual no somos los buenos, mejores, víctimas, peores que, etc. A su vez, el otro es el malo a quien hay que agredir, de quien tenemos que resguardarnos, pues esto carga nuestra mente de juicios que terminan intoxicando nuestro poder.

Lo anterior es un perdón real y radical, en el cual ponemos límites, somos auténticos, decimos lo que debemos expresar y nos sostenemos dignos, desde una postura de entereza y de amor, sin necesidad de reprimir nuestros sentimientos, dejando fluir el sentimiento y alineándonos a nuestra fuerza interior.

Es importante estar atentos a que nuestro perdón no vaya de la mano del ego, porque su fin es pretender ser los buenos (lo cual es sólo un rol para que aparezca un malo) o quitar a alguien la responsabilidad de sus actos. Esto se llama *el perdón que destruye*.

Nos debilitamos al no cuidarnos por querer aparentar bondad. Es importante poner las fronteras necesarias, pero con un corazón en paz. Nuestro verdadero poder nace al vernos a nosotros y al otro de una manera neutral, es decir, que podamos vivir frente a nosotros y los demás relacionándonos como almas más allá de nuestras acciones.

No has perdonado cuando aún sientes resentimiento. Cuando en la mente existe "un oponente". No has podido observarte separado de tu historia, y tu personalidad se ha convertido en parte de tus vivencias. Crees que eres lo que viviste y tu carácter se ha moldeado a ello.

El peligro es que sostenemos a la persona que no perdonamos como un prisionero en nuestra mente, uno que hay que castigar. Pero el guardia somos nosotros. Por ello, no tenemos vida, porque vivimos a merced de no dejar libre al victimario y lo sancionamos a través de nuestros pensamientos. Sin darnos cuenta que el guardia tampoco tiene vida.

El primer paso es dejar de ver al otro como: *equivocado, pero perdonado*. Esto nos pone en una posición de yo estoy en lo correcto y por lo tanto *soy mejor o tengo superioridad moral*. Queremos conquistar un espacio en el que podamos ver que la esencia espiritual de esa persona siempre es. Y que sus acciones provienen del miedo y la inconsciencia. Responder con miedo nos pone en el mismo lugar que él. Cuando él lo que busca es sanación.

Esta posición es compleja, particularmente cuando te sientes abusado o traicionado por alguien- Que es justamente cuando más ayuda necesitas. Si tu pensamiento es "yo no puedo perdonar esto que me sucedió y no lo merecía", seguramente tendrás razón. Pero qué tal si te regalas bajar lo sucedido al corazón, ya no tratar de entenderlo racionalmente. Para tu mente siempre va a ser malo y ahí no vas a encontrar salida. Desde la posibilidad de perdonar te vuelves maestro de otros que han vivido algo similar. A lo mejor al demostrarte capaz de sanar, te vuelves un eje importante para la Humanidad. Al mostrar que somos capaces de trascender lo vivido cuando lo decidimos.

No podemos alcanzar este nivel de perdón desde nuestra mente, desde nuestra personalidad o desde nuestro ego. Recordemos que éste vive del conflicto y lejos de querer sanar una situación nos dará la lógica de por qué tenemos la razón y por qué es imposible un perdón real.

…Y aquí es válida la pregunta que nos hace Byron Katie:

¿Quién serías hoy sin tu historia?

¿Cómo te sentirías?, ¿cómo invertirías tu tiempo y tu energía? y ¿cómo serías contigo y con otros?

A veces conservamos los juicios severos ante otros porque pensamos que nos protegen, nos definen o nos dan fuerza. No nos damos cuenta de que cargar esa energía toxica se refleja en todas las áreas de nuestra vida, y lejos de cuidarnos, estos juicios nos enferman y alejan de la posibilidad de relacionarnos con uno y con otros.

Para salir de la prisión de sufrimiento en que nos puede tener una vivencia debemos mirarla con ojos espirituales, lo que requiere es que suspendamos por un tiempo todos los juicios que tenemos de lo vivido para que vayan perdiendo fuerza.

Aquí surge una intención más profunda, que va más allá del perdón, y por qué debemos concederlo: entendemos que nuestra felicidad y libertad dependen de él. En otras palabras, nunca estaremos en paz si no aprendemos de verdad qué significa perdonar.

El perdón es lo que trae luz a la oscuridad, mediante él recordamos quiénes somos realmente. Cada perdón es un paso a ti mismo que recuerda tu verdadera esencia. Perdonar es deshacer la interpretación de lo que vivimos a tal punto que quedamos libres. Soltamos la historia y el dolor hasta que regresamos a la inocencia. El verdadero perdón te lleva a un punto en el que reconoces que no hay nada que perdonar.

Cuando no perdonamos a otros, en realidad tampoco nos hemos perdonado a nosotros… piénsalo. ¿Qué te recriminas de lo vivido? Al vivir culpando a otros, en realidad nos culpamos al proyectar culpas y reclamos. ¿Qué tienes por perdonarte hoy? Recuerda que cada ataque a ti o a otros nos deja cada vez más débiles y confundidos.

El perdón remueve el cansancio mental, desvanece culpas, miedo y te expone a tu verdadero poder interior. Perdonar es la principal función que tenemos en este camino de la vida: se alinea con el amor, la compasión y la sabiduría.

¿Crees que esta vivencia se alinea de alguna manera a tu propósito espiritual? El tiempo que invertimos en no perdonar es tiempo valioso de la vida que no vuelve. Hoy decide en qué inviertes este regalo que es vivir. Seguramente hay toda una vida esperando que por fin agradezcas, valores y estés presente a ella. Al respecto hay una oración que podemos repetir en este momento:

> No sé lo que esta situación significa, ni tengo capacidad para entenderla, pero lo que me corresponde es soltar, amarme y tener fe para conectarme con el amor siempre presente.

En los pensamientos de miedo nos perdemos y ahí estamos enloquecidos. El perdón real no te pide que niegues un dolor auténtico que hayas vivido, sino más bien es quitar a esa situación *tu* poder con el fin de permitirte elegir la alternativa del amor para ti y cómo quieres vivir a partir de esto, para crear la posibilidad de soltar a otros de *tu* mente.

Lo anterior quiere decir que tomamos acciones que nos protegen y que ponemos límites necesarios para nuestro bienestar. Pero al hacerlo reconocemos que el otro es un hermano más, uno que reconocemos y que no condenamos. Por ello, lo más poderoso que puedes hacer es pedir por su paz.

RECUPERAR TU PODER

Es fácil perdernos en la idea de que mientras el otro cambie, se vaya, me pida perdón, recapacite, etc., *seremos felices*. Pero esto es una trampa porque deja la felicidad fuera de ti y sin ningún decir acerca de ella.

Aprendemos que debemos adueñarnos de nuestra felicidad y la única manera de lograrlo es evitar que ella dependa de otros. Así podemos vivir completos compartiendo *nuestro* bienestar. Si crees que requiere un milagro vivir con esta práctica en tu vida, tienes razón. Por ello, tenemos que vivir en el plano de lo sagrado, de lo que existe más allá de lo que vemos a simple vista.

> Pide a una fuerza mayor: "Ayúdame a organizar mis pensamientos de tal manera que pueda ver esta situación o a esta persona desde otra perspectiva".

El objetivo es contemplar nuestra mente, observar los pensamientos que provienen del ego (los originados en el miedo) y los que nos roban la paz. Si vivimos perdidos en un patrón de pensamientos que generan resentimientos, esto se verá reflejado en nuestra vida y afectará todas las áreas, aun las que ni siquiera tienen que ver con lo vivido. Si queremos tener una vida mejor debemos volver al origen y esto es nuestro pensamiento.

Las fórmulas siguientes me parecen extraordinarias porque disuelven la separación y la idea del daño, de modo que plantéate lo siguiente:

a) Es más fácil perdonar si recuerdas que la relación con el otro es partir de tu proyección, así que perdonas por el error que crees que ha cometido y perdonas los juicios que tienes de él y la situación.

b) Si no puedes perdonar es porque estás convencido de que el ego existe y, por lo tanto, te has olvidado de la proyección y mientras siga existiendo sufrimiento en ti, este será la gasolina que sigue culpando al otro.

c) Por lo que la culpabilidad interna o sufrimiento sigue en ti, seguirás proyectándolo, y el error continuará dentro de tu mente, por lo que no lograrás reconocer la inocencia del otro y por lo tanto no podrás reconocer la inocencia en ti.

d) Al no reconocer la inocencia en ti, continuarás proyectando más ilusiones, (errores) como el que ves en el otro o peor, lo cual continuará reflejando la culpabilidad o sufrimiento que se encuentra dentro de ti, por lo cual crees que estás perdonando.

Como éste es un círculo vicioso que no tiene fin, continúa con la propuesta siguiente:

- Me perdono a mí mismo por haberte proyectado y por relacionarme con tu ego.
- Debido a que no existe tu ego, sólo tu inocencia es real y todo lo demás ha sido mi proyección, eres inocente.
- Debido a que el error es producto de mi imaginación, cada vez que recuerdo que eres inocente, me recuerdo a mí mismo que yo también lo soy.

- Como los dos somos inocentes y nos une una conciencia unida, no hay razón alguna para crear de ti una proyección o cualquier circunstancia fuera del amor; por lo tanto, soy completamente libre.
- Si todos somos uno, cuando ofendo a alguien me ofendo a mí mismo, pero cuando perdono a alguien más me perdono a mí mismo. El perdón nos conecta como uno solo.

Lo anterior me recuerda la historia que leí en un libro que cuando una mujer caminaba por la calle fue asaltada por un joven. Cuando él se acercó con un cuchillo, ella le dijo: "Amor mío, por favor llévate mis cosas si piensas que las necesitas… yo te amo y el universo te ama, todo va a estar bien". Poco después, el ladrón entregó las cosas a la mujer y le agradeció porque gracias a sus palabras él enderezó su camino. Todos somos amor y nuestra *no* reacción ayuda a recordar a nuestro hermano confundido cuál es su naturaleza. Ella no tenía culpa o dolor que proyectar en el ladrón, sino sólo veía asustado a un hermano y un llamado de amor o sanación.

Lo mencionado en líneas anteriores lo vemos claro también cuando hacemos el trabajo de Byron Katie si, por ejemplo, trabajamos con un pensamiento como: "Estoy enojada y confundida con Pedro porque me fue infiel y me traicionó, de manera que no puedo perdonarlo".

Si trabajamos con las cuatro preguntas siguientes reconoceremos la proyección. Veamos:

a) ¿Es cierto?: probablemente contestaríamos que es cierto porque así lo hemos vivido y nuestro ego no nos ofrece

ninguna otra postura. Además, la sociedad nos ha enseñado a condenarnos por los actos de otros y albergarnos
en la reacción y la posición de víctima.

b) ¿Es absolutamente verdad que Pedro te fue infiel y te
traicionó, a tal grado que no puedes perdonarlo?

Respuesta: para que mi pensamiento sea absolutamente verdad sólo existiría este punto de vista para siempre y
todas las personas del mundo pensarían igual que yo...
ello me permite plantear que este pensamiento describe
cómo he vivido las acciones de Pedro y cómo la sociedad
me invitan a reaccionar desde las creencias del miedo.
Por ende, lo anterior no es absolutamente cierto.

c) ¿Quién eres cuando crees en ese pensamiento?, ¿cómo te
sientes? y ¿cómo eres contigo y con él?

Respuesta: cuando creo el pensamiento me pongo triste, no tengo poder, me siento decepcionada y toda mi
atención está puesta en Pedro, a quien hago responsable
de mi felicidad. Me siento poco merecedora y pequeña
frente al mundo.

d) ¿Quién serías si ya no pudieras pensar eso?

Respuesta: me sentiría en paz, me haría responsable de
mis sentimientos, hablaría con el desde otro lugar, tendría curiosidad para entender a nivel más profundo qué
sucede en nuestra relación y probablemente estaría lista
para crear un espacio de salud.

Lo interesante de este trabajo de Byron Katie son las vueltas a
los pensamientos que nos invita a llevar a cabo, en los cuales
disolvemos la proyección, a saber:

Pensamiento original

Estoy enojada y confundida con Pedro porque me fue infiel y me traicionó, de modo que no puedo perdonarlo.

VUELTAS

Hacia uno

Estoy enojada conmigo porque me he sido infiel, me he traicionado y no he podido perdonarme.

Esta vuelta es muy poderosa porque te das cuenta de cómo la mujer no ha sido fiel a sí misma, dejando su felicidad en manos de otros. Como vivir esto con la palabra *traición* la pone en situaciones de víctima, ahora reconoce que nadie puede traicionarla, pues ésta es una interpretación. Y también reconoce en muchas áreas que debe apersonarse y soltar reclamos internos.

Otra vuelta es hacia los pensamientos

Mis pensamientos me han dicho hasta ahora que estoy enojada y confundida con Pedro porque me fue infiel y me traicionó, de manera que no puedo perdonarlo. Claro: cada que vez creía en esos pensamientos sufría pensando que eran la verdad.

Otra vuelta es hacia él

Estoy enojada y confundida porque he sido infiel a Pedro, lo he traicionado y no he podido perdonarlo.

Esta vuelta es muy interesante porque nos propone explorar la posibilidad de ver de qué maneras hemos sido infiel a la relación, a lo mejor no con otra persona, pero de qué formas hemos faltado a ella. También nos invita a ver que siempre podemos perdonar cuando vemos la lección más profunda y se erradica el error.

Estas cuatro preguntas con las vueltas son un trabajo extraordinario que uso diariamente para cuestionar cualquier pensamiento estresante y volver a la paz con la finalidad de soltar mis proyecciones.

Veamos cómo esto también se apoya en el *ho'oponopono*,[1] en el que con cuatro palabras disolvemos las ilusiones mentales para entregarlas a la luz.

> *Te amo: Te amo porque reconozco que tú y yo somos uno y sólo somos amor.*
>
> *Lo siento: Por haberte juzgado y por haber creído estos pensamientos. Ahora reconozco que nada pasó y no hay nada que perdonar pues soy inocente.*
>
> *Perdóname: Me perdono y te perdono y con esto disuelvo todo malentendido a la luz.*
>
> *Gracias: Debido al rol que desempeñaste me permitiste ver lo que debía soltar en mí para reconocer la paz siempre presente. Y me di cuenta del poder que vive en mí.*

¿QUÉ SUCEDE SI ESTAMOS ATORADOS EN EL AUTOPERDÓN?

Nadie tiene claridad todo el tiempo y los seres humanos estamos regidos la gran mayoría del tiempo por nuestros miedos, carencias, inseguridades, vacíos, etc., y desde esta confusión

---

[1] Arte hawaiano muy antiguo de resolución de problemas basado en la reconciliación y el perdón. (*N. del E.*)

basada en profundas carencias tomamos decisiones. Más adelante, cuando estamos en un momento de mayor perspectiva o madurez nos juzgamos y recriminamos, por lo que en un momento dado elegimos. Pero en ese momento *no* sabías, *ni* sentías lo que sabes o sientes ahora… en ese momento hacías lo mejor que podías. Lo que viviste, aunque te lo reproches probablemente era lo que tenías que vivir para tu evolución.

"Todo el mundo hace lo único que puede hacer dado a su nivel de conciencia en determinado momento. Nadie decide nada, pues somos fruto de la programación." (Raimon Samsó, *El coach iluminado*.)

HOY DEBES VOLVER A ELEGIR

Elige si el pasado que hoy ya no existe vas a llevarlo a tu presente desde el ego o desde el amor. El amor lo es todo, el perdón es ahora y la vida es mucho más simple de lo que nos han hecho pensar. El Dios en quien creas es sólo amor y no condena. Por ello, esa aparente condena que has puesto en ti es mediante lo que piensas, pero *no es real,* ni se relaciona con lo espiritual.

Si creemos en el mundo de la condena y los castigos, viviremos esperando ser castigados por lo que hemos juzgado como errores. Así vivimos esperando que algo malo suceda porque creemos que lo merecemos o creamos vivencias de dolor de manera inconsciente para castigarnos, dejando a un lado la felicidad y la belleza de la vida por sentir que no la merecemos.

Muchos psiquiatras, como Carl Jung, han llegado a la conclusión de que colectiva e individualmente hemos reprimido una cantidad abrumadora de culpa y vergüenza. A lo largo de nuestra vida, todos sufrimos cierta vergüenza. Quizá este sentimiento sea muy claro y cercano a nosotros o puede ser que se halle en nuestro inconsciente.

Sin importar si está en tu inconsciente, no quiere decir que no se encuentre activo, sino que constantemente trata de salir a la superficie para ser sanado, pero nuestro miedo a enfrentarlo es tan grande que normalmente usamos técnicas y mecanismos de defensa como la proyección. Cuando inconscientemente proyectamos nuestra vergüenza en otros, vemos en ellos todo lo que no nos perdonamos. Tratamos de liberarnos usándolos al poner nuestra vergüenza en ellos. Todo lo que vemos como defectos en nuestros enemigos sólo es nuestro autorrechazo.

Si queremos vivir una vida plena llena de paz, amor y tranquilidad, tenemos que aprender a perdonarnos. Una vez que nos hayamos perdonado, podremos perdonar a los demás.

¿Te has preguntado por qué las relaciones que has tenido en tu vida han sido difíciles? o la simple pregunta: ¿por qué a mí?

Imagina que las atrajiste a tu vida con un propósito específico y que en realidad sólo son oportunidades de perdonarte y sanarte a ti mismo. Si podemos ver esto y dejar ir los juicios que tenemos acerca de la otra persona (en otras palabras, perdonarlo), automáticamente nos perdonaremos. La verdad es que si usamos la proyección de forma adecuada podremos ver que este mecanismo de defensa es extremadamente útil, pues perdonar a otros normalmente es mucho más fácil que perdonarnos a nosotros.

Orígenes del autoperdón

Aunque nuestros cuerpos y sentidos nos dicen que somos individuos separados el uno del otro, la realidad es que todos somos uno.

a) Vivimos en dos mundos simultáneamente:
- El mundo del espíritu.
- El mundo de la Humanidad.

b) La vida nos da la oportunidad de manifestar nuestros deseos, con oportunidades de tomar decisiones en todo momento.

c) Creamos nuestra realidad mediante la ley de la causa y el efecto. Nuestros pensamientos son causas que se manifiestan en nuestra vida como efectos físicos y nuestra realidad es una imagen de nuestra conciencia. El mundo que vemos es un reflejo de nuestras creencias.

d) La vida no nos está sucediendo, sino en gran medida nos está respondiendo.

e) A nivel de alma podemos sanar lo que vivamos y tener un crecimiento espiritual. Cómo juzguemos lo que recibimos determina si experimentamos nuestra vida con sufrimiento o alegría.

f) Con las relaciones aprendemos y crecemos y mediante ellas podemos ver quiénes somos.

g) Al aplicar la ley de la resonancia, atraemos gente que tiene los mismos dilemas para que mutuamente podamos sanar. De esta manera, ambos nos servimos como maestros.

Lo anterior nos lleva a la idea de que no hay imposibles para tu liberación y a que en el nivel espiritual nadie hace nada malo o comete errores porque en ese espacio estamos libres de la mente analítica. Si nos lo permitimos, podremos ser liberados de sentimientos de vergüenza y sufrimiento, pero ¿cómo podemos perdonarnos si creemos que hemos hecho algo malo o que algo está mal con nosotros? Al ampliar nuestra visión del mundoy observar que en términos espirituales todo lo que pasa simplemente es neutral porque no existe la dualidad, se erradica el mal: en ese momento nuestra energía se transforma. En este punto encontramos conciliación, la cual nos lleva al autoconocimiento, que abre la puerta a la sabiduría.

¿QUIÉN PERDONA A QUIÉN?

El vocablo *perdonar* implica que alguien perdona y alguien es el perdonado, pero cuando nos perdonamos a nosotros, ¿quién es cuál? Al menos debemos saber que todos los diálogos están en nuestra mente y que la condena y el enemigo suceden en tu mente. Si no valoramos esto, nos perderemos en las ilusiones de lo que creemos, confundiéndolo con la realidad.

LAS VOCES DEL EGO Y EL PERDÓN

Entre las múltiples voces que podemos dar al ego hay dos posturas con las que debemos estar alerta cuando se trata de perdonarnos: la voz del Juez y la del Autoritario, cuyo fin es reprimir nuestro Amor Interior. La más común es el ego juez porque él tiene la voz más alta y juzga constantemente todo lo que tú y los demás hacen, dicen, sienten, etc. El ego juez es experto en hacerte sentir mal, así como te invita a sentir profunda vergüenza y atacar a otros o avergonzarlos, mientras que el ego autoritario te regaña constantemente, como castigo te niega sentir amor propio y se especializa en bajar tu autoestima y hacerte sentir avergonzado.

Por otro lado, el Amor Interior es la parte de tu ser que te ama de forma incondicional, es tolerante, perdona siempre y es compasivo; además, en el nivel emocional te entiende perfectamente. Sin embargo, las otras dos voces en ocasiones son tan ruidosas que no nos dejan escuchar o sentir el Amor propio.

Perdonarnos a nosotros será complejo si no reconocemos el Amor Interior como nuestro eje para disolver las voces del juez y el autoritario. Si tu única oportunidad de ser perdonado depende de esto y de que estas dos veces te "otorguen" su perdón, porque sigues dando vida a sus mandatos en tu interior, ahí se denota el reto de que te perdones.

NUESTRO SER DIVINO

Nuestro Ser espiritual existe en todo y todos más allá de lo aparente del ego: conoce quiénes somos, está consciente de nuestros deseos y comunica su sabiduría y amor por medio de nuestra inteligencia superior. Recibimos guía en todo momento con sueños, intuición, sentimientos, señales, otras personas y mensajes sutiles.

Nuestro Ser Superior entiende que en el nivel espiritual no existen el bien ni el mal, y no se identifica con el contenido de nuestra vida. La realidad que fabricamos o el mundo de las ilusiones basadas en el miedo no son su lenguaje, sino simplemente nos acompaña y nos ama incondicionalmente, pero no juzga, ni niega el perdón, porque entiende que no hay nada que perdonar. Pedir perdón no es tema de discusión, sino que sucede de inmediato porque se desvanece la condena en nuestra mente. Él está consciente de que nada malo pasó. Mientras usemos los recursos se desvanecerán en nuestra mente.

EL PERDÓN COMO PRÁCTICA

El perdón radical no solicita el perdón a nuestro ego, sino trabaja desde nuestro *Ser Superior* por medio de nuestra inteligencia espiritual. Eso lo hace efectivo, rápido y fácil. Para practicarlo no se requiere ninguna habilidad. Todo lo que el Perdón Radical requiere es la voluntad de estar abiertos a la posibilidad.

Este perdón nos libera de la mentalidad de víctima, pues desde la perspectiva espiritual no hay culpables ni damnificados, sino simplemente existen seres con la posibilidad de sanar. Al darle una oportunidad se abre la posibilidad de erradicar la vergüenza, lo cual ya no depende de ti, sino pasa de inmediato con la liberación del perdón.

Ahora la pregunta es:

¿Qué eliges hoy?: pensamientos que te someten o soltarlos y alinearte a lo único real que es un espíritu completo con experiencias humanas: vivencias a las que estamos expuestos en este plano físico, en el que nuestro gran propósito es trascender y el único camino es el perdón.

Repite en estos días lo siguiente:

Seguramente he decidido creer pensamientos que no son cier-tos y por ello no estoy en paz. Hoy tomo la decisión de lo que pienso en cada momento. Ahora puedo decidir pensar de una manera diferente, porque el fin es vivir serenos en armonía con el entorno.

No me siento con culpa porque ésta es una emoción que vive del pasado y éste ya no existe. Cualquier consecuencia de mis actos es sanada por la fuerza del amor, que siempre está alinea-da a la unión. Hoy me elijo ser uno con el amor, dejo ir y confío en lo que no entiendo.

Cuanto más practiques el perdón, más descubrirás cómo las sombras de la vergüenza y la culpa dejarán de rondar en tu vida. Necesitan que las alimentes para que vivan en ti.

El perdón te ofrece todo lo que buscas: paz, abundancia, amor, aprecio y libertad.

Hoy pregúntate:
- ¿A quién no has perdonado?
- ¿Qué podrías dejar ir hoy?

EL EGO COMO GUÍA

En el transcurso de nuestra vida el ego nos sirve como guía. Si cuestionamos, nos proveeremos de oportunidades para crecer, aprender y florecer. Una vez que experimentamos todo lo que debíamos vivir, el ego empieza a revelarse por lo que realmen-te es: sólo una opción de pensamientos, y al recordarlo la vida se vuelve más clara. Es el momento en el cual empezamos a despertar y podemos ver la verdad. Comenzamos a vivir de manera natural nuestra vida, así como aceptamos y celebramos nuestra humanidad y la relación con todos los seres vivos. Esto realmente significa "dejar ir el ego". Recuerda que no es una batalla contra él, porque esto sería hacerlo real.

EL SER HUMANO INFERIDO QUE NO PERDONA

Mientras que el Ser auténtico es nuestra verdad, el Ser inferido es quien creemos que somos. Cuando practicamos el perdón y la aceptación absoluta, el proceso desvanece las creencias que forman una percepción falsa acerca de quien crees que eres. La forma de recuperar nuestra integridad consiste en regresar en silencio a este momento. Al estar identificados con identidades y etiquetas, forzamos ser alguien que no somos y la inseguridad es la norma.

Nos perdemos en lo que creemos de nosotros, de otros y de la vida. Si encuentras difícil perdonar, probablemente tratarás de hacerlo por medio del ser inferido, del personaje que has creado de ti, el yo asociado con el ego, el que crea una persona pequeña de ti y que te somete en un rol en el cual te ofendes y reaccionas. La única manera de vivir el perdón radical es viéndonos fuera del Yo/Ego, con la capacidad para vivir como seres ilimitados e intocables y comenzar a vivir como seres expansivos. Cuando tocamos esa parte de nosotros, reconocemos que no se nos puede dañar.

Pregúntate

¿Qué proyectas en este momento acerca de ti que los demás creen que es verdad, pero realmente no lo es?

¿Qué podrías dejar ya de repetir o de dar vida en tus conversaciones que ya no es útil?

Recuerda que al hablar de algo lo hace real para ti, el silencio diluye los dramas mentales.

A lo largo de nuestra vida, muchos vivimos indentificados con nuestro ser inferido en el cual pretendemos ser alguien que realmente no somos, porque en ese momento no conocemos otro camino, sino que negamos a nuestro verdadero ser. Lo más triste es que, en el fondo, se siente que no seremos amados si somos auténticos y ponemos límites. Al vivir así no es extraño hacer de nuestros acompañantes el enojo y el resentimiento. Estamos decepcionados por creer que no merecemos ser amados simplemente por ser o existir.

CINCO PASOS DE ANTESALA PARA EL PERDÓN

Ahora veremos cinco pasos para comenzar con nuestra transformación y después trabajaremos de fondo con un ejercicio del Perdón Radical.

Los pasos en el proceso de transformarnos para sanar y soltar son los siguientes:

- Descubrir.
- Reconocer.
- Evaluar.

- Neutralizar.
- Transformar.

Paso 1: descubrir la creencia

En este paso nos convertimos en observadores. Estamos pendientes de lo que nuestra voz juzgadora dice y de lo que proyectamos en otros. Si las creencias se hallan en nuestro subconsciente y no podemos verlas, deberemos trabajarlas para traerlas a la luz. Probablemente esto sea un reto porque nuestra *voz juzgadora* parece la verdad. Es muy importante desvanecer estas creencias, porque guían nuestra vida, la cual es el reflejo de lo que creemos.

Usa tu vida para darte cuenta.

Ejemplo

Observación: no tengo mucho en la vida.
Posible creencia: no soy merecedor.
Observación: todo me sale mal.
Posible creencia: no soy inteligente.

Por medio de la ley de resonancia atraes gente a tu vida que responde a tus creencias y la vida hace eco a lo que llevas dentro. Esto puede ayudarte a reconocerlo:

Observación: la gente no me escucha.
Posible creencia: no tengo nada importante que decir.
Observación: la gente trata constantemente de cambiarme.
Posible creencia: quien realmente soy no es suficiente o no vale la pena.

Paso 2: reconocer las creencias

Muchas de nuestras creencias fundamentales se formaron cuando éramos niños. Por lo tanto, las personas que estaban a nuestro alrededor en esa época o las experiencias que vivimos tuvieron gran influencia. Nuestros padres, al estar muy cerca de nosotros, también tuvieron mucho que ver. Nuestras conclusiones de lo que hacían o decían influyeron en la percepción y la identidad que formamos acerca de nosotros.

Las cosas pasan, pero el significado que le damos depende de nosotros; por ejemplo, imagina a dos hermanos (una niña y un niño) que crecieron en la misma casa, tuvieron la misma educación y cuyos padres los amaban. Sin embargo, el padre pasaba más tiempo con el hijo, aun cuando no quería más a su hijo, pero la hermana llegó a la conclusión de que él no la quería. Ésa fue su percepción en ese momento. De esto ella infirió a nivel inconsciente que si su padre no la amaba, ningún otro hombre la preferiría a ella. Esto se convirtió en una creencia fundamental y en una creencia con el poder de cambiar el resto de su vida. Ella recreó esa historia una y otra vez. En cada ocasión que vivía algo que ella interpretaba como rechazo con una pareja, reforzaba lo que creía. Cuando trabajó en su interpretación se liberó y sanó desde la interpretación original con su padre.

Lo anterior es un ejemplo de cómo nos percibimos erróneamente o lo que merecemos. Una vez dicho esto, recuerda que tienes la opción de entender que lo vivido podemos sanarlo, al dar la oportunidad a tus maestros que revelen sus enseñanzas.

Paso 3: evaluar las creencias

Para hacer este paso se necesita honestidad; por ejemplo, probablemente has sido criticado por ser flojo, sensible, enojón y a lo mejor en ocasiones has actuado así. Cuando te afecte ser flojo, enojón, etc., esto se convierte en algo que debemos trabajar. Cuestiona si lo que te dicen otros es algo que te gustaría cambiar/aceptar o si es una proyección de ellos.

Paso 4: neutralizar las creencias

La manera de neutralizar estas creencias es darles la vuelta para verlas con una luz positiva; por ejemplo:

Creencia original:

No me siento capaz de salir adelante y tú me causas un gran obstáculo.

Vuelta de la creencia:

Soy capaz de salir adelante y tú no eres un obstáculo.

Mis pensamientos:

Mis pensamientos me dicen que no soy capaz y que otros son obstáculos en mi vida.

Ninguna de estas posturas es 100% cierta, sino todos son puntos de vista, pero al creerlas nos abren o cierran posibilidades. Una vez que decidimos creer una, hacemos todo para evidenciar que es *la verdad: ésa es la trampa de las creencias.*

Si investigas tus creencias así, harás que te den información y neutralizarás las basadas en la vergüenza.

Paso 5: transformar la creencia

En este punto reconocemos que las creencias no son ciertas, sino limitantes y refuerzan el mundo de la forma. En el plano divino somos libres y sólo el amor nos gobierna; sin embargo, este trabajo no es del ego, sino mediante nuestra inteligencia espiritual. La parte de nosotros que sabe la verdad está conectada con la Inteligencia Universal.

EJERCICIO FINAL DEL PERDÓN

Te invito a trabajar en el ejercicio del Perdón, que es profundamente liberador. Toma tu tiempo, contesta las preguntas y permite que este proceso te lleve a soltar lo que cargas, lo cual hoy ya no necesitas.

1. Cuenta la historia

El paso 1 es contar o escribir lo que sucedió. Sin importar si fuiste la víctima o quien necesita ser perdonado, siempre tendremos una historia de lo que pasó. Todo tu sufrimiento está contenido en ella. Por ello, decirla o escribirla es liberador y nos ayuda a crear un espacio donde sucede el perdón. Cuenta la historia por la cual no puedas perdonarte o perdonar, pero no pongas excusas por lo que hiciste o sentiste, sino simplemente escribe lo que pasó y cómo te sientes. Sé honesto, no te quedes con nada escribe todo, así sea fuerte.

Durante esta historia das la oportunidad a tu ego juzgador de despotricar contra ti u otros por lo que cree que han hecho mal: está bien. El ego juzgador necesita ser escuchado y amado como las demás voces que están dentro de ti. Permítete ser tan duro como lo eres dentro de ti, sé tan fuerte como sea necesario y expresa lo que sientes.

2. Sentir los sentimientos

Las historias están acompañadas de sentimientos, los tenemos que experimentar. La culpa, la vergüenza, el enojo, el miedo, el remordimiento etc., pueden estar presentes, por lo cual es importante que los experimentes por completo. No puedes sanar lo que rechazas.

Darnos cuenta y aceptar que no existen sentimientos negativos es importante: son emociones humanas que sentimos y que son tuyas y tienes derecho a sentirlas y vivirlas. Al calificarlas como negativas nos cuesta trabajo lidiar con ellas. "Pensar positivo" es otra manera de negarlas porque sólo maquillamos en vez de investigar, lo cual nos lleva a reprimirlas y/o proyectarlas en otras personas, situaciones o a nuestro cuerpo. Resistir nuestras emociones causa grave estrés interno; por ende, llora si es necesario o golpea una almohada y saca de tu sistema lo que tengas atorado.

Permítete sentir y escríbelo:

Respecto a esta situación, ten en cuenta lo siguiente:

a) **Me siento:** rechazado, enojado, distante, sarcástico, frustrado, crítico, irritado, escéptico, avergonzado, débil, triste, hiriente, hostil, odioso, celoso, vengativo, rabioso, apático, aislado, inferior, estúpido, con remordimiento, solo, deprimido, culpable, etcétera.

b) **Al ver mi vida me siento:** apático, aislado, inferior, estúpido, con remordimiento, cansado, aburrido, solitario, deprimido, avergonzado, culpable, suicida, etcétera.

c) **En general me siento:** desconcertado, desanimado, insignificante, inadecuado, desesperado, avergonzado, abrumado, confundido, indefenso, sumiso, inseguro, ansioso, etcétera.

Es vital que experimentes todos tus sentimientos. Todas las emociones son válidas.

CÓMO RECONOCER Y ACEPTAR LOS SENTIMIENTOS

Considera qué tan abierto estás a la posibilidad de aceptarte, pues te ayuda a estar consciente de cómo te sientes al respecto. Recuerda que cualquiera que sea lo que sientas, es válido y saludable experimentar el sentimiento. Permite ver que eres un ser completo aun con estos sentimientos.

Declaración: "Amorosamente reconozco y acepto mis sentimientos y puedo dejar de juzgarlos". ¿Cómo te sientes ante esto?:

- Dispuesto.
- Abierto.
- Escéptico.
- No dispuesto.

Mis sentimientos son lo que son, por lo cual no es necesario pelear lo que siento.

La próxima declaración nos recuerda que todas nuestras emociones son válidas, nos dan realimentación importante de nuestras creencias y que tenemos derecho a sentir.

Declaración: "Ser dueño de mis emociones es un reflejo de cómo me veo en relación con esta situación". ¿Cómo te sientes en función de esto?:

- Dispuesto.
- Abierto.
- Escéptico.
- No dispuesto.

Revisa tu nivel de culpa hacia ti u otros:

En una escala del 1-10, ¿cuál es tu nivel de culpa en este momento?

La culpa es como cualquier otra emoción. Sentirla forma parte de tu experiencia humana y te ayuda a darte cuenta de lo que debes cuestionarte para seguir despertando.

1. Colapsar la historia.

En este paso soltamos la voz *juez* y nos alineamos a nuestro amor propio: "Querida voz juzgadora, sé que soy un ser completo, lo que viví probablemente estaba en mi camino espiritual y hoy asumo completa responsabilidad de las consecuencias y de la sanación. En este momento dejo ir. Pido un respeto profundo por mis acciones o las de otros".

Abrir nuestro corazón a nosotros de esta manera y pedirl a los demás que traten de hacer lo mismo nos ayuda a vernos a nosotros y a otros como seres con toda nuestra humanidad y nos da la oportunidad de ser aceptados exactamente por quienes somos.

2. Reformar la historia.

Este paso nos pide que dejemos ir la idea de que algo malo pasó: nos invita a considerar que hay diferentes ángulos y que al cambiar el significado podemos ver que todo está más allá de nuestro entendimiento intelectual. Asimismo, dicho paso nos invita a darnos cuenta de que exactamente como tenemos maestros, algunas veces nos toca ser maestros. Todo lo que otros vean en nosotros, hasta nuestra vergüenza, puede servirles como una enseñanza; sin embargo, debemos cambiar el significado de la historia, mas no el hecho como tal. Esto da otra luz a la situación y nos ayuda a ver que no hay nada que perdonar.

La siguiente declaración es probablemente la más significativa de este trabajo: refuerza la noción de que los pensamientos, los sentimientos y las creencias crean nuestras experiencias y que ahora ordenamos nuestra realidad de tal manera que apoyamos nuestro crecimiento espiritual.

Podemos vernos a nosotros y a otros como villanos o víctimas de la situación o elegir ver que nos damos la oportunidad de crecer y aprender y, por lo tanto, de determinar la forma como queremos que se manifieste nuestra vida. La declaración nos invita a ver la posibilidad de que la situación tuvo un propósito, pero no estamos obligados a saber cuál fue. En alguna circunstancia la lección es clara, pero cuando no lo es confía en que puedes sanar, aunque no entiendas.

Declaración: "Aunque no sé la razón por la cual esto sucedió, ahora acepto que mi poder está en la voluntad de sanar y recuperar el poder y el amor por mí y mi vida…"

3. Integrar el cambio.

La historia original que nos contábamos existía como un patrón de energía en cada célula de nuestro cuerpo. Este paso requiere que remplaces la narrativa y sus patrones de energía con la interpretación de que todo pasó. Sin importar qué tan malo creas que haya sido lo que sucedió, el principio sostiene que podemos rendirnos al misterio de vivir y sanar.

Lo que necesitamos entender y aceptar es que en el perdón radical no hay excepciones, ni blanco o negro, ni "pecado". Sin importar qué tan grave fue lo sucedido, constituyó una lección para todos los que estuvieron involucrados.

4. Dejo caer el juicio.

Este paso va en contra de todo lo que hemos aprendido acerca del bien y el mal, entre lo correcto e incorrecto. Si vemos las cosas desde un espectro espiritual, podremos soltar la idea de un bien o un mal.

Declaración: "Ahora me doy cuenta de que nada que yo o los demás hagamos es bueno ni malo. Dejo ir los juicios".

5. Estoy dispuesto a sanar.

Vivir dispuestos a dejar ir los juicios y dejar ir la necesidad de estar en lo correcto nos sana. Cuanto más cerca estemos de la situación, más difícil se volverá la compresión. Por ello, es importante poner distancia mental.

Declaración: "Dejo ir la necesidad de culparme a mí mismo o a otros y la idea de estar en lo correcto. Estoy dispuesto a alinearme a la armonía de lo que es".

6. Creencias que se encuentran en el subconsciente.

La siguiente declaración nos ayuda a darnos cuenta instantáneamente de nuestras creencias que se encuentran en nuestro subconsciente si estamos al pendiente de lo que ocurre y se manifiesta en nuestra vida.

Declaración: "Aunque no sepa cómo o por qué, ahora me doy cuenta de que cada uno de nosotros hacemos un baile con y para los demás".

7. El proceso de sanción.

Declaración: "Me respeto a mí mismo por ser parte del proceso de sanción de otros y les agradezco por formar parte de mi proceso".

8. Dejar ir tus emociones.

Este paso nos ayuda a dejar ir sentimientos del paso 3. Al soltar emociones y pensamientos, damos un paso importante en la práctica del perdón. Mientras estén vivos dentro de nosotros, dan fuerza a las creencias viejas, que crearon la realidad que transformamos.

Es probable que las emociones acerca de una situación regresen a nosotros de vez en cuando, lo cual es normal. Simplemente permítete sentirlas y después liberarlas, aunque sea durante uno o dos minutos, para que puedas ver la situación con otra perspectiva.

Declaración: "Conscientemente dejo ir mis emociones".

9. Veo y reconozco la posibilidad para practicar el perdón radical.

Ésta es otra oportunidad para agradecerte y apreciarte por estar dispuesto a sanar y crecer mediante este proceso.

Declaración: "Valoro y respeto mi voluntad para sentir mis emociones e investigar mis interpretaciones, y me amo por crear la oportunidad de practicar el perdón".

CÓMO TRANSFORMAR LA HISTORIA

10. Estoy dispuesto a ver la verdad.

No escribas una declaración basada en suposiciones del mundo, como dando razones o excusas por las cuales pasaron. Puede ser que estés cambiando una historia falsa por otra que también sea errónea o que quizá te lleve a un perdón falso.

Declaración: "Ahora me doy cuenta de que he experimentado mi historia de la víctima/perpetrador y simplemente era una reflexión de mi percepción de la situación. Ahora entiendo que puedo cambiar la realidad sencillamente al estar abierto a ver la situación desde mi poder. Cambia tu perspectiva".

11. Me perdono y perdono a otros por completo.

Di en voz alta, déjate sentir y permite que tus palabras resuenen dentro de tu persona.

Declaración: "Yo, _____ (escribe tu nombre completo), me perdono y me acepto como la persona amorosa, generosa y creativa que soy. Dejo ir la necesidad de sentir emociones negativas e ideas de baja vibración, retiro toda mi energía acumulada en el pasado y derrumbo todas las barreras que no me dejan sentir el amor y alegría que tengo en este momento. Yo elijo mis pensamientos, sentimientos y mi vida".

Siente el amor por ti y la aceptación por otros y respira.

Este paso nos da la oportunidad de dejar ir todas las palabras, pensamientos, conceptos y sentir amor. Ábrete a esta posibilidad.

Declaración: "Ahora me entrego al Poder Superior y confío

en el conocimiento de que esta situación va a continuar moviéndose a la luz e irá de la mano con la guía divina y las leyes espirituales. Reconozco mi identidad y me siento reconectado con mi fuente. He regresado a mi verdadera naturaleza y cierro los ojos para sentir el amor que fluye en mi cuerpo, con el fin de permitir la alegría en mi corazón".

CÓMO INTEGRAR EL CAMBIO

12. La carta.

En este paso escribimos una carta a quien hayas lastimado o a quien te haya lastimado o negativamente afectado.

(Tu nombre) _____, ahora me doy cuenta de que dejo ir. De cualquier manera, a partir de la perspectiva de este mundo físico, te quiero pedir perdón o deseo perdonarte, reparar o compensar el daño, disculparme o disculparte. Deseo expresarte lo siguiente...

13. Una carta para ti.

Empezaste el proceso sintiéndote culpable o culpando, sintiéndote avergonzado de una parte de ti. Desde que iniciaste el proceso, tu energía empezó a cambiar.

¿Cómo te sientes acerca de la situación en este momento?, ¿qué te gustaría decirte a ti mismo o a otros?

Escribe lo que realmente sientes, no te juzgues, ni critiques tus pensamientos y sentimientos. Deja que tus palabras te sorprendan, siéntete orgulloso de lo que estás haciendo, sé gentil, permite que el proceso siga trabajando en ti y sé paciente.

AUTOACEPTACIÓN

Lee la siguiente declaración en voz alta:

"Ahora me doy cuenta de que todas mis sombras, aun las que son difíciles de aceptar, forman parte de mí, no son buenas ni malas, sino solamente lo que me forma en el ser completo que soy. Tengo el poder de dejar ir los juicios que me atacan a mí y a otros para restaurar el amor por mí. Percibo que soy un ser haciendo lo mejor que puede y con la voluntad de sanar."

"Nada permanece igual en el universo cuando alguien tiene la voluntad de decir: "Comprendo, acepto, te perdono y te amo.""

LA VISIÓN QUE DA ALAS
Conclusión

*Si no perdonas, no abandonarás aquello
que te aprisiona. Perdonar es fundir
en amor todo aquello que un día
guardaste como rencor.*
MARISA G.

ESTAR RESENTIDO ES UN SINSENTIDO

Estar resentido es un sinsentido… un sinsentido del humor, un sinsentido común, un sinsentido de la orientación y un sinsentido de la responsabilida.

- Un sinsentido del humor porque el resentimiento es una herida abierta que causa dolor y no da paso a ver las cosas con otro color, pues pone bajo llave la alegría de tu corazón.

- Un sinsentido común porque el resentimiento no deja escuchar a la voz genuina de la inteligencia natural, para la cual es prioridad que trasciendas lo que sucedió y des pasos firmes hacia tu evolución.
- Un sinsentido de la orientación, ya que estás perdido en un diálogo constante de querer tener la razón.
- Un sinsentido de la responsabilidad cuando buscar y señalar culpables se convierte en tu nueva gran habilidad.

El resentimiento es un sentimiento que miente, pues cuando te visita engaña a tu mente. La envenena con pensamientos de ataque que te separan del mundo y te hacen sentir insignificante. La solución es el perdón, recurso que limpia y sana la percepción.

El ego "perdona", pero no olvida, lo cual quiere decir que no entiende lo que es el verdadero perdón, pues no olvidar es sinónimo de conservar, de no dejar ir para soltar aquello que duele y nos separa de los demás. Mientras sigamos con la idea de que permanecer en este mundo es peligroso porque las personas o las situaciones nos quieren o pueden atacar, viviremos a la defensiva y dando un valor al resentimiento, creyendo que nos protege y nos alerta para desenmascarar al enemigo. Sin embargo, eso está lejos de la realidad, pues el veneno no da vida, sino simplemente aniquila; además, los supuestos "enemigos del exterior" primero fueron ideas en el pensamiento que los fabricó.

El rencor y el resentimiento son no sólo formas de

experimentar el miedo, sino también conversaciones internas que refuerzan ideas de insuficiencia y desvaloración. Como humanos, tenemos un cuerpo emocional y nuestra perspectiva enfocada al miedo a los otros se puede traducir a veces en un sentimiento de resentimiento. Pero desde los ojos de la verdad, en segundos podremos disipar el caos mental simplemente al recordar que nada de eso es real, pues nada que provenga del temor está sustentado en el amor, la fuerza que da vida a la creación.

Perdonar es sin duda sanar y una forma de curación que expulsa lo que un día te intoxicó. Te diré que el perdón se asemeja mucho a un proceso de digestión, sobre todo cuando has comido algo que te causó descomposición. Es decir, cuando tienes malestar estomacal lo sabes porque sientes dolor, inflamación o náuseas que se deben a que almacenas en el interior algo que no te hace bien y tu cuerpo sabiamente decide expulsarlo. El resentimiento es como una indigestión y el aviso de una falsa percepción. Es una historia guardada con conclusiones de terror que te lastiman y amenazan; por ello, tu espíritu te anima a experimentar el verdadero perdón, que es la disolución de una percepción e interpretación basada en el temor.

HACIA EL VERDADERO PERDÓN

Me gustaría que cerraras los ojos y por un momento imaginaras que en el lienzo de tu mente aparece la palabra *perdón*. Imagina que tienes una goma y con ella puedes borrar todos los significados, ideas e interpretaciones que has tenido o vienen a ti cuando escuchas dicha palabra.

Invita a tu inteligencia espiritual a participar en este ejercicio, el cual no se hace con la razón, sino con el corazón. Ahora estás en punto cero, listo para conocer el verdadero perdón.

Perdonar es reconocer que el mundo que observas es el efecto de tus pensamientos, lo cual quiere decir que eres responsable de lo que ves. No puedes cambiar las circunstancias ni los escenarios, pero sí elegir cómo quieres verlos. El verdadero perdón te muestra que las cosas no te suceden en contra, sino para ti, con la finalidad de que regreses a tu estado de conciencia de amor y desaparezcas la ilusión y falsa proyección.

Para darte claridad te contaré el caso de un cliente mío que llegó a sesión con un profundo resentimiento y enojo hacia su socio, de quien aseguraba era un estafador y se había quedado con un negocio que le correspondía a él.

Desde la inteligencia intelectual, mi cliente parecía tener los argumentos que le daban la razón, pero —como ya sabes— tener la razón no cambia la realidad, ni mucho menos da la felicidad.

Pedí a mi cliente que imaginara la situación como si fuera una pintura que se exhibe en una galería de arte y que congelara la imagen del socio con el negocio y la enmarcara para observarla durante unos segundos.

Luego le pregunté:

—De todas las opciones que tienes para interpretar este cuadro, ¿cuál te funciona más y se alinea a tu bienestar?

Se hizo el silencio y después de aproximadamente un minuto me contestó:

—Con mis ojos de humano veo traición y que alguien me quiere quitar algo que me pertenece, por eso me duele.

— ¿Y qué ves con los ojos de tu alma?

—Veo que no es mi socio o el negocio lo que me tortura, sino lo que me digo sobre ellos.

—¿Y eso dónde está? —pregunté.

—En mi mente —respondió.

—Entonces, ahí es donde esto tiene solución, ¿no te parece?

—Así es.

—¿Has experimentado en el pasado alguna situación similar, alguna vivencia en la cual aparezca la idea: me quieren quitar algo que me pertenece?

—Sí, es una constante —respondió.

—¿Para qué crees que se te repiten estas situaciones?

—Para liberarme —aseguró.

Después de unos segundos continuó:

—Quiero permitirme interpretar el cuadro desde un enfoque diferente. Quizá este socio aparece en mi vida para de una vez por todas encarar el miedo que me visita en forma de "Te quieren quitar". Él no me puede quitar mi libertad, a menos que yo decida dársela al pensar que he sido su víctima.

Enseguida añadió:

—Elijo ver la situación no como una pérdida, sino como una inversión. Acabo de ganar salud emocional y he recuperado mi energía para dedicarla y ponerla en función de un negocio que esté construido desde la confianza y desde una perspectiva de profunda abundancia.

Perdonar no significa que tenemos que salir corriendo a abrazar a la persona en cuestión, sino que hemos decidido no cargar en hombros la historia de temor que no nos aporta, sino que nos atrapa en una conversación de injusticia. Si aprendemos a leer entre líneas y vamos un poco más allá de lo que a simple vista se observa, seremos capaces de tras-cender.

Mi cliente se liberó al renunciar a quedarse con la visión más pobre y terrenal de la situación.

CHISPAS DE LUZ

El miedo hipnotiza y te lleva a actuar de maneras enfermizas: atacas, culpas, lastimas… todo por pensar que para ser tienes que demostrar.

El día que dejes de creer en la culpa y el temor, ya no nece-sitarás el perdón, pues actuarás desde el amor.

El miedo es un invento del ego que se ha creído muchos cuen-tos, pero cuando puedas ver tu grandeza, se derrumbarán to-das tus tristezas y dejarás de fabricar horror para en su lugar crear existencia pura del corazón.

LETRAS QUE SANAN

Elijo la paz, hoy me libero y te libero de mis expectativas, de mis ideas de ataque y descalificación. Ya no necesito guardar rencor en el corazón. Suelto toda resistencia a amar y me abro al perdón, ahora sé y confío en que las cosas no suceden en mi contra, sino para mí. Todo es una invitación a sanar, a regresar a la mente inocente que sólo percibe desde la impecabilidad.

Ahora acepto que ya he sanado tanto la causa como los efec-tos. Me siento libre, agradecido y dispuesto.

Capítulo 7
Doce pasos para liberarnos de nuestras profundas vergüenzas, culpas y ansiedades

SANAR NUESTRO SER PERDIDO

Nuestro ser perdido es cada pequeño y gran acto que hacemos por aprobación o reconocimiento de los demás, por recibir amor, por obtener poder del exterior, cuando nuestra relación con el dinero es desde la carencia, cuando creemos que nuestra apariencia es lo que somos, etc., todo ello desde la escasez con el fin de cubrir vacíos. Por ejemplo: Estás en una relación en la que has reprimido a tu alma. Como resultado, te sientes triste y desmotivado. Te adaptas en vez de concentrarte en la intención de esa relación, qué tienes que aprender de ella y qué partes de ti han diseñado este tipo de vivencia. A lo mejor estas ahí por creencias de que si no perteneces, serás rechazado, criticado y de alguna manera fallarás.

Al examinar cómo has reprimido el amor por ti, es probable que te sientas desconcertado. Necesitas experimentar todo lo que sientes, porque primero debemos aceptar y reconocer; también puede ser que sientas culpa y/o vergüenza. Habiendo dicho esto, también tienes que estar al pendiente de no cargar vergüenza adicional por esto de la que ya sentías. Si eres de las personas que se ofende o toma las cosas de manera personal, vivirás con la vergüenza entrelazada con el ego, por lo cual te volverás "egocentrista": la atención está en uno, lo que los otros hacen crees que es acerca de ti y que las relaciones construyen tu identidad. Esto te aleja cada vez más de la voz del espíritu. La atención se coloca en conversaciones reactivas que hacen ruido mental y que causan inseguridad, por lo cual entramos en una espiral en la que nos perdemos. Por esto no se siente salida, pero una vez más es imprescindible reconocer que, aun cuando la relación representa muchas de nuestras creencias y es imprescindible romper el patrón al trabajar con nuestro interior y después lo que se vive fuera necesariamente cambiará.

Completa las oraciones siguientes:

- "La parte de mi ser que quiero aceptar y lo que quiero vivir es..."
- "Los profundos deseos de mi corazón son…"
- "Lo que no debo tomar personal es…"
- "Lo que yo puedo proveerme que le exijo a otros es…"

NUESTRA VOZ SABOTEADORA

Muchos tenemos miedo al éxito. Nuestro ego saboteador es un experto en asegurarse de que no nos atrevamos a tomar acciones importantes para nosotros y miremos la Verdad. Va a decirte lo que sea necesario para negar tu poder y mantenerte frustrado, porque ése es su alimento. Piensa en los patrones que tienes. Una vez que te des cuenta de que los resultados de vida son producto de las creencias elaboradas por el ego, podrás liberarte para alcanzar lo que hoy deseas vivir. Cuando te encuentres en un patrón piensa: ¿cuál es la creencia que me detiene de lograr lo que quiero? Trata de ponerlo en palabras.

Sal de la idea de que no lo haces porque hay algo malo en ti, que tú no puedes o que no eres suficiente. Éste es el origen del ego y de la profunda mentira en la cual quiere tenernos sometidos.

Nuestro miedo más profundo no es que seamos inadecuados, sino que somos poderosos sin límite.
Es nuestra luz, no la oscuridad lo que más nos asusta. Nos preguntamos: ¿quién soy yo para ser brillante, precioso, talentoso y fabuloso?
En realidad, ¿quién eres tú para no serlo? Eres hijo del universo.
El hecho de jugar a ser pequeño no sirve al mundo.
No hay nada iluminador en encogerte para que otras personas cerca de ti no se sientan inseguras.
Nacemos para hacer manifiesta la gloria del universo que está dentro de nosotros, pero no solamente algunos de nosotros, sino que está dentro de todos y cada uno.
Y mientras dejamos lucir nuestra luz, inconscientemente damos permiso a otras personas para hacer lo mismo.
Y al liberarnos de nuestro miedo, nuestra presencia libera automáticamente a los demás.
Nelson Mandela

CÓMO TRABAJAR LA VERGÜENZA Y LA CONFIANZA

Cuando somos guiados por la vergüenza tenemos la creencia de que no podemos confiar en nosotros, en otros o en un ser superior. La confianza en nuestra comunidad y en nuestra familia es de gran importancia: es un ingrediente relevante para generar y crear la vida desde nuestro poder, así como permite que el gozo renazca tanto en nosotros como en todo lo que se refleja alrededor.

La confianza es como una moneda: estamos de un lado o estamos del otro; no hay medias tintas. Si vives a partir de la desconfianza, te convertirás en un tipo de persona que recurre al control, te gobierna el miedo, la paranoia es inevitable, el cinismo se vuelve parte de tu conversación y vives a la defensiva. Creas conversaciones en las que nadie gana porque parados en ese lugar, nuestra vida parte de la oscuridad.

Muchos relacionamos la confianza con la necesidad de censura y cuando esto aparece comenzamos a crear dependencias de otros o de las situaciones, para no sentir nuestra aparente "vulnerabilidad", en la cual vive en la mente; además, no usamos ésta para crear, sino para delimitar y controlar lo que realmente está en juego, que son nuestros miedos. Debemos entender que nuestro entorno es un reflejo de nuestra manera de pensar. Por ello, confianza y libertad van de la mano: una mente sumida en su propia penumbra siempre tiene ante sí la posibilidad de liberarse, no importa lo estrechas que sean sus circunstancias, para lo cual la confianza es fundamental.

La confianza es una elección que tomamos, aun cuando la mente nos señale que no debemos confiar. En la vida no sólo es un riesgo vivir en desconfianza, sino también es indispensable confiar si lo que queremos es encontrarnos a nosotros: reconocer que no somos dueños de otros, ni de ciertas situaciones para permitirnos vivir.

Comprender lo anterior significa saber que no somos seres pequeños indefensos dependientes de algo. Si sufrimos, en un momento dado tomamos la decisión de vivir así.

Rechazar nuestras emociones y querer cambiar lo que ocurre duele porque en ese instante la vida te pide que la mires de frente en vez de huir de ella. Es comenzar a confiar en nosotros para conocer un mundo de abundancia de la mano de la conciencia de la luz, lejos de nuestros juicios y reclamos que sólo nos hunden en un miedo que crea una terrible distorsión. Con tu presencia libre de necesitar controlar o cambiar algo en el momento presente, la abundancia se revela mediante la presencia libre de necesidades. Podríamos decir que nos hallamos sumergidos en vergüenza o que estamos en confianza por nosotros y por la vida.

La mente se convierte en un espacio que carece de miedo; desde este enfoque universal, la abundancia se convierte en tu identidad, es un estado de la mente que adquiere conciencia de su origen y de su plenitud y lo hace al abrir los ojos a todo lo que el universo ofrece, reconociéndose como parte intrínseca de él.

La abundancia es capacidad de percepción; por ende, reconoces que en todo momento eres pensado por la conciencia universal y la comunicación se restablece, desaparece la percepción separada, ya no hay nada ni nadie, sino sólo amor y profundo aprecio. En consecuencia, confiar es lo natural.

Reconocer que la confianza se encuentra en constante construcción es vital. A lo largo de la vida van a suceder cosas dolorosas o desconcertantes que nos llevan a cerrarnos y a vivir a la defensiva. Por esto es importante reconstruir la confianza y darle mantenimiento, porque si no te convertirás en un ser humano que crea su vida desde una aparente carencia. Empobrecerás tu energía y te alejarás de la creatividad, la innovación y la posibilidad de edificar tu vida sintiendo libertad.

Debemos reconocer que desconfiar o confiar es una elección, pero al desconfiar desechamos la posibilidad de atraer cosas nuevas a nuestra vida. A veces nos atoramos pensando: pero esto fue injusto, malo, etc., y probablemente desde un punto de vista lo fue. La vida no se acomoda a lo que nos parece correcto, sino que sólo se presenta, en cuyo caso debemos soltar la necesidad de calificar lo vivido para regalarnos lo más importante: la posibilidad de *ser* alguien que pueda vivir en paz, pues sin confianza no armonía ni transformación dentro de ti. Finalmente confiar se resume a que las personas actuarán. La vida se presentará y nosotros reconocemos que eso no nos define, porque confiamos en que siempre podemos regresar a un estado de bienestar.

En nuestra cultura tendemos a tomar las cosas de manera personal y tenemos expectativas frente a otros que radican fuera de la realidad; por ejemplo, a veces exigimos de nuestra pareja que resuelva nuestro desamor y sentimos que nos falla cuando no disolvió el dolor que llevamos dentro. Echamos a andar la conversación de desconfianza, con la cual pudrimos la relación, sin darnos cuenta de que las personas no pueden aliviar este dolor profundo, y que la decepción son las expectativas, no la aparente ruptura con otros. Es vital observar que si vivimos en sufrimiento, tomaremos acciones desde un sentir pobre, sin darnos cuenta de que lo que ponemos en juego es la luz del espíritu.

Reflexiona primero en cómo te relacionas contigo, si confías en tu talento, en lo que vienes a dar, en tu voz y en cómo contribuyes a tu vida. Investiga dónde está esa palabra de confianza dentro de ti, evalúa si confías en llenar *tus* vacíos y cubrir *el amor por ti*, así como si confías en ti para sanar tu vida. Cuando esto sucede confiamos en la vida porque lo que proyectamos fuera de nosotros es la salud que nos da fiarnos de nosotros. Confiar y amar son sinónimos.

Confiar va de la mano de nuestro poder interno. El camino para lograr esto es conocernos mejor y desarrollar relaciones de integridad, darnos cuenta de que lo que esperamos o pedimos al exterior podemos generarlo para nosotros y sentirnos completos. Por ejemplo, si le exigimos a otro que nos quiera o nos reconozca, será mejor empezar a hacerlo nosotros y así liberaremos al otro de esa responsabilidad. Es nuestro trabajo y no de otros amarnos y aceptarnos.

Un planteamiento común es: "Voy a confiar en ti, pero pondré en práctica reglas rígidas y mecanismos de control para poder hacerlo". Entonces cruzamos la línea a la desconfianza: queremos someter a alguien, dominarlo, sin regalarle la posibilidad de ser responsable. Es decir, si confío en el otro debo tener en cuenta que lo hecho por él haga no se asocia conmigo y que los seres humanos mentimos, somos incongruentes y realizamos actos de modo inconsciente. Parte importante de la convivencia es confiar que todo esto ocurrirá en cualquier relación y que el amor va más allá de los actos de nosotros y de los demás. Así, dejamos de ser víctimas de las acciones externas y asumimos completa responsabilidad. Si queremos vivir en amor, primero me amo y si otra persona me ama, lo recibo; pero si no lo demuestra, no lo tomo personal.

Es importante hablar con quienes nos rodean acerca de la confianza, crear compromisos, que sea un tema puesto en la mesa, que se convierta en un compromiso claro y recíproco, por ser el eslabón que fortalece la creación de cada relación.

Al confiar sin hablar con otros creamos expectativas y damos por hecho que las personas van a responder de determinada manera; al no expresar qué significa para ti confiar y qué acuerdos deben estar presentes, el otro seguramente tendrá una interpretación distinta y probablemente las expectativas estarán fuera de la realidad del otro y de lo que puede proveer en ese momento, emocional o profesionalmente. En cambio, al ser claros, al tener una comunicación efectiva y al mantenernos realistas, reforzamos la manera de relacionarnos.

Lo importante en esos nuevos despertares (que pueden ser desde una nueva relación hasta reconstruir un país) es tener claro dónde está la confianza, porque ésta constituye un pilar fundamental para que surja el nuevo futuro. Debemos tener claro que si queremos cierto tipo de acuerdos, como la monogamia en una relación, ésta se dará por un acuerdo en nuestro lenguaje y no asumiendo que el otro vinculará con la relación lo que espero o creo necesitar.

La confianza trae innovación y nos regresa el poder, de modo que confiar es el gran paso a la evolución. Por ejemplo, a nivel político, la confianza da la posibilidad de expresión y de libertad. La auténtica confianza une a las comunidades y da la oportunidad de generar nuevos proyectos, más complejos y cooperativos, que ocurran en un lugar y en una conversación de madurez.

Siempre hay que confiar en tu intuición y en tus corazonadas, pues serán tus grandes protectores. Si has vivido una experiencia que ha mermado tu confianza, será muy importante entrar en un proceso de rehabilitación del ser. A lo mejor no va a suceder de un día para otro, pero vivir desconfiando nos convierte en un tipo de persona con determinados filtros que empañan nuestra energía vital.

Confiar no tiene que ver con la ignorancia o la inocencia, sino con saber que existen riesgos y posibilidades. Si tienes el poder de elegir cómo vas a responder, decidirás fortalecer tu espíritu, lo cual es fundamental en cada momento.

Se debe reconstruir con cautela, inteligencia y sabiduría en silencio, escuchando lo que requieres para sanar. Vendrán retos para nosotros y nuestra sociedad, pero ante todo la confianza será el bálsamo del alma y de ahí el paso será sólido y creativo. Al entregar nuestra voluntad al amor, nos reconectamos con la fluidez de la vida, restituimos nuestra relación con la unión y nos alejamos de la separación. Confiar también revela que otros serán humanos y actuarán desde sus miedos; por ello, confiar que esto sucederá es lo realista, pero lo importante es que no te sientes en la silla del juicio y no lo tomes personal, porque en realidad no tiene que ver contigo; además, nunca estamos realmente en una posición clara para juzgar. ¿Cómo saber qué es lo mejor para otros y para nosotros? Cuando muchas veces estamos impulsados por deseos del ego, ¿cómo saber si a nivel más profundo esta vivencia no inició una evolución y lecciones importantes?

¿Cómo plantearte realmente qué es un éxito o un fracaso?

Si lo vemos desde la postura de la personalidad, los éxitos se evalúan desde el mundo de las ilusiones del ego. Como un espacio vive en nuestra mente, nuestras evaluaciones serán a partir de lo que nos han invitado a creer. Al reconocer esto, podremos aceptar todo lo que hemos vivido y lo que viven otros, sin etiquetarlo, porque al final cada vivencia nos invita a despertar y a sanar en el nivel más profundo para encontrarnos con la paz. El éxito o el fracaso son interpretaciones de la mente egoica, pero en la mente clara cada momento que despertamos a la riqueza del presente es el mayor "éxito".

LOS 12 PASOS DE LIBERACIÓN

En este capítulo exploraremos 12 pasos para poner en práctica lo que hemos experimentado al leer este libro. Dichos pasos son fundamentales para mover nuestra energía a una nueva dirección con el fin de liberarnos de nuestras aparentes y profundas vergüenzas, culpas y ansiedades:

Paso 1: reconocer si en cierto momento no estamos viviendo en nuestro poder

Lo primero es admitir que nuestra vida puede estar gobernada por limitaciones de nuestra ceguera y después existen dos opciones. La primera es dejar que el dolor sea tan abrumador que sientes que no tienes salida y, por lo tanto, te rindes a la queja, sin mayor transformación, o puedes tomar el dolor y convertirlo en un recurso para salir de donde estás. Al rendirnos ante él, verlo de frente y entenderlo como un facilitador logramos dejarlo ir, un pensamiento a la vez. Así se tiene la posibilidad de volver a nuestro poder, pues la única manera de conquistar aquello que nos molesta es hacerlo por medio de ello. De ese modo podemos indagar en el mensaje del dolor y restar su fuerza. De esta forma conquistamos el gozo que se encontraba bloqueado; por ello, acepta y reconoce que el malestar nos ayuda a exponer el sufrimiento, la pena, la soledad y la vergüenza que hemos decidido creer, crear y cuidar. Al aceptar y amar nos vemos con los ojos de los demás y bajamos la guardia. Al sentirnos aceptados, con todo y lo que nos duele, cambiamos juicio por compasión y gentileza, al considerar que importa lo que sentimos. Así nos aprobamos.

Paso 2

El paso dos consiste en creer que existe un Poder Superior, al puedes llamar Dios, Amor, Energía…, lo que haga sentido para ti. Esto sucede cuando sabemos que algo es más grande que nosotros y que formamos parte de un orden que no necesariamente entendemos, pero que apoya nuestra salud espiritual. En este paso aceptamos que dicho Poder Superior nos sanará si se lo permitimos. Por lo tanto, decidimos hacer una relación activa con él, conversar, orar, pedir guía, etc., pues sabemos que contamos con un socio mayor y que no estamos solos en ningún momento.

Muchas almas están buscando una respuesta a todo el caos y la confusión del mundo en este tiempo. Día a día parece que empeora, pero no temas, pues las cosas tendrán que empeorar antes de mejorar. Un furúnculo llega a su punto máximo antes de reventar, y cuando eso sucede toda la infección sale y se limpia. Las cosas han de llegar a un punto crítico en el mundo antes de desaparecer los venenos del odio, la codicia, la envidia y el egoísmo y de que pueda haber la curación. Te necesito con perfecta paz interior, la cual encontrarás a medida que tengas tu mente establecida en Mí y podrás elevar tu conciencia si ves sólo lo mejor. No podrás ayudar a la situación del mundo si te dejas involucrar en ella. Tienes que quedar inmune a la enfermedad mental o de otra manera también la contraerás y entonces no podrás ayudar de forma alguna. Necesito tu ayuda, te necesito libre y perfectamente en paz. Entonces podré usarte.

La voz interior, Eileen Caddy

Paso 3

Este paso consiste en poner tu voluntad y tu vida *en el cuidado* del Poder Superior. Creer que Dios es el poder superior es tan válido como pensar que un árbol es el Poder Superior. La restauración de nuestra conexión con algo más grande que nosotros tiene poderes extremadamente curativos para sanar la confusión interna.

Cuando una persona deja que su vida sea guiada por la vergüenza, es muy fácil que se convierta en experto en ocultar lo que cree son sus errores. Mediante el perfeccionismo, el control, la culpa, culpar, criticar, despreciar, etc., es vivir apegado a la voluntad del ego, lo cual genera un desbalance espiritual. Por esta razón es importante fortalecer nuestra conexión con el Poder Superior y poner nuestra vida y voluntad en *su cuidado*.

Estos tres primeros pasos restauran la relación entre nosotros y la fuente de la vida. Al permitirnos soltar, mostramos fe en un orden más grande que nosotros, lo cual nos regresa a la cordura, al tomar la decisión de ponernos sincronía con campos de energía que no vemos, pero que tienen una influencia determinante en nuestra vida, así como mantenemos nuestra humanidad fundamental.

> *Puedes ayudar a traer mi cielo a la tierra cuando te das cuenta de que yo estoy conduciéndote y mostrándote el camino. Encontrarás todas las indicaciones en lo profundo de tu ser, por lo cual no puedes desviarte o tomar la ruta equivocada. Busca en tu interior, sigue esas indicaciones y contempla cómo sucede una maravilla tras otra. Jamás puede haber un momento aburrido cuando te guío y te dirijo. Búscame y encuéntrame en todo momento. No has de buscar muy lejos, porque estoy en medio de ti, pero tienes que estar plenamente consciente de mí. Cuando vives, te mueves y tienes tu ser en mí, estás creando el nuevo cielo y la nueva tierra. No hay tensión en la creación. Dije: "Que haya Luz" y hubo Luz. Digo: "Contempla Mi nuevo cielo y mi nueva tierra". Por tanto, contémplalos, da eternas gracias por ellos y mora ahí en amor, paz y armonía perfectas ahora.*
>
> *La voz interior*, EILEEN CADDY

Paso 4

Este paso consiste en hacer un inventario de nosotros. En este paso empezamos a reconstruir nuestra relación y la que tenemos con la gente de nuestro entorno. Nuestras defensas creadas por la vergüenza nos detenían de ser honestos. Irónicamente, estas protecciones también nos mantenían de vernos a nosotros. Cuando nuestra vida se rige por vergüenza, ésta no nos permite ser quienes realmente somos ante nosotros y ante los demás.

Al restaurar nuestra relación de confianza con el Poder Superior y al compartir nuestra vulnerabilidad con un grupo, logramos reconstruir una relación con nosotros. Tener a un consejero o a un grupo puede ayudarnos mucho a liderar con lo que debemos soltar. Nuestro consejero puede convertirse en nuestro modelo a seguir pero es importante que él también esté comprometido con su despertar.

Dicho paso nos ayuda a darnos cuenta de que la vergüenza es uno de los orígenes, si no el único, a nuestras autocríticas. Una vez que soltamos podemos ver que "cometer errores" o "fallar" es sólo una manera de interpretar algo que vivimos desde el punto de vista del ego. Así, lo que desde una perspectiva miope es un error, desde otra óptica puede ser parte de nuestro camino para aprender y es sólo una experiencia.

Este paso nos permite tomar responsabilidad total, pero también nos ayuda a darnos cuenta de que la vergüenza está basada en nuestras creencias; por lo tanto, no es real *en nosotros*. En dicho paso empezamos la transformación de la vergüenza a la liberación y le entregamos al Ser Superior cualquier creencia o pensamiento que nos aleje de ver nuestra grandeza y amor.

Paso 5

Este paso consiste en dejar de escondernos: hablamos con otros de nuestras creencias de vergüenza y aceptamos los sentimientos de culpa que hemos cargado con el fin de liberarlos, la culpa hacia nosotros, hacia otros y hacia el Poder Superior. Este paso nos ayuda a ver lo que ha provocado creer en la vergüenza y nos damos cuenta de que muchas de las cosas que hicimos fueron en función de defendernos de ella. Al admitirlo y hablarlo, dejamos ir lo que nos comía por dentro. En este paso hacemos algo diferente que revele nuestra liberación. Nos exponemos.

Paso 6

Este paso es un acto de fe y esperanza, porque nos sentimos mucho mejor acerca de nosotros. Finalmente, podemos ver que somos parte de algo, por lo cual podemos elegir la paz. Sabemos que si necesitamos ayuda pedimos por ella, pues, al ser capaces de pedir, sabemos que hay otras posibilidades, transformación y esperanza, así como entendemos que no estamos solos y que merecemos liberarnos de lo que nos ata.

Paso 7

Admitimos que estamos conectados con otros y que las relaciones basadas en amor fomentan lo mejor de nosotros. Así, podemos crecer, cambiar y florecer. Una persona que se siente a la altura quiere admitir si no se ha portado con integridad en una relación y trata de sanar lo más posible, mientras que una persona avergonzada quiere ser castigada por sus "errores" y sigue creyendo que el pecado es real. Por lo tanto, el castigo constituye una opción para su vida.

Los pasos 5, 6 y 7 restauran nuestras almas/nuestro ser interior. Nos aceptamos de tal manera que nos permitimos hablar de nuestras creencias y acciones basadas en la vergüenza.

Tenemos fe en nosotros, pedimos perdón y nos perdonamos de manera radical.

Paso 8

En este paso hacemos una lista de las personas que creemos que ofendimos y/o lastimamos o creemos que nos lastimaron. Después de todo lo que hemos crecido, estamos listos para reparar. En este punto es importante que salgas de la idea de ser víctima de algo o alguien. Haz una lista de personas con quienes sientas un mal sabor de boca, habla con ellas, pídeles perdón si es necesario, abrázalas o escríbeles una carta. Asimismo, libéralas de tu mente, de tal modo que no exista una sola persona en tu mundo que sea el "malo". Recupera tu energía por medio de soltar tus historias con todo y sus personajes: que no haya un solo pretexto en ti para que tu mente pueda volver al pasado y llevarte a sufrir solamente por recordar.

Paso 9

Al dejar ir la vergüenza, nos admitimos la posibilidad de tener relaciones honestas: creamos relaciones sanas con personas que están en el mismo lugar de aceptación que nosotros y formamos conexiones genuinas y profundas. Otra razón por la cual sucede esto es porque estamos condicionados a buscar relaciones en las que juguemos con las mismas reglas. En tales pasos entendemos que las emociones son producto de los pensamientos y que al identificarnos con ellas reaccionamos al mundo de las ilusiones mentales. Así, la paz se vuelve el claro ejemplo de que ahora nos alineamos a la Verdad, y deseamos lo que el universo nos provee en cada momento.

Paso 10

En este paso mantenemos un vínculo sólido con nosotros y nos convertimos en nuestro observador. Cultivamos una relación activa con nuestro verdadero ser al meditar, caminar, leer, amar etc. Al estar en contacto con el amor dentro de nosotros, podemos aceptarnos; además, somos capaces de admitir y reconocer nuestra humanidad y nuestras cegueras. En consecuencia, abrazamos y admitimos nuestra flexibilidad como una forma de vivir en salud.

Paso 11

Este paso fortalece la relación que tienes con el Poder Superior. En los primeros pasos probablemente te sentías enojado o estabas en una posición de víctima ante tu Poder Superior; sin embargo, ahora estableces una relación basada en amor y respeto y te das cuenta de que eres parte intrínseca de él.

Paso 12

Este paso es muy importante, pues en él compartimos nuestros conocimientos, nuestras distinciones y nuestro despertar espiritual con otros. Es trascendental que lo enseñemos y lo practiquemos, además de ser el momento de convertirnos en modelos por seguir (desde la humildad) y ofrecer todo el amor que podamos dar.

ACOSTUMBRÉMONOS A SENTIRNOS BIEN

El amor, la alegría pura o el éxtasis son niveles de energía tan poderosos que en cuanto los experimentamos nos llenan la vida. El objetivo es permitir que bañen cada momento y

conforme nos va pareciendo natural vivir en un estado de pla-
cidez, el temor se va desvaneciendo. Humildad, perdón claridad y amor son los regalos del espíritu, por lo cual tómalos
y florece. Con ello te darás uno de los mayores regalos que
tiene para ti el universo: vivir con el corazón abierto.

LA VISIÓN QUE DA ALAS
Conclusión

Liberar es desplegar las alas para volar.
Marisa G.

CANTO A LA LIBERTAD

*La liberación ocurre en tiempo presente cuando abrazas lo que
fuiste y evaporas de tu mente los hubieras que no existen.*

*Liberar es reconocer la vulnerabilidad como la madre de
tus fortalezas, un manantial del que se derivan todas las respuestas.*

*Lo que has hecho no es bueno ni malo, sino únicamente
aprendizaje, y aprender no debe avergonzar, porque es lo que
abre caminos para evolucionar.*

*Tú no eres un ser tonto, sucio, indigno o malo (eso tienes que
recordarlo). El humor te traerá paz cuando puedas verte con la
inocencia de un niño que no reconoce el mal.*

*Entonces entenderás que todo aquello de lo que te sentiste
culpable fue parte del trayecto para reencontrarte. Ya no te re-
criminarás, sino verás que detrás de cada acción hay un propósito mayor, un llamado a la libertad y la expansión de amor.*

A estas alturas del libro verás muy claro que los conceptos que desde la visión del ego se han clasificado como culpa, vergüenza y ansiedad son cadenas energéticas que te impiden volar. Para liberarte te proponemos dejar de verlos con terror y entender que en un sentido útil sólo te sirven como una especie de cubeta de agua fría que te avisa que necesitas despertar de un sueño o pesadilla que tu mente de ego ideó.

Dichos conceptos en el amor no existen, pues son palabras que el hombre inventó. Así, como son un invento, puedes decidir si quieres quedarte con ellas o si quieres transformarlas. Si se actúa desde el amor, no se puede experimentar arrepentimiento, porque no existen pensamientos en contraposición. Nuestro espíritu no nos pide que seamos perfectos, pues a nivel espiritual ya lo somos, sino únicamente nos llama a reconocer la verdad y a quitarnos la venda de juicios que nos impide amar.

Lo único que te tiene aprisionado es tu necedad, así como los conflictos que generaste en tu mente y que no existen en ningún otro lugar. Cuando no los veas dentro de ti y cuando dejes de identificarte con ellos, jamás los podrás experimentar y serás libre para volar. ¿Qué esperas? ¡Libérate! Es tu decisión.

Capítulo 8
Cómo integrar lo que rechazamos.
Soltar el enojo

En una mente en la cual el miedo se ha convertido en enojo, es un reto dejar de renegar acerca de situaciones vividas; además, es un estado en el que crees haber sido atacado, lo cual genera que ataques de nuevo. Cuando asumimos que la culpa la tiene el otro, nos sentimos con derecho a reaccionar y no nos damos cuenta o no aceptamos el daño que causamos. Esto se puede volver un ciclo de ataque y defensa.

Para encontrar tu paz en situaciones como ésas tienes que recordar que no eres tu cuerpo físico, ni tu cuerpo emocional. Tu verdadero ser es tu cuerpo espiritual, desde el cual siempre puedes actuar, pensar y sentir desde el Amor. Byron Katie dice que el primer acto de guerra es la defensa, no el ataque.

Cuando rechazamos algo ya sea dentro o fuera de nosotros (algo que percibimos como malo o negativo) damos el giro a una conversación del ego (miedo).

Para integrarnos nuevamente, primero debes identificar lo que sucede en realidad. A veces no somos capaces de distinguir cuando el ego se apoderó de nuestra percepción, en cuyo caso echamos a andar la proyección, lo cual nos produce enojo porque pensamos que otros tienen el decir en nuestra felicidad. Comenzamos a necesitar que otros cambien o hagan algo para recuperarla, lo que por lógica nos produce sufrimiento;

sin embargo, no reconocemos que la frustración es sólo con nosotros, por muchas razones:

a) Nuestro bienestar está colocado en el exterior y hemos creado esta distorsión.

b) Estamos en un punto ciego: se siente el dolor, pero no reconocemos que sanaremos en cuanto liberemos la proyección y podamos ver y transformar lo que se cree que está afuera. Mientras sigamos proyectando, viviremos en un callejón sin salida. Como el mundo exterior existe sólo en mi percepción, cambiar una ilusión por otra no me dará alivio, sino reconocer que la solución está en mi mente.

c) Debajo del enojo probablemente hay algo más profundo sin relación con el enfado presente, y llegar a ese punto de sanación es la prioridad.

Por ejemplo, probablemente tenemos un hecho no resuelto con nuestro padre. Llevamos años reprimiéndolo y hoy en día nos sentimos crónicamente enojados con nuestra pareja, a lo mejor ese enojo que ni siquiera le pertenece a la pareja, es un dolor de la infancia que sale a la superficie de esta manera.

Lo que no soltamos y sanamos puede aparentar estar solucionado pero cada vez que se presente una "crisis" para nosotros, todos los pensamientos irresueltos que cargamos salen a la luz pasa ser vistos y trascendidos. Al reprimirlos o proyectarlos extendemos nuestra culpa y vivimos dormidos.

Cuando el ego está activo y nos tiene bloqueadas las salidas, la única forma de salir de esta conversación es con la ayuda del amor. En el momento que identificamos que solamente existe un problema (el rechazo al momento presente por medio de mi pensamiento o creencia), nos damos cuenta que el verdadero dilema es la conversación egoística que traemos dentro. Por ejemplo, si crecemos creyendo que nuestra personalidad define quiénes somos y nos fijamos en lo que debería ser o el rol que debemos desempeñar y por alguna razón esto se ve amenazado, el ego empieza una lucha interna que no permite replantearnos, aprovecha esto para atacarnos y para atacar a otros y no nos facilita sentir en paz. Esto sucede cuando rechazas la realidad, o quién eres o tu físico. Lo que atacas de ti vas a juzgarlo en el mundo y, por lo tanto, vas a ver un mundo de rechazo.

Sin darnos cuenta de que nuestro único problema es el ego y la conversación de separación que sucede en nuestra mente, la solución es extender amor donde hay miedo. En consecuencia, debemos recordar constantemente que nuestro problema es *uno* en todo momento, el cual consiste en lo que pensamos acerca de lo que vivimos; por ende, la forma de solucionarlo es alinearnos a la armonía de este momento en pensamiento, palabra y acción. De este modo, soltamos los puños para relajarnos y encontrar serenidad, pero sobre todo para vivir el momento desde la verdad, a fin de encontrar reconexión

La falta de unión y amor por uno mismo desarrolla un pensamiento a la vez y así construimos narrativas que nos alejan de la paz.

Cuando aparentemente estés furioso con otra persona pregúntate: si este enojo en realidad es conmigo, ¿cuál es el verdadero motivo?, ¿hay miedo o dolor debajo del enojo? y ¿qué está sucediendo en ti en el nivel más profundo?

ENOJO Y SUFRIMIENTO

La mayoría de la gente que sufre de vergüenza tóxica carga también con profundo enojo y no sabe cómo expresar lo que sienten. Cuando sentimos que hemos sido lastimados y cargamos dolor, normalmente no sabemos cómo manejarlo. En vez de hacernos responsables de nuestras emociones, manipulamos a otros con comentarios como los siguientes:

- "No sabes lo mucho que me lastimaste por portarte así".
- "No sé si pueda perdonarte, pues me heriste demasiado".

Nuestro sufrimiento se convierte en manipulación. Lo usamos para "controlar" a otros y tenerlos bajo nuestro mando porque creemos que dependemos de ellos para liberarnos. En las relaciones sanas, ambas partes pueden aceptar la responsabilidad de lo que les pertenece, lo cual quiere decir que cuando decidimos, perdonar, soltar y movernos a otro lugar emocional, verdaderamente dejamos ir. No cargamos con el reclamo de manera permanente o lo usaremos cuando lo creamos conveniente. Tampoco nos relacionamos en el presente con lo que vivimos en el pasado; por ejemplo, si nuestra pareja se relaciona con otro a nivel sentimental o íntimo o sucede una falta de confianza en la oficina, en cuyo caso tenemos muchas opciones frente a estos escenarios:

a) **Desde la víctima y la vergüenza/miedo:** ¿por qué a mí?, ¿por qué me dejaste?, ¿por qué me siento así?, ¿por qué hiciste eso?, ¿por qué no cambias?, ¿por qué eres así?, etc. La pregunta favorita del ego es: ¿por qué? El ego quie-

re encontrar una razón a todo y aferrarse a ella para vol-
verla su sentido de vida. El porqué te lleva a una historia.

b) **Amor y confianza:** en realidad, todo está más allá de
nuestra miopía personal. Puedes imaginar si hoy estuvieras dispuesto a vivir en vez a pelear lo que sucede.
La vida misma nos enseña la comprensión, no nuestras
ideas, lo cual surge con la paz cuando aprendemos a vivir desde el corazón. Así nos alejamos del miedo: aunque
no lo entendamos de manera racional, no es personal.

CÓMO INTEGRAR TU SER

Es momento de descubrir tu ser auténtico. En lo más profundo de nuestro corazón sabemos exactamente quiénes somos,
y estamos conscientes de nuestro ser o esencia y de nuestra
subpersonalidad. Si cierras los ojos y respiras profundo, habrá
un estado de conciencia que te observará pensando, hablando
y actuando.

Dicho observador se da cuenta de lo que te dices y sientes; sin embargo, sobrepuesto a ello están las emociones y las
conversaciones e historias que nos llevan a reaccionar, porque
esto no es lo que somos. ¿Te das cuenta de que una parte de
ti observa lo que sientes, lo que piensas y cómo actúas? En
yoga lo llaman *purusha*: el estado puro de conciencia del ser
humano.

Una vez que logramos ver y experimentar un mayor grado
de conciencia, la conexión de amor con nosotros es natural.
Elegimos cuáles pensamientos o narrativas nos convienen,
pues no existen pensamientos neutros: son de amor o de miedo y crearán una realidad temporal si los creemos.

Cuando minimizamos nuestra atención al mundo del pensamiento y al dejar de proyectar nuestra percepción experimentamos unidad, *las experiencias se convierten en vivencias del corazón*. Sólo así podremos ser una ayuda real para nosotros y otros: es experimentar verdadera empatía.

Usamos mecanismos de defensa como la negación y la proyección para mantenernos "a salvo", pero la realidad es que nos roban la oportunidad de realmente vivir y aprender. Las defensas son nuestro recurso secreto cuando la verdad, o el amor o la vida amenazan lo que preferimos creer de nosotros o de otros. Sin embargo, estas defensas nos duermen y no resuelven ningún dilema a nivel más profundo.

Atacar la inconsciencia es innecesario. Lo mejor que podemos hacer para remediarla es leer, practicar, educarnos, trabajar en sesiones personales y conectarnos con la fuente del Amor. Para ver con claridad y encontrar paz debemos dejar de inventar un mundo de mejor, sino crear un presente consciente, así como encontrar la forma de respirar, de tranquilizarnos, de quedarnos quietos y de escuchar: volvernos uno con la vida, volvernos la vida misma.

Dejar ir el resentimiento, el enojo y la frustración es darnos cuenta de que esto radica en la mente y tiene relación con el pasado, por lo cual no es real. Sólo si aprendemos que todo el sufrimiento es una elección y ahora es una ilusión, optaremos por una vida de imágenes mentales. Ahora son recuerdos que traemos al presente. Elijamos en este momento aprender de tal dolor y decidir soltarlo.

Un obstáculo común es la arrogancia, la cual nos coloca en una postura en la que nos sentimos superiores a la vida, se convierte en la negación del amor porque éste comparte, y cuando queremos imponer nuestras posturas y opiniones, nos cerramos a la alternativa de hacernos uno con la vida. Creemos que lo pensado es "la verdad" ante lo que es. Si bien lo que pensamos no es verdad, cuando lo crees se convierte en "tu realidad", de modo que mientras esto perdure en tu mente deberás recordar:

> Si quieres vivir en lo vasto, lo ilimitado, deberás contemplar con los ojos del alma.

Si permites que el pensamiento temporal te ocupe, vivirás en la limitación del tiempo mental. Como siempre, tu elección estará determinada por lo que valores. El tiempo y la eternidad no pueden ser ambos reales porque se contradicen entre sí. Sólo con que aceptes lo atemporal como lo único real, empezarás a entender lo que es la eternidad y al hacerla tuya soltarás lo que crea limitación.

Al vivir al tope de ideas, posturas, reclamos y pensamientos que creemos llenan a la persona que somos, vivimos saturados y nada nuevo puede entrar en nosotros. Al no vivir en juicios y al soltar el pasado, el futuro y el significado de las cosas, creamos espacio en nosotros que es tomado por la paz y el amor.

La mayoría de personas creen que el tiempo pasa, cuando en realidad se queda siempre en presente. El concepto de algo que es pasajero se puede llamar tiempo y, sin embargo, es una idea incorrecta; pues, como sólo lo percibimos así, no somos capaces de entender que permanecemos justo donde el tiempo está en todo momento.

DOGEM ZENJI, maestro zen japonés

LA VISIÓN QUE DA *ALAS*
Conclusión

*Rechazar es enfatizar, fortalecer
y dar aparente realidad a aquello que
te desagrada y quieres eliminar.*
Marisa G.

Nada que haya sido rechazado se ha eliminado. El rechazo es resistencia que genera oposición, pero —por extraño que parezca— energéticamente se lee como un pedido al cosmos que dice: "Quiero más de esto que me disgusta".

Desde la Antigüedad, por distintos motivos (culturales, sociales o morales) muchos de los aspectos del ser humano fueron reprimidos, lo cual solidificó la idea de lo correcto o incorrecto. Se reprimieron al ser catalogados como aspectos negativos.

Para experimentar el proceso de liberación es necesario el autoconocimiento, pero ¿cómo llegar a él si durante años hemos rechazado varios de nuestros aspectos al no entender su propósito útil?

Hemos condenado al enojo al calificarlo como depredador cuando —visto desde una perspectiva funcional— el enojo, la ira, el coraje o como queramos llamarlos es la energía que nos permite poner límites sanos y firmes para crear condiciones de bienestar.

Hemos reprimido el deseo sexual al señalarlo como algo pecaminoso y al dar a la castidad un valor casi de medalla. Las relaciones sexuales, además de tener el fin de procrear, son también relaciones de conexión; pero negar un aspecto humano refuerza la existencia de excesos.

Hemos huido a la soledad, porque pensamos que estar solo es un estigma social; así, nos hemos llenado de situaciones, de vicios, de relaciones adictivas por miedo a no ser queridos; pero la soledad ni siquiera es real, menos cuando uno se acompaña y se sabe parte de todo lo que existe.

La sensibilidad también se ha visto como muestra de debilidad y mucha gente no se ha permitido amar por miedo a la vulnerabilidad. Realmente la sensibilidad es un muy útil para empatizar, sociabilizar y por supuesto crear.

Toda la información que hasta ahora hemos reprimido se encuentra en el inconsciente, una especie de mar que en sus profundidades alberga fantasmagóricos naufragios de información de dolor y rechazo, pero seguir almacenando vivencias con etiquetas de herida no nos permite salir de la posición de víctima.

VIAJE A LAS PROFUNDIDADES

Si ya no quieres ahogarte en tu oleaje emocional, te sugiero nadar y sumergirte para explorar en tu mar de oscuridad, pues sólo así podrás transmutarlo en paz. Recuerda la frase: "Quien mira hacía adentro despierta".

Imagina que has buceado hasta lo más profundo de ti. ¿Qué hay ahí?, ¿cómo está tu niñ@ interior?, ¿hay heridas, miedos, vergüenza, soledad o dolor?, ¿qué necesitas para sanar?, ¿cómo puedes integrar de manera amorosa y sabia esa información? y ¿cómo puedes hoy abrazar lo que eres?

Selecciona las vivencias que consideres que más te han marcado emocionalmente. A continuación escribe tres recursos que hayas adqurido de esas situaciones que antes calificaste tristes o difíciles. ¿Cómo describirías dichas vivencias si ya no las rechazaras?

1. _____
2. _____
3. _____

Para integrar necesitamos aceptar. Si hoy pudieras reconocer que todo lo que te molesta se relaciona contigo, darías un gran paso de transformación y al hacerlo moverías tu perspectiva de una postura de juicio a una de curiosidad y responsabilidad. Las circunstancias y las personas son reflejos de nuestro mundo interior, por lo cual son una forma de llevarnos a trascender aquella información que nos hemos negado a ver.

Tengo una clienta que quiso participar como ejemplo de este capítulo. Vino a sesión porque (cito sus palabras) no soportaba al novio de su hija, le caía verdaderamente muy mal. Parecía que cuanto más le decía a su hija que lo dejara, la chica se enamoraba más. Le daba la impresión de que era un manipulador que quería sacar provecho de su hija. Trabajamos una metodología que le permitió ver la proyección:

«Yo manipulo a mi hija para que termine la relación y me manipulo con pensamientos de desconfianza acerca del muchacho en cuestión.»

Ello la hizo consciente y le permitió integrar lo que rechazaba. Descubrió que el joven le recordaba a una persona no grata, a tal grado que pudo separar y limpiar la percepción; además, se pidió a sí misma mantenerse al margen de la relación de su hija. Por otra parte, descubrió que la energía que en múltiples ocasiones había usado para manipular desde la necesidad, hoy podía integrarla como un recurso de negociación y fue así como se liberó y los liberó.

La integración es también una invitación a practicar la conducta opuesta a la que estamos acostumbrados, lo cual significa que si vivimos en enojo, esa emoción buscará invitarnos a la trasformación por medio de practicar la compasión. Si vivimos en queja, necesitaremos practicar la aceptación. ¿Cómo?: centrando la atención en lo que nos nutre, para conectarnos con la grandeza del ser que sólo nos aporta respuestas que nos abren nuevas puertas.

Capítulo 9
Libertad emocional es salir del trance de no ser suficiente

Resulta interesante observar la vida cuando nos percatamos de que el mundo es un espejo de nuestro interior y que sólo interpretamos eventos e interacciones que no tienen un significado inherente. Todo lo que existe en el entorno es experimentado de manera diferente por cada ser humano. Por ello, el mundo exterior es un plano vivo al que le proyectamos nuestras múltiples visiones del mundo. En ese sentido, tanto ideas como seres humanos existimos, lo cual evidencia lo siguiente: creamos las creencias y finalmente la realidad para cada uno y sumamos esto a la realidad de lo que creemos ser. En consecuencia, todo lo que decimos que está fuera (aparte de lo tocado, visto, escuchado, olido o saboreado) es una distinción que creamos. Una persona puede tener la distinción de que la vida es hermosa y otra vivir con la idea de que la vida es sufrimiento e injusticia.

Las creencias que surgen de nuestras distinciones pueden limitarnos como sigue: si un niño sintió que su padre fue poco amoroso y hasta agresivo, que su madre —según su manera de ver— atendía más a sus hermanos pequeños y que por ello sus necesidades no fueron satisfechas, probablemente se miró a sí mismo como desatendido e ignorado. Con seguridad en un momento dado se dijo: "No soy suficiente", ya que, si lo fuera, mis padres hubieran estado cerca y habrían satisfecho mis necesidades".

Lo interesante es que los padres actuaban en función de lo que podían dar según sus propios miedos, limitaciones emocionales, acontecimientos de su vida y su visión del mundo. Sin embargo, él vio una y otra vez: "Para ellos no soy suficiente", o sea, *no vio sus actos sin significado*.

Si de adultos llegamos a una sesión MMK con la sensación de: "No soy suficiente", seguramente usaremos los actos y circunstancias de nuestros padres y luego las de otros seres humanos o eventos de nuestra vida, para reforzar esta creencia en nosotros y crear una identidad: "No soy suficiente", ni soy importante, pues si lo fuera, nada de esto hubiera pasado" Una y otra vez con las interacciones de la infancia reforzamos nuestras creencias, porque lo hecho por otros para nosotros tiene denominado ese significado que creemos nos define.

Una vez que nos autoengañamos como no suficientes, se activa la necesidad de "tener la razón" y queremos fortalecer en cada interacción esta creencia como verdad. Por ejemplo si terminamos una relación, puede haber un infinito de razones, pero nuestra mente va de inmediato a la conversación: al decir "es porque no soy suficiente" buscamos evidencias que —según nosotros— sostienen este argumento, y poco a poco nos perdemos en un mundo creado por lo que nos decimos.

Con esa creencia salimos al mundo y el reto es: "¿Cómo voy a sobrevivir en un mundo si no soy suficiente, ni importante?"

ESTRATEGIAS DE SOBREVIVENCIA

Desarrollamos estrategias de supervivencia para lidiar con la ansiedad causada por las creencias limitantes acerca de nosotros, esto es: repetir y crear creencias y acciones que nos hacen sentir bien acerca de la persona que creemos ser. Por ejemplo, si reconoces que eres un buen comerciante o si tienes la facilidad de hacer dinero, querrás aferrarte a esta identidad y salir al mundo a elaborar creencias frente a tu identidad como comerciante y estar en acción haciendo dinero, pues esto te hace sentir suficiente e importante.

Lo anterior es cierto sólo en la superficie. Si estás en acción con el fin de compensar que en el fondo no te sientes suficiente, no dejarás de hacer lo que llevas a cabo. En mi trabajo me doy cuenta de que muchos vivimos con estas creencias de carencia acerca de nosotros, aferrados a una identidad del ego que pensamos nos hacer sentir completos.

El amor por uno, por otros y por la vida debe alejarse de condiciones exteriores o de las circunstancias. En ese sentido, la autoaceptación es fundamental para tener una buena relación consigo mismo. Al amar exactamente quiénes somos nos permitimos deshacer el ego. Eres suficiente porque así naciste, no por lo que haces. No puedes ganar ni merecer autoestima por lo que haces separado de lo que eres.

Las creencias básicas se forman en la infancia; por ello, es importante mencionar y entender este tema, pues desempeña un rol fundamental en cómo construimos nuestro ser. Las creencias definen quiénes somos e influyen en la determinación de cómo lidiamos con el mundo; sin embargo, existimos realmente fuera de ellas en el lugar donde nos fundimos con la energía del todo.

El amor propio es el candidato más probable para una vacuna social, algo que nos da poder para vivir de manera responsable; además, nos libra contra las tentaciones del crimen, la violencia, el abuso en el consumo de sustancias, el abuso infantil, la dependencia del bienestar crónico y el fracaso escolar. La falta de amor es la causa de la mayoría de los males personales y sociales que plagan a nuestro entorno social.

Si somos los creadores de nuestras creencias, uno mismo hace las distinciones que se convierten en nuestra realidad. Es importante darnos cuenta de que las creencias sobre ti mismo son simplemente elecciones mentales. Al vivir con creencias limitantes o con las que nos alejan del amor propio, se hace una gran diferencia en cómo te creas ser. Así, en cada momento podemos volver al presente y eliminar cualquier creencia que no se alinee con nuestra grandeza.

OBSTÁCULOS MENTALES

Creencias de lo que pensamos que "debemos ser"

Cuando tomamos decisiones y emprendemos acciones que van de la mano del plan del ego, decidimos que hay una manera "correcta" de vivir. Pero la realidad es que también existe lo que tu verdadero ser desea y a lo mejor no concuerdan estos dos caminos. Obviamente, esto crea un dilema: para construir la vida que desea el ego, en muchas ocasiones tenemos que deshacernos de la paz. En otras palabras, nos autosaboteamos para "tomar la decisión" y hacer lo que el plan del ego dice, mas no lo que es realmente inspirador para nuestro verdadero Ser. Esto mantiene la percepción de separación del yo contra el mundo y nos deja con la necesidad de juzgar y poner en práctica creencias de limitación. Cada acción y necesidad vivida por el plan del ego nos causa malestar y fomenta un sentido de búsqueda que carece de fin.

Sistema de creencias

Juzgar algo es mantener la percepción de separación y esta última quiere decir que piensas que tienes el control de "tu realidad"; sin embargo, al juzgar que algo es bueno, te sientes bien. Por ejemplo, "logré mi meta" es un pensamiento que te hace sentir bienestar, pero cuando juzgas algo como malo, te conviertes en la víctima y en esta posición culpamos y sentimos decepción: es el juego que nos enseña el sistema social en el cual nunca se gana realmente. Placer y sufrimiento son dos caras de la misma moneda, las dos basadas en el temor, pues tanto el sufrimiento como el placer que provienen del ego y sus emociones no nos generan paz a nivel más profundo, sino sólo son una reacción al mundo de las ilusiones.

Cuando puedes ver el mundo sin calificar y darte cuenta de la Verdad que le das al significado de todo —y, por ende, nada te define—, entonces te vuelves libre. Ya no eres controlado por tu miedo, ni existe la posibilidad de no ser suficiente, sino sólo ser. En ese momento tu felicidad es genuina, no una creada mediante el mundo del sueño.

¿Estás dispuesto a volver a la inocencia de ti mismo y de este momento?

PAGAR PENITENCIAS

En el curso de milagros, el pecado se define simplemente como "falta de amor". Si tenemos otra definición, será posible que esta creencia cometa un pecado: te puede poner en un ciclo en el cual niegues "la falta de amor en ti" y busques esta falta en los demás. Al cuestionarnos podemos movernos de un modo de pensamiento arraigado en juicios, separación, drama e infelicidad –que se extiende en distintos ámbitos de nuestra vida.

Al ser fiel a la paz interrumpimos este patrón, lo cual quiere decir que somos capaces de darnos cuenta de cuándo actuamos o tomamos decisiones basadas en miedo, separación y crítica. Por ello, no existen fuerzas "malas" o "buenas", sino comportamientos funcionales o no funcionales, unos alimentados por temor y otros bañados por la comprensión.

Para la mayoría de nosotros, estar en silencio y conocernos a nosotros mismos es el propósito de nuestra vida, pero muchas veces resulta un reto, pues estamos constantemente en busca de distracciones y somos muy ciegos de nosotros. Muchos elegimos ser ignorantes acerca de quiénes somos, de lo que sentimos, opinamos de todo y no nos hacemos 100% responsables. Esta distracción difícilmente puede ser considerada una dicha. Al acercarte más a tu verdad, dejas ir a tu ego. Claramente, esto no le parece al ego, pues creará distracciones para que no trabajes en ti mismo y él pueda quedarse muy cómodo gobernando tu palabra, pensamientos y emociones para que veas la paz como una aspiración lejana. Cada vez que te des cuenta de haber tenido una distracción, como mirar tu teléfono, ver la televisión, participar en un chisme, etc., pregúntate lo siguiente:

- ¿Cuál es el fin de hacer esto?
- ¿Qué trato de ganar?
- ¿Qué intento evadir?

ELIGE TUS CREENCIAS

Tenemos la habilidad para elegir lo que creemos. Con el fin de ilustrar esta idea, cierra los ojos, imagina que tienes una manzana verde en tu mano, visualiza la manzana lo más real que puedas y utiliza tus cinco sentidos; tal vez hasta te encuentres cerrando los dedos de tus manos ligeramente como si estuvieras sosteniendo la manzana. Ahora cambia el color de la manzana de verde a roja: puedes ir de verde a rojo y de rojo a verde las veces que quieras. El simple hecho de que puedas cambiar el color de la manzana en cuantas ocasiones lo desees quiere decir que tienes el poder de cambiar tus creencias las veces que quieras.

Asimismo, tienes el poder de lo que decides creer acerca de ti; además, como todo lo que experimentas cambia de acuerdo con tu perspectiva, debes estar consciente a lo que le des preferencia y volver a usar tu poder cuando quieras. En otras palabras, si el pensamiento del ego "no soy suficiente" nace de un lugar de miedo, tendrás el poder de disolver este pensamiento y elegir el amor gentil y cariñosamente. Los milagros nacen de una mente que está lista para ellos. En el curso de milagros, éstos se definen como un cambio de perspectiva, del miedo al amor. No hay milagros grandes y/o milagros pequeños, pues todos son igualmente importantes y fáciles de conceder. Es decir, un gran "problema" o uno "cotidiano" no se califican según la diferencia de dificultad, sino que todos sanan por medio de lo que pensamos.

Ejercicio

- ¿Qué otro significado podrías dar a lo vivido en tu infancia para salir de la creencia "no soy suficiente"?
- ¿Cuál crees que es el punto de vista de tus padres, quienes vivían ellos? y ¿cuáles eran sus limitaciones?
- ¿Qué harías hoy diferente con tu vida si eligieras ya no dar poder a esa creencia?
- ¿De qué manera puedes cambiar tu perspectiva para crear un ambiente en el cual te sientas orgulloso de vivir?
- ¿De qué forma has contribuido a crear un ambiente en el cual no te gusta estar/vivir/trabajar?
- ¿Qué harías diferente si en el futuro debes vivir la misma experiencia o una que se le parezca?

SANACIÓN

Estamos acostumbrados a tratar los síntomas, a corregir, maquillar, filtrar o manipular lo que no nos agrada, pero existe una enorme diferencia entre tratar y sanar. Cuando sanamos removemos las bases de la condición y excavamos más profundo. ¿Buscamos qué emoción y/o declaración causa este dolor en el cuerpo físico y emocional? Es muy diferente prescribir medicamentos a tu paciente para regularle la presión que indagar el origen del enojo, la hostilidad y la represión en su mente que alteran su presión. Cuando sanamos algo, vamos un paso más allá y cambiamos desde la raíz. Soltar las creencias madre como: no soy suficiente, ni merecedor y/o importante o equivocarme resulta malo es sanar desde la raíz. Cuando reconocemos que no son verdad comenzamos a despertar, así reconocemos que ya no deseamos encajar y limitar la gracia de nuestro ser en creencias.

Entonces nos adueñamos de la llave de la alegría y tratamos a la vida con bondad, lo cual te incluye. Ten compasión por los demás, pero con mayor importancia tenla por ti mismo en todo momento. Abrázate, llora, acéptate y respira, para de huir de ti.

NO EXISTE EL PASADO EN EL PRESENTE

Los sabios dicen: "No sé cuál es el significado de nada e incluso de esto. Por lo tanto, no sé cómo reaccionar y no usaré mi pasado como mi guía para el ahora. Cada momento es nuevo, cada instante contigo y con otros es una nueva oportunidad".

Al usar nuestro pasado como nuestra guía tenemos que estar pendientes de no usar como guía a nuestro ego. El hecho de que tu paz esté en juego quiere decir que te encuentras en el territorio del ego. De tal manera que cuando aprendemos a decir: "No sé cuál es el significado de nada e incluso de esto", la idea es que decidamos no confiar en los juicios y así expandimos nuestra guía del presente. Será imposible escuchar la verdadera respuesta si crees que ya sabes todo. Las respuestas te las regala el momento presente cuando permites escuchar la sabiduría que vive inmersa en ti. Sólo en cada instante podemos entretejer la vida con lo mejor de nosotros.

¿QUÉ PASA EN EL MOMENTO SAGRADO?

Lo que pasa después de pedir un momento sagrado es… nada. La vida sigue, como si nada. La diferencia es que ya no estamos ansiosos pensando en el futuro o creando suposiciones o historias de lo que podría ocurrir, por ejemplo: "qué pasaría si…" También soltamos las ilusiones del pasado y vivimos abiertos a las sorpresas de la vida y en paz con el misterio de vivir. Al recibir cada instante reconocemos que, sin importar cuál sea la situación, la solución siempre será el perdón.

LA VISIÓN QUE DA ALAS
Conclusión

Eres potencial puro.

UN MUNDO SIN RUMBO

Un esclavo de la aceptación vive en el exterior, en espera de ser visto para no pasar desapercibido.

Busca ser reconocido sin haberse conocido.

Vive en un mundo sin rumbo, porque las decisiones que toma no provienen de su ser, sino de su necesidad de pertenecer.

Se confunde al pensar que manipular, convencer o chantajear son formas de comunicar.

Le importa en gran medida el qué dirán, pues se otorga valor mediante la opinión de los demás.

Es feliz si lo alaban e infeliz si no le llaman.

Pretende ser querido sin quererse a sí mismo.

Afortunadamente la esclavitud tiene liberación cuando se deja de buscar fuera lo que únicamente se encuentra en el interior.

Aceptarse es honrarse y liberarse del laberinto mental que te hace pensar que necesitas ser necesitado para ser querido, incluido o valorado.

CAMBIA EL TORTURADOR POR DEPURADOR

Quizá sientas que vives con un torturador mental que constantemente te visita para recordarte que no puedes ni mereces porque eres insuficiente. Es un muy buen momento para darte cuenta de que no quiere torturarte, sino ayudar a que elimines lo no funcional mediante un detox de pensamientos que aparece como limpieza mental.

No se trata de un torturador, sino de un depurador y los pensamientos no quieren fastidiarte, sino facilitarte, pasar para liberarte. Lo único que debes hacer es ver que si te invade el pensamiento de miedo o descalificación, lo hará como parte del proceso de depuración. Va a pasar las veces que sean necesarias hasta que puedas verlo y ya no te identifiques con él. Por ejemplo, si surge un pensamiento que diga: "No sirves para nada", debes verlo sin identificarte, como si fuera un aviso que dice: "Aquí estoy... voy a pasar para limpiarte porque yo pensamiento ya no correspondo a la persona que tu hoy has decidido ser". Así, dejarás de temer a tus pensamientos y entenderás que si lo eliges, serán oportunidades de organizar el armario mental.

a) Dejemos de creernos hormigas en un mundo de gigantes y conozcamos que la inteligencia infinita nos otorgó material para diseñar y cocrear. Nos dio un kit de nacimiento que incluye poder de atención y emoción, pero cada quien con su forma de percibir o interpretar decide si su kit es de supervivencia (miedo) o de vivir en excelencia (amor).

b) El poder de tu poder es algo que desconoces cuando crees que eres un personaje con un sexo, determinada profesión o un rol. En realidad, eres potencial puro; como ya te contamos en este libro, provienes del amor y de él surgen la armonía y todas las cosas verdaderas de la vida. Por esta razón, te invitamos al autoconocimiento porque es tu acceso a la libertad y por supuesto a tu fuerza vital.

LA VOZ DE TU SILENCIO

He viajado en el espacio para convertirme en letra y papel, no me has podido escuchar y me tendrás que leer.

Soy la voz de tu silencio y tu amiga incondicional; sé muy bien que estás perdido y te he venido a guiar.

No es casualidad que me tengas en tus manos; me has buscado y por fin me has encontrado.

Susurro entre tus pensamientos y mis señales son tus sentimientos.

Al atender mi susurro encontrarás lo mágico y divino.

Si te sientas con tranquilidad y acallas tus pensamientos, me escucharás tan claro que entenderás el secreto.

Soy el poder que está dentro de ti, de modo que todas tus preguntas son respuestas para mí.

Estás vivo aquí y ahora eres capaz de cualquier cosa.

Sólo tienes que escuchar el sonido de tu voz, la voz de tu silencio que nace en tu interior.

Sueno sin cesar, soy música para tus oídos y si me prestas atención bailarás conmigo.

Entonces sabrás diferenciar entre lo falso y lo verdadero.

No habrá más atención al temor y sí plena confianza en el universo.

Ahora ya me escuchas…

Capítulo 10
El valor de la vulnerabilidad

Vivimos en una sociedad en la cual la cara que ponemos al mundo de las ilusiones debe ser de éxito, realización, ciertas características físicas, ciertos estatus, logros, etc. La idea de exponer nuestra vulnerabilidad puede parecer algo completamente autodestructivo y peligroso, pero debemos entender que la llave para sanar la vergüenza consiste en tener la serenidad de mostrarnos como somos. Para dar pasos en esa dirección debemos trabajar en la aceptación como un proceso activo y tomar más allá de una decisión intelectual, que incluya nuestro corazón, mente y espíritu. Todo esto ha de ser un proceso que requiere tu poder, tu trabajo y, sobre todo, tu voluntad.

Vivir en autenticidad quiere decir vivir en evolución interior: nos damos cuenta de que somos un trabajo en proceso. La autenticidad requiere que nos conectemos con los profundos aspectos de nuestro ser y encontrar el silencio debajo de lo que ocurre en nuestra vida. Este camino no se encuentra en la vida externa, ni en lo material, sino en la sincronicidad de nuestra continua conexión entre nuestra mente, nuestro cuerpo y las experiencias que vivimos para nuestro aprendizaje. Para sentir este espacio dentro de nosotros, debemos aceptar la vulnerabilidad y estar dispuestos a ser honestos, a bajar la guardia, a escuchar y a pedir ayuda.

Estar consciente quiere decir vivir despiertos a todas las experiencias que tenemos, y saber que somos capaces de responder a la realidad que se manifiesta en cada momento. Nos entregamos y aceptamos lo que es.

Asimismo, estar conscientes quiere decir que aceptamos que la vida es. Tomamos la decisión consciente de fluir con la corriente, sin ninguna necesidad de controlarla o que sea distinta.

> Di en voz alta:
> "Veo el amor y la grandeza de cada momento".

Tememos a ser vulnerables y a entregarnos a nuestras emociones. Nos cuesta trabajo manejar sentimientos como rechazo, miedo, ansiedad, duda y tristeza. Nos da miedo exponernos y salir lastimados; por lo tanto, huimos de nuestras emociones y de la vida. Hacemos esto cuando las resistimos, evitamos/ ignoramos o proyectamos en personas o situaciones externas. Muchos recurrimos a internalizarlas por medio de cirugías plásticas, hacer dinero, nuestro cuerpo o tener una vida social activa, todo para escapar del sentir, así como para huir de ser vulnerables.

Sentir nuestras emociones y no reaccionar a ellas puede ser algo nuevo para ti; pero sentarnos con nuestras emociones quiere decir que debemos estar en soledad, lo cual puede ser un reto para algunos de nosotros. Estamos acostumbrados a tener un pensamiento, experimentar un sentimiento y reaccionar; por ejemplo, si nos sentimos ansiosos, a veces comemos o nos automedicamos. Si nos sentimos enojados, experimentamos la necesidad de explotar. Al principio quizá sientas que sentarte y observar tus emociones no tiene ningún sentido, pero si haces exactamente esto, las verdaderas lecciones de la conciencia se aprenderán. Al sentarnos y presenciar nuestras emociones y pensamientos, aprendemos a aceptarlos tal cuales son.

Al aprender a estar con tus emociones, éstas dejarán de abrumarte. Al rendirte ante ellas, lo cual es totalmente diverso de darte por vencido, podrás ver que el miedo simplemente es miedo. Cuando dejas de juzgarlo o de reaccionar se convierte en autoconocimiento.

Tu sabiduría crecerá al aceptar tus sentimientos, cualquiera que sea su naturaleza y podemos aprender a manejarlas y hacer que trasciendan. Por otra parte, sentir pena y la tendencia a desconectarnos o alejarnos de los demás es resultado de la vergüenza, lo cual nos quita la posibilidad de sentirnos bien con nosotros, pero sentir miedo a ser vulnerables nos roba la oportunidad de crecer y crear conexiones o acciones significativas.

La mayoría de nosotros evitamos provocar o vivir situaciones en nuestra vida en las que nos sintamos vulnerables (cuando creemos que podemos ser rechazados, lastimados o expuestos). Esto sucederá si asociamos la vulnerabilidad con la debilidad, en este caso nos alejaremos de ella lo más posible, lo cual fracturará nuestra vida y lo que quisiéramos experimentar en ella.

El dilema con la vulnerabilidad es que la vemos como algo malo cuando en realidad no lo es. La vulnerabilidad puede ser incómoda y nos reta a ser honestos y dar pasos importantes en territorios desconocidos, pero es justo el lugar donde nacen el gozo, la creatividad, el sentido de pertenencia y el amor, pero especialmente el florecimiento personal.

VULNERABILIDAD

Nuestra alma no es vulnerable, sino íntegra y su aplomo se lo da el amor. La vulnerabilidad en una persona se logra cuando la personalidad se alinea con el espíritu: es la capacidad de exponer quiénes somos y cómo somos, con sinceridad y un gran sentido de bravura, fuera de la creencia de la perfección, mostrando una gran capacidad de amarnos a nosotros por encima de todo. La vulnerabilidad te entrega a la vida sin la resistencia a un futuro o miedos mentales. Esto quiere decir que dejas a un lado a quien pensabas que debías ser, para realmente vivir.

Características

a) Las relaciones son nuestras grandes oportunidades para conocernos y trascender a partir de ellas. Cada relación que tenemos es única y nos muestra un camino para nuestro despertar. Estamos neurobiológicamente "cableados" para sentir y desear conexión a fin de sabernos unidos con uno, con otros y con el amor. No podemos conectarnos con otros cuando pretendemos *ser* por medio de logros u objetos materiales, ni tampoco si la base de nuestras relaciones es la competencia o la comparación. En este sentido, cabe señalar lo siguiente:

b) La vergüenza se entiende como un temor a la desconexión, así como un miedo a no ser lo suficientemente bueno para merecer una conexión (relación) con los demás.

  • La vergüenza rechaza la vulnerabilidad porque pide control y dominio; además, como nace del miedo no puede confiar, en tanto que ser vulnerable es soltar.

- La vergüenza generalmente ocurre debido a que no somos lo que creemos debemos ser, ya sea buenas personas, merecedores, inteligentes, etc. Vivimos con temor a ser descubiertos por nuestras fallas.

- Lo irónico es que para conectarnos con otros debemos ser vulnerables y dejarnos ver realmente, permitiendo que nuestro verdadero ser salga a la luz. Este miedo a que nos vean impide que la conexión se lleve a cabo en un nivel más profundo.

- A pesar de vivir en un mundo vulnerable, desvanecemos la vulnerabilidad al bloquear lo que sentimos. El problema es que no podemos selectivamente bloquear las emociones. Y si se adormecen las emociones negativas, también insensibilizamos la alegría, la gratitud y la felicidad.

- Muchas veces aletargamos las emociones mediante la adicción, el perfeccionismo o distractores como la televisión, los chismes, el ejercicio en exceso, etcétera.

> *La vulnerabilidad parece la verdad y se siente como coraje. Por ello, la verdad y el coraje no siempre resultan cómodos, pero nunca son debilidad.*
>
> BRENÉ BROWN

LA VISIÓN QUE DA ALAS
Conclusión

*La vulnerabilidad lleva a la humildad, que es
la antesala de la grandeza.*
MARISA G.

Hemos aprendido a huir de la vulnerabilidad como si fuera una amenaza; lo hemos hecho al buscar todas las respuestas, planear estrategias, "controlar" todos los flancos o de plano quedarnos paralizados para no tener que tocar lo que muchos entienden como debilidad. De esta manera, nos derrotamos antes de actuar y nos flagelamos por lo que pudo haber sido.

La vulnerabilidad no es una tirana despiadada, sino una parte natural que nos conecta y muestra aquello que queremos ocultar —es decir, nuestras limitaciones o inseguridades—, pero no lo hace para exponernos, sino para permitir liberarnos y fortalecernos.

Te cuento: el ego te hace creer que si controlas lo suficiente y vives con la máscara de "la perfección", nadie descubrirá que eres un impostor que aparenta ser valiente y capaz cuando en el fondo no sientes que ésa sea tu realidad. Dicha promesa del ego no sale bien, pues juega a ser un dios que no es. Entonces la vulnerabilidad se presenta para decirte: "No necesitas tener el control pues hay cosas que no te corresponden, de modo que debes soltar y aprender a confiar". La confianza es un acto de certeza que pareciera requerir valentía y firmeza. Por valentía me refiero a no perecer ante la voz del miedo, el cual te dice que si no tienes control estarás en peligro de extinción.

La inteligencia infinita viene a ocuparse de nosotros cuando admitimos que no lo sabemos todo y que sentimos miedo. Cuando entregamos al Poder Supremo (el cual cada quien puede llamarlo como mejor le parezca) todo aquello que desde nuestra visión de humanos mortales o ciudadanos de a pie no podemos entender, nos mostramos humildes y accedemos a la sabiduría interna que siempre se encuentra dispuesta a guiar.

Muchas veces me he sentido vulnerable. Cuando falleció mi hermano en un accidente automovilístico fue uno de esos momentos de sacudida, y aunque aparenté fortaleza no pude ocultar por mucho tiempo mi vulnerabilidad. Gracias a ella salieron a la luz muchos de mis miedos e incluso pude ver que en algún momento la ignorancia me hizo sentir vergüenza por lo ocurrido. La gente nos decía cosas como: "Es una desgracia" o "qué mala suerte que les tocó". Entiendo perfectamente a qué se refería la gente y sé que nadie dijo esto con ninguna mala intención; sin embargo, en lo personal quedarme con esa perspectiva me parecía de poca salud mental, pues fragmentaba la realidad, por ser una perspectiva que proviene de nuestra mente de ego, la cual sólo cree en lo que los ojos físicos ven. El ego vive en una conversación de ganancias y pérdidas y, culturalmente en el mundo de los humanos, muchos consideran que la muerte es una pérdida.

La vulnerabilidad me mostró en esa ocasión que ver la muerte de mi hermano como una pérdida era sólo una elección, pero que tenía otra opción: una de más sanación, la cual si lo decidía y quería, podía ver la situación con los ojos de la inteligencia espiritual para la que no existen desgracias, sino tiempos perfectos, vida eterna y conexión de amor infinita.

CONECTAR LOS EXTREMOS

Me llaman la atención las mañanas despejadas en las que incluso la Luna se deja ver, como diciendo: "Nunca me voy, sino eres tú quien no puede ver".

Sé de muy buena fuente que incluso en los momentos de tristeza profunda, la sonrisa busca la manera de hacer su visita, como una especie de mensajera que anuncia un llamado a la vida.

Me parece que la vulnerabilidad es el manantial del que emana la fortaleza y hay algo en mí que me hace saber con absoluta certeza que lo que no se ve no deja de existir.

La muerte es transformación que da paso a otra vida, pues lo eterno no cesa porque nunca termina.

El dolor es un aviso de que la mente interpreta que existe separación, pero la sanación aparece al cambiar la percepción, pues nada que se quiera puede separarse porque el amor es y será por siempre unión.

De las situaciones oscuras surgen enseñanzas y bendiciones ocultas, mientras que de las situaciones de alegría surgen recuerdos que se vuelven compañía.

Conectar los extremos es el comienzo para encontrar un punto medio, un camino de equilibrio que libera del miedo.

Capítulo 11
Atrévete a vivir:
Poder emocional y la libertad de amar.
La relación con el dinero, la sexualidad y
nuestro cuerpo

CUANDO EL PODER LO LLEVAMOS
A NUESTRAS EMOCIONES

El poder sumado a nuestras emociones nos da la cualidad de no reaccionar ante lo exterior desde maneras aprendidas, además de darnos la opción de elegir cómo respondemos ante lo que vivimos. Es el compromiso a ser felices a pesar de las adversidades que inevitablemente —en mayor o menor grado— todo el mundo experimenta. Es generar la energía necesaria para elevar nuestro nivel de conciencia hasta el punto que podamos trascender lo que vivimos simplemente por quienes somos frente a esto.

> El poder emocional es vivir un momento especialmente difícil y sentir en ese instante que un poder sereno parece llevarnos de la mano, sin angustia y con confianza.

Cuando no trabajamos en nuestro poder interior sucede lo contrario: En los momentos en que aparentemente las situaciones no son las más difíciles, nos hundimos en nuestro interior y parece que nos quedamos sin vitalidad y sin capacidad para salir de un hoyo negro. Y cuando la vida se complica para nosotros nos da la serenidad para seguir unidos al amor, y desde este espacio surgimos a la vida desde un estado de gracia que nos muestra la salida.

¿Es algo innato o aprendido el poder emocional?

Cabe decir que todos nacemos con un cuerpo emocional variante. El contexto en el cual crecemos favorece u obstruye nuestro desarrollo emocional, al grado de que existe una predisposición innata que se modula con las experiencias de la vida. Pero todos tenemos la posibilidad de aprender y desarrollar inteligencia emocional independientemente de lo que hayamos vivido. Cada persona puede gestionar su poder y aprender a conectarse con su sabiduría interior.

EJES PRINCIPALES QUE AYUDAN A TENER RESPUESTAS EMOCIONALMENTE VÁLIDAS FRENTE A LA VIDA

Personalidad resistente

Algunas personas responden mejor al estrés, por lo cual se relacionan con las situaciones con mayor habilidad. Esto apareció por primera vez en la literatura científica en 1972. Kobasa y Maddi estudiaron este fenómeno del cual existen algunas conclusiones:

a) **La primera es el compromiso:** las personas que responden mejor a los momentos complejos son quienes le dan un sentido a su vida. Les interesa su desarrollo personal y comprometerse en acciones más grandes que sí mismos. Viven al servicio de la vida.

b) **El segundo es aprendizaje:** la sensación de indagar en el para qué crea la alternativa de lograr el conocimiento que nos acerca a la sabiduría. Esto proporciona una sensación de orden: en el que se puede aprender a llevar las riendas de la vida.

c) **La tercera es reinventarse, flexibilidad y valentía:** las combinaciones de estos tres elementos nos permiten triunfar en nuestro interior. Si comprendemos que la vida es una sucesión de cambios y que no debemos pretender detenerlos, nos alinearemos a vivir dispuestos a recibir lo que la vida traiga. Cuando algo te detenga pregúntante: ¿cuál de tales aspectos está faltando para que yo navegue al siguiente capítulo de mi vida?

La interpretación de lo que vivimos es fundamental. La historia personal, las creencias, los conocimientos, el cuerpo emocional, nuestro lenguaje, el ego, lo que hemos declarado y nuestra influencia cultural son los elementos con los cuales valoramos y juzgamos. Vemos el mundo con nuestras gafas personales. Podemos aprender a limpiar los cristales y a cambiar de gafas si es necesario. Si procuramos extraer lo mejor de cada vivencia, nuestra vida será más plena.

Lo que dices de ti mismo y del mundo
modula tus vivencias.
L. Monserrat

Respirar

La respiración es una buena técnica para crear un espacio entre la reacción aprendida e idear una nueva respuesta emocional que se apegue a la construcción de nuestra fuerza interior.

Algo tan sencillo como decir *"la próxima vez, antes de responder, haré cuatro respiraciones profundas"* permite elegir la paz y no reaccionar por un condicionamiento creando dinámicas tóxicas, que generan patrones indeseables en nuestra vida. Pero sobre todo facilita que el pasado no sea desde donde respondemos creando más de lo mismo, sino que nos da posibilidad de proponernos ser y sentir algo nuevo y con ello plantearnos dar nuevos resultados.

RELACIÓN DEL PODER CON EL DINERO

Tu relación con todo lo que existe en el mundo nace de la relación interior que tienes con la vida. Puedes tener una relación saludable que te dé paz o tener una relación difícil en la cual estás en conflicto. El dinero es neutro y tu relación con él depende de las creencias que tengas. Experimentas frente a éste lo que en cada momento estés dispuesto a ver y creer.

> ¿Qué quieres experimentar?, ¿estás listo para que el dinero ya no sea un pretexto, una queja o a que seas víctima de él?

LA CONCIENCIA Y EL DINERO

Nuestro nivel de conciencia está relacionado directamente con nuestro concepto del Ser: cuanto más limitada es nuestra idea del Ser, más pequeño resulta el parámetro para experimentar lo que ofrece la vida. Ser pobre no sólo es una condición financiera. Los verdaderos "pobres" son aquellos que tienen carencias en muchas áreas de su vida. Amistades pobres, pobreza en habilidades para el lenguaje, en educación interior, en recursos, en salud, en pensar que tienen que tomar de otros y pobres en su capacidad para ser felices. Si lo vemos de esta forma, entenderemos que la pobreza puede ser una imagen limitada de la percepción que tenemos de nosotros, lo cual no es una condición financiera, sino un nivel de conciencia. La relación que tienes contigo, la imagen que tienes de ti y tus creencias determinan tu situación financiera: a mayor conciencia menos que hacer y más que recibir.

Es interesante entrevistar a una persona: en los primeros 10 minutos de conversación te darás cuenta de cómo es su situación financiera, incluso si no habla de ello. ¿Cómo?: una persona que al platicar se pone en la posición de víctima, critica, culpa a su entorno, es cínica y se queja de cualquier tema, da a notar que desde ese lugar opera su vida… sus finanzas incluidas. Una mente abundante se hace responsable, pero no critica, ni culpa, sino soluciona, crea nuevas oportunidades y opera desde la creación y no desde la condición.

Ejercicio

a) Escribe todas las afirmaciones que oías acerca del dinero, la riqueza y la gente rica cuando eras niño.

b) Escribe cómo crees que hasta ahora han afectado tu economía estas afirmaciones.

c) ¿Te das cuenta de que esos pensamientos no son tú, pero pueden influir en tu comportamiento?

d) Escribe todas las situaciones en tu vida en este momento en las cuales culpes a alguien o algo, cualquier situación en la que te sientas sin poder. Comprométete a trabajarlas con un facilitador MMK o mentor para aprender cómo vivirlas desde la responsabilidad (habilidad de respuesta).

e) Pon la mano sobre tu corazón y di: las creencias que cargo y mi manera de reaccionar no son necesariamente la única respuesta.

Puedes tener las ganas, pero si tu patrón no está programado para manifestar, repetirás los mismos resultados una y otra vez. Al respecto me encanta la fórmula: Dios es amor = yo soy amor = abundancia es amor.

EL PERDÓN HACIA EL DINERO

Nuestra situación financiera no radica en fuerzas externas, sino que se crea según lo que creamos y sintamos acerca del dinero. Esto quiere decir que si cambiamos nuestra conciencia, nuestras finanzas también cambiarán. Estamos programados para mantenernos en una zona de confort y nuestro ego saboteador hará lo que sea para mantenernos ahí.

Una manera de cambiar lo anteriormente expuesto consiste en escribir tres cartas:

- En la primera escribes tu situación financiera en este momento.
- En la segunda escribes todas las justificaciones de por qué estás en esta situación, o sea, las razones por las cuales manifiestas esto.
- En la tercera reconoces que no tienes problemas económicos (un paradigma nuevo) y declaras que puedes tener el dinero que quieras.

Al ir despertando, entiendes que puedes tener tanto dinero como requieras. Te darás cuenta de que no hay víctimas y que el universo es un lugar de abundancia total. Esta abundancia estará ahí para ti cuando dejes ir tus historias de vergüenza, o sea, en el momento en que estés listo para recibirla.

Declara: "Tengo el poder de manifestar lo que quiero en mi vida".

Todo lo que tengo es tuyo. Piensa en lo maravilloso de esas palabras y después deja expandir tu conciencia para que puedas aceptarlas y conocer su auténtico significado. Mira cómo se convierte en realidad en tu vida y no vuelvas a aceptar limitación alguna, porque todas mis promesas habrán de suceder; pues no son promesas vanas. Sencillamente afírmate en la fe y que ésta no vacile ni por un instante. Todo les llega a las almas que esperan en mí, y depositan en mí su fe y confianza enteras. Mira cómo se despliega ante ti una maravilla tras otra. Reconoce lo maravilloso en las cosas pequeñas de la vida al igual que en las grandes. Abre tus ojos para no perderte nada; abre tu corazón y que tu amor continúe manando. El amor atrae al amor y si todas las almas anhelan ser amadas., ¿por qué no dar, pues, amor? y en la medida en que des recibirás. Pero aprende a dar libremente sin que quede rastro alguno de apego y disfruta de la vida al máximo.

La voz interior, Eileen Caddy

Existen ciertos códigos inspirados en el libro *El código de la manifestación* de Raimon Samsó que es importante seguir para alinearnos con nuestro poder de manifestación:

a) **Identifica si lo que quieres manifestar es para tener fuerza o poder, como hablábamos anteriormente.** En la fuerza el deseo proviene del ego, por lo tanto, para lograr algo necesitaremos lucha, competencia, desgaste, estrés etc. Si nuestro poder desea algo cuenta con la presencia, con la inteligencia universal como un socio que será un apoyo para que se manifieste.

b) **Plano espiritual:** reconoce que todo existe ya en la dimensión no manifiesta y depende de uno permitir que lo que deseamos desde el poder suceda. Deja de ser el obstáculo de lo que deseas. Debemos reconocer que existen dos ámbitos, el material y el espiritual y que lo que creamos primero aparece en el ámbito invisible que toca nuestra conciencia. Para después ver esto reflejado en el plano material. En el plano físico sólo movemos las fichas, la verdadera manifestación sucede por la manera como creamos dentro de nosotros. Imagina aquello que quieres ver plasmado en tu vida: todo lo que se manifiesta se crea primero en la mente.

c) **Conciencia:** nuestro nivel de conciencia expande o limita. A mayor nivel de conciencia tenemos que hacer menos esfuerzo y conseguimos más. Cuando expandes tu nivel de conciencia impactas energéticamente todos los campos que están a tu alrededor.

d) **Decretar:** es imprimir lo que decimos al conectar nuestras emociones. Es saber que vamos a manifestar algo desde nuestro poder (fuerza divina); por ejemplo, usamos la fórmula yo soy = abundancia, yo soy = fuerza divina, porque reconocemos que al decir yo soy y después declarar, nos reconocemos parte de la conciencia universal y con ella manifestamos.

e) **Poder de la asunción:** como somos la vida, con este poder reconocemos que debemos convertirnos en el deseo mismo. Comienzas a vivir como si el deseo ya existiera en tu vida.

f) **Crea visiones y ten una intención clara de qué deseas experimentar:** mantente abierto a que la vida te sorprenda con un resultado aún mejor.

g) **El universo no va a responder a tus creencias, pero sí a lo que sientes.** Mantén tu frecuencia en alegría y agradecimiento.

h) **Oración:** no reces a un ser superior, sino reconoce en ti a la fuerza divina y no te separes de ella. Que la oración no sea para pedir, sino para agradecer que permites abrirte camino en lo que tu alma desea vivir.

i) **Agradece:** no lo que te agrada, sino todo de manera injustificada, como una manera de vivir. Esto hará resonancia con todo lo que el universo quiere ofrecerte en todo momento. Agradece por lo que aun no has recibido.

j) **Desapégate de los resultados:** una vez que hayas hecho esto permite que el universo trabaje por ti, confía y ten fe en que el futuro cercano que proviene desde una intención de amor, poder y bienestar se alineará para ti de maneras sorpresivas. Que tu único objetivo sea no olvidar quién eres realmente, así como quedarte despierto y en paz, al reconocer que el mundo está basado en ilusiones y como observadores generamos la vida que estamos experimentando.

NUESTRO CUERPO

Cómo nos vemos y nuestro peso son una gran causa de vergüenza, culpa e inseguridad para muchos en esta cultura. Por ello, es difícil encontrar a alguien que esté verdaderamente feliz con su cuerpo.

A lo largo del libro hemos hablado de cómo nuestra vida es una experiencia para aprender acerca de la separación. Nuestro cuerpo hace precisamente eso: crea la imagen de que cada uno de nosotros es un ser separado del otro. ¿Podría ser ésta la razón por la cual tenemos tantos problemas en aceptar nuestra apariencia?, ¿es posible que en lo profundo de nuestro ser nos acordemos cómo se siente no estar atrapados en la limitación y definición de un cuerpo? y ¿crees que es posible tener dilemas porque nos pesa ser juzgados por medio de él? Cuando nos identificamos con nuestro cuerpo, sentimos la necesidad de defendernos pues creemos en su fragilidad y en que sólo somos eso.

El cuerpo es un recurso para experimentar la vida y está sujeto al cambio, al tiempo y al espacio, lo cual hace que percibamos limitantes si nos juzgamos a través de él. Es un reto creer que no somos nuestro cuerpo físico porque sólo al ver a nuestro alrededor hay suficientes pruebas de esto. Pero es importante que nos demos cuenta de que somos más que nuestro físico. Si entendemos que somos no sólo nuestro cuerpo, podremos usarlo como un facilitador de amor y como un recurso de aprendizaje. Si lo usamos de la manera correcta, será un vehículo que nos llevará a casa. Lo mejor que podemos hacer con él es entregárselo al amor.

Nuestro cuerpo puede ser un arma de doble filo. La primera opción es usarlo para gozar la vida y aprender las lecciones que necesitamos para trascender y elevar nuestra conciencia. La segunda es utilizarlo como un vehículo para alejarnos del poder superior, lejos de la verdad.

Al identificarnos con nosotros sólo como cuerpos convertimos al mundo en algo limitante. Las inquietudes físicas y psicológicas hacen que el mundo parezca inamovible. Si sentimos dolor, comenzaremos resentir el mundo o la idea de nosotros.

El cuerpo es el lugar que nuestro ego ha elegido: es la imagen ilusoria que tenemos de nosotros y la parte de la máscara, del disfraz y del personaje que decimos ser. Nuestra verdadera esencia va más allá de él. El cuerpo y nuestro peso no son buenos ni malos, sino neutros: es una condición temporal del mundo de la forma, así como una proyección más de nuestra mente.

Cuando experimentamos nuestra naturaleza pura comprendemos de manera profunda que:

> Nada real puede ser amenazado, nada
> irreal existe, lo cual radica en la paz de Dios.
> UCDM

Si cargamos culpa, enojo y vergüenza, será entendible que proyectemos también estas conversaciones a nuestro cuerpo y, por lo tanto, a nuestro peso o a alguna enfermedad.

¿Qué mejor manera de dar poder a tu vergüenza que atacando a tu cuerpo y darte una razón más por la cual te

sientes mal acerca de ti mismo al compararte con los estándares sociales de cómo crees que deberías ser? En este mundo
de aparente separación, la forma de mantenernos estancados
consiste en culpar, justificar, negar o proyectar el sufrimiento.
Hacemos esto de dos maneras:

La primera es proyectarnos en la gente y la segunda pro-
yectarlo en nuestro cuerpo. Sin darnos cuenta, el dolor que
causa se convierte en la desintegración de nosotros. Perdónate por lo que te dices y por manifestar la circunstancia en
la cual te encuentras. Al hacerlo, asumes responsabilidad y
así puedes ver y entender que las cosas suceden para nuestro
despertar y el de otros.

Podemos tener muchas razones por las que tenemos una
relación carente con nosotros; por ello, nos protegernos de tener intimidad con nosotros y con otras personas. *La causa no
es relevante*, hoy debes saber que tu cuerpo te ruega por amor
incondicional y aceptación radical.

PROBLEMAS DE SALUD

Cuando nos lastimamos, enfermamos, tenemos dolor o no
funcionamos en armonía, nuestro cuerpo trata de decirnos
algo. Tendemos a proyectar lo que no aceptamos hacia el cuerpo y, por lo tanto, a nosotros. Así nos convertimos en nuestras
víctimas.

Cuando nos encontramos en autorrechazo, debemos recordar que somos seres completos y que hay perfección en nuestra condición. Sin importar de qué manera se manifieste esa
"imperfección", podemos crecer y florecer por medio de ella.
No te enojes con tus órganos, sino mándales amor. La mejor

forma de tratar al cuerpo enfermo es consentir con ternura a la parte que no está sana al tener una conversación amorosa con ella. Perdónala y perdónate a ti mismo. No ataques la enfermedad, sino únete a ella, porque un maestro viene a enseñarte algo que no puedes ver ahora. Ábrete a la lección, pero sobre todo no la veas como algo malo, sino como parte de las enseñanzas de la vida en la que la única solución real es el perdón y el amor. Si peleas con un diagnóstico, sólo lo harás más fuerte, porque lo que resistes persiste. La conciencia nos invita a indagar el origen del mensaje, lo que puedes aprender de la situación y no pelear con la superficie (la enfermedad), que es la consecuencia de padecer algo más profundo: lo que aparece en el plano físico. Al pelear intervenimos con el ego (el mundo de las preferencias) y no con el espíritu (el mundo del amor y la no resistencia).

Recuerda que estamos en el mundo, pero no somos de él, ni vivimos para que los caminos de la vida nos depriman, nos sometan o se vuelvan nuestra condena. Disfrutar la vida sin poseerla es nuestra gran hazaña y la voluntad de Dios, así como es la capacidad para ver al mundo de las ilusiones sin tener que impregnarnos en ellas.

Si sientes que existe miedo, rechazo o energía baja en ti, podrás liberarla de la manera siguiente:

> Con el puño cerrado, golpéate ligeramente sobre el esternón, respira profundo, sonríe y di "hahaha" con cada golpe. Mientras lo haces, imagina algo que te haga feliz o a alguien que ames.
> El desequilibrio desaparecerá.

DE LA ENFERMEDAD A LA SALUD

Cuando tenemos actitudes positivas, vivimos en perdón y entregamos nuestros pensamientos confusos al amor, estamos claros y física y mentalmente sanos. Al contrario, cuando nos asociamos con modos negativos (como resentimiento, celos, hostilidad, miedo y ansiedad), nuestra salud recae y nos debilitamos. ¿Cómo podemos sanarnos? En el momento en que decidimos querer relacionarnos con patrones de energía positiva, es el instante en que esa decisión lo cambia todo. Una vez que tomamos esta determinación comenzamos el proceso de sanación. Un deseo sincero por cambiar ya nos permite entrar en patrones de energía más altos.

Hemos escuchado una y otra vez que la causa de muchas enfermedades es el estrés. Normalmente, cuando nos sentimos estresados buscamos razones externas por las cuales nos sentimos de esta manera, pero la respuesta está en ti. El estrés es generado internamente por lo que pensamos. Eckart Tolle dice al respecto que el sinónimo de estrés es estar en un lugar pero deseamos hallarnos en otro. Así que no son las circunstancias de la vida, sino la manera como reaccionamos ante ellas. Nuestra perspectiva e interpretación puede cambiar nuestra experiencia y cómo nos sentimos ante ella, así como nuestra capacidad para perdonar, entender y aceptar está relacionada de forma directa con nuestros niveles de estrés.

Ciertas enfermedades están asociadas con algunas emociones, como estrés, culpa y vergüenza. Nuestras emociones causan cambios hormonales a través de los neurotransmisores. Estos cambios hormonales afectan diferentes áreas y órganos de nuestro cuerpo mediante el sistema nervioso simpático y autonómico. Así, lo que experimentamos como estrés resulta en la supresión de la glándula timo, lo cual esto afecta nuestras defensas y nos hace más propensos a las enfermedades. Asimismo, la conexión entre el cuerpo y la mente es instantánea, de modo que la reacción del cuerpo cambia de un segundo al otro en respuesta a nuestros pensamientos y las emociones que nos acompañan. Sin importar qué tan pequeños sean los pensamientos, si son continuos a lo largo del tiempo, tendrán un gran efecto en la manera como nos sentimos física, emocional y espiritualmente.

PROCESO DE LA SANACIÓN

El amor está directamente relacionado con la sanación. Para curarnos necesitamos ser capaces de amar y estar conscientes de que el proceso de sanción y liberación requiere mucha valentía, por lo cual debemos tener voluntad para dejar de condenar, temer y sentir resentimientos hacia los demás y hacia nosotros. La enfermedad es el miedo encapsulado en nosotros.

Trata de reír lo más que puedas. Como el amor, la risa sana porque nos ayuda a ver una imagen más grande y nos mueve del estado de victimización a uno de empoderamiento. Por ello, uno de los acompañantes de la iluminación es la risa.

Necesidad de estar en lo correcto

Cuando nos enfermamos quiere decir que algo no está funcionando bien en nuestra mente, estado emocional o espiritual. Muchos nos atoramos en los mismos patrones durante nuestra vida por la necesidad de tener la razón. Es posible curar una aflicción de por vida con sólo soltar alguna idea fija que teníamos de algo o alguien. Este cambio puede suceder en una milésima de segundo, pero en el fondo a lo mejor llevamos años trabajando en nuestro ser interior cuando sucede este cambio. No hay ninguna condición que sea incurable o que no tenga esperanza. En algún lado, alguien se recupera mediante un proceso de conciencia.

Un Curso de Milagros dice: "El cuerpo no puede curarse porque es incapaz de causarse enfermedades a sí mismo, de manera que no tiene necesidad de que se le cure. El que goce de buena salud o esté enfermo depende enteramente de cómo lo percibe la mente y del propósito para quien quiera usarlo. Es obvio que un segmento de la mente puede verse a sí mismo separado del Propósito Universal. Cuando esto ocurre, el cuerpo se convierte en su arma, que usa en contra de ese propósito para demostrar el hecho de que la separación ha tenido lugar. De este modo, el cuerpo se convierte en el instrumento de lo ilusorio y actúa de conformidad con ello; viendo lo que no está ahí, oyendo la verdad que nunca dijo y comportándose de forma demente, al estar aprisionado por la demencia".

Lo anterior nos recuerda que lo único requerido para que haya una curación es no tener miedo. Los temerosos no se han curado, por lo cual no pueden curar. Esto quiere decir que, por sólo un instante debes abrir espacios en tu mente de amar sin atacar. Por ello, un instante es suficiente.

No oramos por sanar el cuerpo sino por corregir la mente y moverla al amor, lo cual nos pondrá en armonía con lo que se presente en el cuerpo.

CONCIENCIA

La conciencia es la energía vital que da vida al cuerpo y sobrevive más allá de él en un reino de existencia distinto. Liberarte de tu vergüenza xes reencontrarte con el poder de la conciencia. Asimismo, la conciencia pura representa el potencial infinito, el poder ilimitado y la fuente de energía de toda existencia, identificado como Dios o Divinidad.

Cuando experimentamos vergüenza sana aceptamos nuestra sombra, nuestros prejuicios y nuestras fallas, así como admitimos y valoramos todo lo que somos. La fruta de vergüenza sana y madura es la espiritualidad: revela amor, unidad, compasión, servicio y perdón. Cuando vivimos desde el amor tenemos un desarrollo espiritual y desde aquí podemos sanar la vergüenza que está dentro de nosotros.

VERGÜENZA Y SEXUALIDAD

La vergüenza y la sexualidad están estrechamente conectados. El sexo es algo que a nivel social y cultural ha sido vinculado con la vergüenza al igual que nuestro cuerpo humano. Es necesario observar si vivimos evitando interacciones íntimas, o si hemos convertido la vida sexual en actos compulsivos para tratar de llenar vacíos emocionales o si tenemos honor en la vida sexual.

Nuestra perspectiva acerca del sexo se ve profundamente influida por nuestro entorno. Lo que escuchamos de nuestros padres y amigos, lo que vemos en películas y programas de televisión, lo que leemos, la música que escuchamos, la pornografía, los anuncios y nuestras creencias religiosas son sólo muestras de cómo nuestro medio ambiente está lleno de críticas e ideas de lo que "nos debería" o "no nos debería" gustar, o de lo que está "bien o mal" o de expectativas que se forman alrededor del tema.

¿Qué buscamos los seres humanos cuando tenemos sexo? En algunos casos crear vida, a veces sacar la tensión sexual, dominar o ser dominados, divertimos, cultivar una relación, tener acercamiento, etc. Pero en el fondo la mayoría buscamos conexión, deshacernos del sentimiento de soledad causado por la separación, compartir cariño, tener acercamiento, complacernos y satisfacernos mutuamente. En otras palabras, tratamos de crear amor mediante la unicidad del momento. La sexualidad es un nexo a la intimidad y a la unión con otro, una expresión bella de la vida y un vínculo espiritual.

Como el sexo es una expresión cargada emocionalmente expone mucho de lo que nos decimos y sentimos. Es casi imposible que no aparezcan en nuestras relaciones íntimas las conversaciones de crítica que cargamos. Cuando somos sexualmente íntimos, estamos expuestos a sentirnos abrumados y paralizados por sentimientos de culpa y vergüenza.

Cuando tenemos problemas relacionados con el sexo, realmente debeemos sanar la habilidad y disposición de amar, no la parte física o el acto de tener sexo como tal. Cuando hemos identificado y disuelto nuestros miedos y por lo tanto hemos decidido actuar desde un lugar de amor, hacer el amor cobra un nuevo significado. Con el paso del tiempo se vuelve cada vez gratificante y satisfactorio. Lo que hace maravilloso al amor es la cercanía entre dos seres humanos y el descanso de sentir separación entre los seres humanos; así, cuando nos unimos a otro, la unicidad que existe en las almas se logra y por unos instantes se disuelve el ego.

ABUSO FÍSICO Y SEXUAL

Algunas personas que vivieron abuso sexual se sienten a veces sucias, desvaloradas o les cuesta trabajo la intimidad. En este caso es importante separar lo que otra persona hizo con quien eres tú. El abuso es la responsabilidad de la otra persona y no se asocia contigo, ni te define, ni revela tu grandeza. Si es necesario, habla de esto con un profesional, con amigos o con tu familia para que quedes libre de vergüenza y puedas vivir tu intimidad con otros desde la confianza y la plenitud. Esto es algo bastante más común de lo que muchos creemos y al hablarlo ayudaremos a que culturalmente haya alternativas de sanación y prevención. Es importante también reforzar la idea de que no somos nuestro cuerpo y el hermano que agrede en realidad se agrede a sí mismo por su miedo y confusión. Si puedes mantenerte fuera de proyectar en el otro a tu victimario, te darás cuenta de que en un nivel eres intocable.

Parte de una vida espiritual sana es tener una relación vital y amorosa con nuestra sexualidad.

SEXUALIDAD SALUDABLE

En el pasado celebrábamos cuando tanto los hombres como las mujeres entrábamos a la pubertad y nos convertíamos en seres sexuales. La sexualidad era considerada misteriosa y sagrada, pero esto cambió y para muchos la sexualidad es algo de lo que "debemos" estar avergonzados. Se ha convertido en un tabú. Nuestra sociedad carga con discursos distorsionados de la sexualidad: algo que no deberíamos sentir o experimentar; sin embargo, todo nuestro mundo se mueve alrededor de ella. Anuncios, conversaciones, moda, películas, libros y mucho de lo que nos rodea está relacionado con ella. Estas creencias nos llenan de dudas y condicionan, así como nos hacen complejo construir una vida sexual sana y placentera.

La modestia es parte de la vergüenza sana y protege nuestra vida sexual. Su propósito es contenernos en bienestar y convertir los encuentros sexuales en expresiones de amor, conexión, respeto, cariño y diversión.

Parejas que tienen un sentimiento de vergüenza sana viven una vida sexual plena, lo cual les genera un sentido de confianza y reverencia el uno para el otro; además, respetan las imperfecciones de ellos y de su pareja y pueden ver no sólo que son perfectos tal cuales son, sino también que no necesitan el uno del otro para ser completos. Están juntos porque quieren; amándose a ellos mismos evitan proyectar sus inseguridades en su pareja. Su relación sexual se mueve hacia el reino del valor, lo sagrado y la espiritualidad. Tener relaciones sexuales se convierte en una experiencia natural.

SEXO ESPIRITUAL Y SENTIMENTAL

Existe una diferencia entre tener sexo y tener relaciones íntimas cuando hay complicidad entre las personas involucradas. El nivel y el tipo de vergüenza de los participantes también tiene mucho que ver con qué tan satisfactorio sea. La vergüenza saludable y la modestia protegen de la degradación y la profanación las relaciones sexuales humanas.

La felicidad sexual no se tiene que alcanzar con alguna técnica o forma de excitación específica, sino necesitamos ante todo reconocer que pensamos y que creemos de nosotros en cada encuentro. Aunque la conexión sea con otra persona, cada vez que tenemos relaciones sexuales tenemos un intenso encuentro con quienes creemos que somos y que nos decimos. Podríamos decir que las parejas pueden cambiar, pero siempre terminamos en la cama con la misma persona... con nosotros y lo que llevamos a ese momento.

Existen muchas situaciones en este tema. Algunas veces el sexo lo es todo en una relación y en otras ocasiones no hay encuentros sexuales. También tenemos la posibilidad de que haya sexo, pero no sea complaciente. Del mismo modo, el sexo se vuelve un dilema cuando la pareja sólo se preocupa por sus necesidades y no satisface a la otra persona. Muchas personas cargan tanta vergüenza tóxica que no pueden funcionar de manera natural en su vida sexual.

Para amar, primero tenemos que aceptarnos como somos y no podemos ser más honestos con los demás de lo que somos con nosotros. ¿Qué quiere decir amarnos incondicionalmente? Significa que aceptamos y abrazamos a nuestra vergüenza y a nuestra perfecta o imperfecta humanidad.

Una vez que has hecho el trabajo y dejado ir la vergüenza tóxica, puedes aceptar tu verdadero ser para entregarte libremente.

LA VISIÓN QUE DA ALAS
Conclusión

No se trata de sobrevivir, sino de vivir.
MARISA G.

Cuando disuelves el miedo a la vulnerabilidad, te permites experimentar sin temor a errar. De eso precisamente se trata la vida: de vivirla, de estar en bienestar, de permitirte disfrutar y de amar.

Al recuperar la energía que te robaba el temor, descubres que tu fuerza emocional no depende de las circunstancias, sino de tu actitud mental. La frase "tener bien amueblada la cabeza" se refiere a ser capaz de reconocer tus sentimientos, expresar tus emociones, no tomarte nada de manera personal, perdonar, vivir el presente, tener hábitos saludables, saber decir sí cuando quieres y no cuando lo requieres y sobre todo agradecer lo que tienes.

Quizá te parezcan muchas cosas, pero cuando te liberas de la prisión mental, todo empieza acomodarse, pues quien ordena su mente también ordena su mundo.

Las creencias limitantes sobre el dinero, la apariencia física y los prejuicios acerca de la sexualidad son trabas a la libertad. Respecto al dinero hay un sinfín de creencias e ideas limitantes, todas ellas producto del miedo.

Tuve un cliente que vivía en constante ansiedad porque su contrato de trabajo era temporal. Su relación con el dinero era de desconfianza: ahora tengo, mañana no lo sé.

Hicimos tres sesiones dedicadas al tema del dinero: descubrió que, sin saberlo, durante años había estado condicionado y programado a la escasez, deseando dinero, pero con miedo a tenerlo. Almacenaba creencias del tipo: "El dinero causa conflictos familiares" y para evitarse cualquier situación, inconscientemente se mantenía generando lo justo; sin embargo, su trabajo de autoconocimiento le permitió reconocer que el dinero es como cualquier otra relación: si te cae mal o le tienes miedo, simplemente no te llevarás con él. ¿Qué pasaría si hoy pudieras diseñar tu relación con el dinero? y ¿cómo sería? pregunté.

Se puso de lo más creativo: modificó su lenguaje, leyó e investigó acerca de personas millonarias que empezaron de la nada, creó nuevas prácticas, se permitió darse ciertos gustos que antes —para no gastar— prefería evitar y, aunque parezca una historia de Disney, a los tres meses y medio de hacer este trabajo continuamente, sin ninguna expectativa específica, lo llamaron de una empresa alemana para ofrecerle un puesto de trabajo con un contrato fijo en las nuevas oficinas que abrirían en su país. En este momento ya lleva dos años trabajando para dicha empresa y me escribió un correo hace un par de meses para contarme que acababa de lanzar un negocio en línea. Pasó de una mentalidad de pobreza a una de prosperidad.

CÓMO DESMANTELAR MITOS ACERCA DE LAS RELACIONES SEXUALES

Las relaciones sexuales han sido desde la Antigüedad un tema que para muchos tiene que ver con morbo y tabú. La religión, las ideas referentes al rol femenino o masculino, la cultura y los convencionalismos sociales, entre otros factores, han desempeñado un papel muy importante al sembrar creencias limitantes, de desvaloración o vergüenza sobre este tema. Sin embargo, el acto sexual es un hecho neutral, lo cual quiere decir que no es bueno ni malo, sino simplemente es. Tu poder de crear por medio de otorgar significados te permite diseñar una relación sana con tu sexualidad o una tortuosa, lo cual dependerá de la información que tengas registrada como válida.

Cómo descubrir tu relación con la sexualidad

Responde lo siguiente:

a) Para ti tener relaciones sexuales se asocia con:
- Romance.
- Diversión.
- Vergüenza.
- Un trámite desagradable.

Si tienes otra respuesta escríbela _____

_____.

b) ¿Cuáles son las creencias centrales que dieron como resultado tu respuesta anterior? Escríbelas

- _____.
- _____.
- _____.
- _____.

c) Las creencias que listaste en el punto anterior te aportan:
- Sentimientos positivos.
- Sentimientos negativos.
- Sentimientos encontrados.

d) ¿Estás de acuerdo con las creencias que escribiste en el inciso b) o las quieres revisar para replantear? Ten en cuenta que una creencia que desencadena sentimientos desagradables o de victimización no es una creencia funcional y si lo decides se podrá transformar.

e) Describe cómo sería tener una relación sana y libre de culpa o vergüenza con el tema sexual.

- _____ .
- _____ .

LA TRAMPA DE LOS CÁNONES DE BELLEZA

El cine, las revistas y la moda se han encargado de fabricar y propagar ciertos cánones de belleza que sólo son creencias, ideas y características de lo considerado a nivel social y colectivo como "bello", "hermoso" y "atractivo". Pero como en esta vida física todo es una interpretación, en el mundo de la forma la belleza es algo subjetivo, pues lo que a unos les gusta a otros les disgusta.

Basar nuestro valor en nuestra apariencia o imagen puede generarnos mucha insatisfacción, pues todo es relativo. Lo importante es entender que no somos el peso que pesamos, ni nuestra altura o color de ojos, sino que somos seres eternos cuya esencia va más allá de algo que se pueda calificar o etiquetar.

MENSAJES DEL ALMA

«A veces pareces olvidar que eres más que una cabeza con tronco y extremidades; cuidas tu cuerpo con pulcritud y se te olvida que estás hecho de dos partes. Tanta peluquería y maquillaje ocultan tus inseguridades, pero los miedos siguen ahí a la espera de que los dejes ir.

Ocultar no significa desaparecer y hasta que no te aceptes como eres no te sentirás bien. El cuerpo es el traje que luces en este mundo, de modo que has de cuidarle porque no hay más que uno; sin embargo, también está la otra parte, la cual quiere que crezcas, vivas y sientas.

Reúne el valor de conocerte y de integrar lo que eres, quiérete por completo y aprecia tus defectos, pues quizá son virtudes disfrazadas de complejos. La belleza es más que apariencia: es esencia e inteligencia, además de entender que la perfección es un estado de conciencia de total aceptación.»

Atentamente
Tu alma

Capítulo 12
Sólo tú puedes sanar tu vida y ser el creador

Ser el creador de tu vida quiere decir que en cada momento eres capaz de barajar las posibilidades que se alinean al amor, reconocer que cada instante puedes identificar de lo que eres capaz, es recordar quién eres y despertar del sueño de las ilusiones del ego. Ser el creador de tu vida es saber que puedes ser feliz en este mundo. Tú decides quién quieres ser en este paso por tu vida.

A veces no nos sentimos capaces de alcanzar nuestro poder de creación porque nuestras conexiones neuronales actúan como un sistema de fuerza de energía basada en emociones bajas, que atrae los mismos patrones una y otra vez. Por esta razón, mucho de nuestro comportamiento es repetitivo.

Creamos hábitos de nuestras "formas de ser y sentir" cuando estamos estancados, reforzando lo mismo una y otra vez. La buena noticia es que puedes romperlos, porque tienes el poder de liberarte, así como de generar nuevos hábitos y estados emocionales que reflejen lo amoroso de tu persona.

TU FUNCIÓN PRINCIPAL

El sufrimiento ocurre cuando estamos desconectados de la fuerza del Amor. La sanación sucede de manera inmediata cuando nuestra percepción cambia y decidimos recordar nuestra magnificencia.

La expiación sucede cuando recuerdas tu Magnitud, sin importar las circunstancias; de esta perspectiva milagrosa nace un líder verdadero. Cuando nos enfrentamos con dilemas grandes o pequeños, podemos recibirlos al saber que existe Magnitud dentro de nosotros que nos permite conquistar la incertidumbre de la vida, con la certeza del Espíritu. Tu verdadera función no es buscar tu Magnitud, sino identificar la pequeñez dentro de tus pensamientos y expiarlos para simplemente hacer otra elección.

Con el ego afuera del camino, el Amor y Magnitud de tu Ser Superior naturalmente brillará por medio de ti. Considera que tus pensamientos ya están sanos; así echarás a andar una nueva vida para ti y la habilidad para sanar a otros, simplemente por ser el ejemplo, y enseñar lo que es posible: la Magnitud es tu "herencia natural".

> ¿Cómo cambiaría tu vida si creyeras que perdonar es tu único propósito? y ¿cómo tratarías a tus seres queridos o a las personas que te rodean si desde que abrieras los ojos por la mañana y los cerraras por la noche, creyeras que tu verdadero ser y el de ellos es de Magnitud?

CÓMO SE DESCRIBE A UN SER QUE HA RECORDADO SU MAGNITUD

Sólo estar alrededor de él es transformativo: es la encarnación de la bondad verdadera y aun así no le da miedo tomar decisiones;

además, es atento, con sentido del humor, consciente de sí mismo y de otros, digno, calmado, concentrado, alegre, con libertad de espíritu, cómodo en su piel, no se toma demasiado en serio, sino que es humilde, paciente y lleno de una confianza y profundo entendimiento. Vive con paciencia, habla despacio y con cuidado, porque no tiene ningún otro lugar donde estar.

CÓMO CONVERTIRNOS EN LA MAGNITUD

¿Qué se necesita para Vivir en Magnitud?: primero que nada, tenemos que estar conscientes de nuestra Magnitud, lo cual quiere decir que debemos permitirnos ver y experimentar con nuestra visión espiritual y después con nuestros ojos físicos. Por esta razón, necesitas establecer la práctica de perdonar de momento a momento, pues el perdón te permite tener una perspectiva de amor y ver la divinidad en la Humanidad, es decir, asume que esta Magnitud es luz. Tu deber es bañarte a ti y a los que te rodean de esta hermosa luz. Es importante poder ver que no necesariamente debemos querer o tiene que caernos bien una persona para reconocer lo sagrado en ella. La oración "puedo ver lo sagrado tanto en mí como en ti" debe convertirse en nuestro mantra. El perdón sucede cuando puedes ver la Magnitud en los demás sin importar la diferencia física o de personalidad.

UN SOPORTE PARA LA MAGNITUD

En el libro de Emily Bennington *Miracles at Work*, la autora ilustra un ejemplo muy bello que vivió de este tema:

En un taller dado por la escritora de *Regresar al amor*, Marianne Williamson, en la sección de preguntas y respuestas, una mujer que tenía alrededor de 40 años se paró y con lágrimas en los ojos compartió todas las desdichas de su vida. Mi trabajo fracasó, me quedé en la calle. Mi esposo abusaba de mí, no tengo dinero para alimentar a mis hijos.

Cada relato se convertía más inquietante que el último, todos nos quedamos en completo silencio y era claro que su tristeza y desamparo se sentían profundamente alrededor de la habitación. "Simplemente ya no sé qué más hacer" concluyó la mujer.

Después de escuchar atentamente, Marianne hizo una breve pausa para organizar sus ideas y después suavemente dijo: "Ésa es una historia increíble y te apuesto que recibes mucha atención por ella. Pero simplemente no voy a ir ahí contigo". Era claro que sus palabras tenían un nivel adecuado de compasión, pero de igual manera colgaban en el aire con una resolución inconfundible.

Todas las personas alrededor del cuarto nos identificamos con la pequeñez de la mujer que hablaba, mientras que Marianne lo único que podía ver era su Grandeza/Magnitud. Identificación corporal versus identificación del espíritu. Al no unirse con la historia de esta mujer Marianne resalto la llave para regresarle su poder y nos hizo ver que al identificarnos con su historia y escucharla con caras de llenas de pena, lo único que estábamos haciendo era reforzar su historia que la tenía atada.

Hasta que Marianne rompió el hechizo (por así decirlo), el cuarto se sentía pesado y todas asumimos que estábamos llenos de empatía, cuando la verdad lo único que estábamos haciendo era unirnos a su sufrimiento. Esto es la versión de empatía del ego porque no libera a la otra persona del sufrimiento y/o del miedo. Más bien lo que hace es dar fuerza al miedo que nos mantiene atrapados.

> Empatizar no quiere decir sufrir con el otro. Esta es la interpretación y definición del ego, y es usada para crear una relación "especial" en la cual el sufrimiento es compartido.

Piensa de una o algunas veces a lo largo de tu vida cuando alguien llegó a contarte un problema y en vez de responder desde tu Mayor Ser te hiciste igual de chiquito que la otra persona y te uniste a su sufrimiento. Todos hemos estado ahí, ya sea cuando hablamos de chismes, en la oficina o con nuestras amigas. Al hacernos "pequeños" negamos nuestra Magnitud y también le negamos la posibilidad a la otra persona de que viva su Magnitud. Por esta razón, no quieres hacer un ídolo de tu sufrimiento, ni dar permiso a los demás de hacerlo en tu presencia.

Existe una gran diferencia entre hacer un análisis sano de un dilema o tener compasión profunda de un dolor auténtico que viva un hermano. Sabemos que algunas situaciones causan un dolor genuino que se puede vivir aun desde la paz, pero el drama es una fijación malsana con el sufrimiento, como un pretexto para quedarnos pequeños. Solamente tú podrás saber qué es verdadero para ti cuando hayas cruzado la raya de dolor a la autodestrucción del sufrimiento.

Regresando a la mujer del curso, era claro que durante años había estado esgrimiendo excusas de su pequeñez, por lo cual era momento de alinearse a su verdad. Esta historia me inspira para vivir en Magnitud y comprometerme a invitar a otros a esta posibilidad. Para mí, este libro ha sido un acompañante y cada palabra investigada y practicada me ha invitado a mi liberación.

La razón por la que estás aquí conmigo en estas páginas es porque tanto tú como yo pedimos recibir el presente material. Seguramente lo habíamos solicitado al universo y en este punto nos encontramos juntos tanto tú como yo, preparados para vivir realmente.

Este libro es una invitación al amor: amor por la gente, por ti, por la vida, por nuestros valores y propósitos más altos, por la espiritualidad y por la apreciación de qué hay algo más grande que nosotros. Al convertirnos en una fuente de amor, nos transformamos en la mejor versión de nosotros. Si damos lo mejor, tocaremos la vida de los demás y les facilitaremos dar lo mejor de ellos.

LA VISIÓN QUE DA ALAS
Conclusión

> *Toda curación proviene de un cambio de percepción. Amar es sanar, porque el amor es lo único real.*
> Marisa G.

EL BÁLSAMO

El amor es el antídoto del temor y de él se genera compasión: es tanto la fuerza creadora de la que nacen y surgen todas las

*cosas maravillosas como una corriente de conocimiento y ver-
dad que envuelve y nutre de felicidad.*

*Es el puente de conexión entre lo terrenal y lo divino, la
fuente de sanación y el gran bálsamo curativo.*

*Ahora ya recuerdas que el amor es tu esencia, es la energía
que te convirtió en materia.*

Tu salud física y mental es producto de tu estado emocional,
que refleja tu estado de conciencia. Para sanar necesitamos dejar de hallar motivos que nos alejen de nuestra paz interna. Es
fundamental romper con los hábitos de esclavitud: la queja, la
envidia, la crítica, la imperiosa necesidad de querer modificar
el comportamiento del otro, la justificación, la prisa interna y
desde luego los sentimientos de culpa, vergüenza y desvaloración. Todos ellos son fabricaciones del miedo.

Sanar se asocia con cambiar la forma de observar el mundo. La vida no se entiende desde la razón, sino que se vive
desde el corazón y el espíritu. La razón es sólo un puñado de
creencias basadas en lo que una mayoría acordó, pero no
abarca la perspectiva espiritual que ni siquiera se puede limitar o describir con palabras. Sanar es elegir poner atención a
los pensamientos basados en el amor, aun cuando las ilusiones
del mundo mental parezcan muy reales. Mientras estemos en
este viaje físico, el ego será parte de lo que nos hace humanos
y el miedo nos visitará, pero ahora recordaremos que su finalidad no es propiamente atormentar, sino mostrar aquello que
obstruye nuestra libertad.

Sin importar cuánto dolor o sufrimiento hayas experimentado, hoy sabes que todas tus vivencias —si las pasas por los lentes del amor— serán puentes que te conecten con la sanación.

SANAR

Has deambulado por la vida sin saber que el corazón te dolía por exceso de carga de angustia y comparación.

Has creído que preocuparte era ocuparte de una situación cuando en realidad sólo reforzaba una falsa percepción.

Has amado pensando que querer significaba aguantar, con la esperanza de llegar a merecer o de que el otro pudiera cambiar.

Has estado tan ciego que te considerabas un ser defectuoso al que le faltaba saber o tener más.

Ahora has encontrado la verdad y por ello te puedes liberar.

Antes sólo veías lo que creías ser, pero al reconocerte parte del Todo integras tu ser.

Entiendes que los demás no quieren atacarte, sino liberarte de tu proyección.

Al dejar de observar peligro, desaparece la idea del temor que causa la separación y puedes ver con claridad tu unión con la fuente de creación.

Has reemplazado el resentimiento por confianza y ahora sólo te queda recordar que tienes derecho a vivir en paz, porque has nacido para amar y brillar.

Conclusiones
de Alejandra Llamas

Durante muchos años el hombre ha tratado de entender el comportamiento del ser humano porque actuamos como solemos hacerlo con las emociones, lo que nos motiva a vivir, etc. Hemos hecho millones de experimentos para tratar de entender lo incomprensible; también hemos tratado de dar sentido a las cosas como si fueran algo lineal, lógico y racional. Pero el proceso y por lo tanto la experiencia de la vida es orgánica, misteriosa y enigmática. La vida es para vivirla, para encontrar la magia de la perfección en la imperfección, así como para despertar y aprender.

Cuando nuestra vida tiene un verdadero significado espiritual, cuando estamos presentes en cada momento, cuando nos dejamos ser vividos y cuando nuestra vida nos llena a un nivel íntimo, tenemos una experiencia plena. Los humanos tenemos la libertad de elegir y de tomar decisiones; sin embargo, lo principal es que en cada instante optamos por alinearnos a patrones de energía alta y queremos salir de la vergüenza para comprometernos con nuestra felicidad y libertad emocional. Las personas con un nivel de conciencia alto son capaces de ver la belleza en todas las formas. Por ende, la vida y todo lo que viene con ella es divinidad pura.

VIVIR UNA VIDA EN PLENITUD

Al creer que la plenitud proviene de algo externo, uno se hace pequeño e impotente y, por lo tanto, defensivo y posesivo. La plenitud se origina dentro de nosotros. Las personas bondadosas y que les importan los demás tienen relaciones extremadamente buenas. Cuando una persona está alineada con patrones de energía altos, se siente pleno en todas las áreas de su vida.

¿Qué significa para ti vivir una vida en plenitud?

Si tenemos compasión por la ceguera humana, podremos aprender a perdonarnos y entonces vivir en paz, porque nuestro camino es claro. El nivel de conciencia de la Humanidad está en 200, pues el ego nos rige colectivamente, en cuyo caso debemos formar y ser parte de grandes transformaciones culturales, sociales y humanitarias. Esto será posible si los seres humanos asumimos la responsabilidad del autoconocimiento. Estamos viviendo en la época de la evolución de la conciencia colectiva, por lo cual debemos salir juntos de la ignorancia que provoca el miedo y despertar a un nuevo amanecer.

Si mi oración del día sólo fuese una, sería: "Gracias, no necesito nada porque tú me das todo en todo momento".

> Agradece tu poder, cualquiera que sea su expresión, porque es un regalo. Permítete ver la belleza en tu poder, pues vivir es un regalo, y respira.

Conclusiones
de Marisa Gallardo

EL ARTISTA

El hombre que sabe que la vida se presenta ante él como un puñado de arcilla que con las manos del pensamiento puede moldear a su gusto es un artista.

El artista comprende que su imaginación es el lenguaje de los dioses, sus sueños son mensajes y el silencio es un vasto océano de oportunidades.

El artista sabe que su presencia es vida, por lo cual su misión es dar rienda suelta a la creación para pintar hermosos paisajes con el pincel del corazón.

Aun cuando las circunstancias son malas, el artista las dibuja y difumina hasta convertirlas en magia: una magia de amor puro que transforma la oscuridad en luz.

Con sus buenos sentimientos, el artista se convierte en alquimista y transmuta el pesimismo en entusiasmo y alegría.

El artista saca del fracaso un aprendizaje sincero y luego funde los pedazos para convertirlos en cimientos de una nueva obra que lo llevará al éxito.

El artista siempre ve la belleza, se muestra flexible al cambio y crea diferentes escenarios en los que la creatividad y la estética son portadores de armonía y belleza.

El artista es aquel que decide vivir con pasión y para ha-cerlo borra cualquier error con el pincel del perdón; además, es quien con una actitud positiva moldea sus pensamientos y destierra el veneno para crear bienestar en todo momento.

Sé parte de la creación, despierta a tu artista interior y haz tuyo el arte de la liberación.

Buscamos amor y tranquilidad, pero hoy sabemos que en nosotros está el manantial. La liberación será posible si mira-mos con los ojos del corazón, ojos que no ven división. Nuestro hogar es la paz y cuando ahí habitemos, ya no nos mudaremos a construcciones imaginarias de victimización y terror.

Ahora comprendemos que tenemos una parte espiritual que la razón no puede anular. Ahora sabemos que lo vivido no es bueno ni malo, sino ideal para trascender y experimentar salud emocional, física y mental Ahora, libres de limitación, sabemos que nuestro poder interior está a una respiración. Ahora vivire-mos en el ahora. (Marisa G.)

NOTA DE AGRADECIMIENTO

Gracias a todos los clientes que me permitieron compartir sus casos para mencionar ejemplos reales y así ofrecer claridad al lector. Gracias a Alejandra Llamas y a todos los involucrados en dar a luz este libro y, por supuesto, a ti lector que haces posible este intercambio. ¡Gracias infinitas!

Anexo
El Gym de la liberación

21 DÍAS DE ENTRENAMIENTO
PARA LA LIBERTAD TOTAL
Marisa Gallardo

*El camino hacia la libertad
comienza por confiar.*
Marisa G.

Bienvenid@ al Gym de la liberación. Este entrenamiento mental se ha diseñado para llevarlo a cabo en 21 días, pero te sugiero continuarlo el tiempo que lo necesites para que de una vez por todas transformes tus antiguas imágenes mentales establecidas por nuevos hábitos, los cuales más bien son elecciones de armonía y bienestar. ¿Por qué 21 días? Verás: para crear nuevas carreteras mentales, el cerebro necesita como mínimo un periodo de 21 días de continuidad y repetición para modificar sus antiguos patrones de comportamiento (imágenes que asumimos como válidas). Un patrón de comportamiento es una forma constante de pensar, sentir, reaccionar físicamente y actuar: consta de creencias, emociones, conductas y reacciones corporales. Te explico: los expertos dicen que la imagen que tenemos física y mental de nosotros y de la vida está relacionada con la forma como nos comportamos. Por esta razón, al cambiar nuestras imágenes mentales modificaremos nuestros hábitos.

Por otro lado, antes de practicar los siguientes ejercicios, quiero contarte la relación cercana que existe entre la confianza y la libertad: una persona libre es alguien que confía. La confianza es amor,no miedo en forma de duda o negación.

Desconfiamos cuando nos asusta el exterior y cuando estamos entrenados para sospechar lo peor, a tal grado que no nos fiamos de nada ni de nadie. Lo anterior resulta más que agotador, pues la desconfianza es una muestra de temor que nos lleva a vivir en un constante delirio de persecución.

Confiar es reconocer que hay una inteligencia mayor que vibra en amor, el cual es la frecuencia energética que genera la creación. La liberación, nuestra liberación y tu liberación son posibles gracias al poder de elegir el amor sobre el espejismo del temor.

En un gimnasio común quemas calorías, tonificas tu cuerpo, trabajas tu condición física, eliminas estrés y haces varias cosas más. Sin embargo, en el Gym de la liberación ejercitas y prácticas para cambiar tu perspectiva de la mente de ego (miedo) a la conexión con la inteligencia infinita que es paz y amor. El Gym de la liberación te permite cambiar la relación con tus pensamientos y conectarte con el día a día para estar consciente.

Requerimientos para ejercitarse en el Gym de la liberación

- Disposición.
- Imaginación.
- Determinación.

Nota: Quizá los ejercicios al principio te parezcan absurdos, pero dales una oportunidad, porque tal vez te sorprendan y cuando menos lo imagines te veas fluyendo en una corriente de bienestar.

EJERCICIO DEL DÍA 1
Viaje a la Tierra
Mi esencia es amor

Repite este ejercicio al menos tres veces al día. Cierra los ojos por un momento e imagina que eres originario de un planeta llamado Amor y que eres energía pura en movimiento. Tu estado natural es la armonía, la alegría, la salud, la paz y la prosperidad; además, la comisión de viajes espirituales te ha encomendado la misión de viajar al planeta Tierra y para hacerlo necesitas un cuerpo que te permita descender de la nave. (Al igual que los astronautas necesitan ropa especial para ir al espacio, tú debes encarnarte para visitar la Tierra.)

Al llegar al planeta Tierra, bajas de la nave con un cuerpo y una mente pura, de modo que sólo puedes ver la perfección en lo que te rodea. No estás influido por pensamientos de contraste, pues conoces tu verdadera esencia.

Abre los ojos y con tu mente clara observa el escenario en el cual estás o la situación que vives. Una mente que sabe que es amor no cree en lo malo, así como sabe que todo tiene un sentido funcional, pero no juzga ni rechaza. Desde esta perspectiva contempla, observa, escucha y di lo siguiente:

- Si soy amor y sólo puedo experimentarlo, nada de lo que veo me puede asustar o lastimar, pues únicamente existe el amor.

EJERCICIO DEL DÍA 2
El dueño del cine
El poder de mi atención crea (amar) o fabrica (temer)

Soy responsable de cómo utilizo mi atención. En tu cine personal eliges la cartelera de las películas que vas a proyectar y lo haces con tu atención concentrada y dirigida.

Toma al menos cinco momentos en tu día para de manera voluntaria y concentrada poner tu atención en lo que amas y anhelas. ¿Cuáles son los títulos de las películas que quieres ver?

Ejemplo

Supongamos que tu compañero de trabajo te dice:

—Me contaron que habrá recorte de personal.

Por tu mente pasa un pensamiento que dice: "Seguro me toca a mí, no voy a tener trabajo ni dinero". ¿Merece tu atención ese pensamiento? Tu ego te dirá: "Sí, porque nos avisa del peligro que acecha, de tal modo que haz algo (prepárate y busca ofertas de empleo"), pero si pones tu atención a ese pensamiento fabricarás una película de terror. Para el ego, que es preocupado por naturaleza, poner atención a ese pensamiento le parece lo más razonable y consciente, aunque para la fuerza de la inteligencia infinita es absurdo creer en la falta cuando tú lo eres y contienes todo.

Realizar este ejercicio de manera apropiada es poner tu atención en lo que te funciona del trabajo que tienes o que quieres tener.

EJERCICIO DEL DÍA 3
Túnel del tiempo y caja de recursos
Nada me quita, todo me aporta

Viaja con tu recuerdo en el túnel del tiempo al pasado y visita un escenario en el cual, según tu interpretación, la vivencia que experimentaste fue triste o dolorosa y luego di:

* Estoy decidid@ a ver que todo lo que he vivido me ha aportado recursos útiles.

En la tabla siguiente escribe al menos dos recursos que te haya aportado la vivencia en cuestión para que estés consciente de todos los recursos que tienes y repite el ejercicio las veces que consideres hasta conocer bien tu caja de recursos.

CAJA DE RECURSOS			

EJERCICIO DEL DÍA 4
El borrador mágico
Perdonar es limpiar

Cierra los ojos, haz una respiración profunda y enseguida visualiza frente a ti un gran pizarrón blanco y un marcador. Toma el marcador y escribe en la pizarra lo que te asusta, las personas a quienes culpas, lo que te avergüenza, lo que no te gusta de ti, lo que te enoja y todo lo que supuestamente "odias".

Observa la pizarra durante un minuto y crea conciencia de que lo escrito por ti te encadena. A la derecha, sobre una pequeña mesa hay un borrador mágico que lleva grabada la palabra *perdón*: tómalo y comienza a borrar lo que no te deja disfrutar de tu paz. Una vez en blanco el pizarrón, sólo quedará espacio para el amor.

EJERCICIO DEL DÍA 5
La escuela de la vida
Aprender me libera

Toda vivencia es una lección que te lleva al amor. Así, el sufrimiento es el aviso de que algo espera ser perdonado.

Las experiencias que se nos repiten buscan despertarnos para liberarnos. Por ende, cualquier cosa que te preocupe, enoje o frustre pásala por medio del perdón.

- Hoy me perdono por pensar y poner mi atención en la falsedad. No me asusta lo sucede, sino lo que yo me digo acerca de ello, por lo cual elijo el perdón.

Ejemplo

Supongamos que alguien vive una situación de divorcio con miles de pensamientos que lo llevan a concluir que "divorciarse es fracasar". El perdón en este caso sería: me perdono porque entre todas las opciones que tengo de ver tal situación, escogí una de temor. Hoy veo que cualquier circunstancia me invita a la liberación.

EJERCICIO DEL DÍA 6
Me quito el disfraz de juez
No soy juez. Soy existencia y no condeno,
sino perdono

Este ejercicio contiene dos partes:

Primera: lleva tus enojos, miedos y dolores al banquillo de los acusados y frente a ellos di: "Me perdono y perdono". El enojo, el miedo y los dolores son falta de perdón.

- No tengo que saber por qué estoy enojado, temeroso o adolorido. Hoy elijo el remedio curativo del perdón: me perdono y perdono.

Segunda: en el transcurso del día haz de tres a cinco pausas de un minuto para mirar a tu alrededor sin crear ningún juicio, sino sólo contempla sin calificar o etiquetar. Tales momentos son instantes de presencia pura que equivalen a una meditación profunda.

EJERCICIO DEL DÍA 7
Tu diccionario personal
Hablo para unir, no para dividir

¿Te nutre o desnutre tu lenguaje?

Este ejercicio te invita a revisar cuáles son las palabras que están más presentes en tu vocabulario. Los conceptos que almacenas en tu mente son evidentes para ti porque les has dado un lugar por medio de tu convicción.

Observa cómo hablas y anota las palabras recurrentes que salen por tu boca o que pasan por tu mente.

Toma conciencia y date un espacio para elegir cómo quieres expresarte. A lo mejor ya quieres sacar del apartado de la letra P palabras como preocupación, problema o pobreza.

Escribe tu diccionario, porque quizá ha llegado el momento de modificar por palabras más funcionales los "no puedo", "es difícil", "me cuesta trabajo", "me falta", "no tengo", etcétera.

EJERCICIO DEL DÍA 8
Cuentos con final feliz
El amor escribe mi historia

Redacta una historia desde tu nacimiento hasta la actualidad, una en la cual no aparezca la imagen de víctima y en que todo lo vivido se entienda desde la perfección como parte del plan divino hacia la liberación.

Tu cerebro sólo va al pasado cuando recuerda, pero si lo llevas a recordar que tu historia no te empequeñece, sino que te conecta con tu verdadera esencia, ya no podrá sentir vergüenza y mucho menos impotencia.

EJERCICIO DEL DÍA 9
El baúl de los secretos
Lo que oculto me encadena y lo que reconozco
me libera

Cierra los ojos y haz una respiración profunda. Enseguida lleva ambas manos al corazón como si quisieras tomar algo. Imagina que tus dedos traspasan la piel y pueden tomar un baúl bastante pesado que oprime tu corazón.

Saca el baúl y ponlo frente a ti. Ha llegado el momento de abrirlo y liberar el resentimiento acumulado, los secretos que has ocultado, los pensamientos más oscuros que has albergado, mientras lo abres di:

- Ya no necesito guardar para no olvidar, ahora suelto para recordar que soy un ser capaz de trascender y perdonar. Ya no habrá nada que oprima mi corazón, hoy le permito latir con pasión.

Visualiza cómo al salir, el contenido del baúl se evapora, se desintegra, no existe, pues sólo era una fabricación de un dolor no procesado que espera sanación.

EJERCICIO DEL DÍA 10
Cita a vistas
El miedo no me asusta, me avisa

Programa una cita con el miedo. Escoge uno de los que calificas como "tus peores miedos" e invítalo a asistir a una reunión; por ejemplo:

- Miedo, te veo a las 20:00 horas en el café de la esquina porque necesitamos hablar.

Al miedo necesitas verlo directamente cara a cara. Cada vez que te niegas a encararlo pareciera que se torna más grande, lo cual se debe a que quieres evadirlo; sin embargo, evadir no es limpiar, ni mucho menos liberar.

Cierra los ojos, transpórtate a una cafetería imaginaria, toma asiento y observa a tu invitado llamado miedo.

Ejemplo

Tú: ¿de dónde provienes?

Miedo: de tu mente, tú me fabricaste.

Tú: ¿por qué haría algo así?

Miedo: porque crees en el bien y el mal, en los opuestos.

Tú: ¿por qué me asustas?

Miedo: no vengo a asustarte, sino eres tú quien lo hace. Deberías formular tus preguntas de la siguiente manera: ¿para qué me visitas? y ¿cuál es tu sentido útil?

Tú: de acuerdo, ¿para qué?

Miedo: vengo para avisarte que estás poniendo demasiada atención en algo no funcional y cada vez que te asustas, te identificas con lo que te disgusta. Yo sólo pretendo informarte que hay más opciones que asustarte.

Escribe tus preguntas al miedo y haz espacios con la idea de que el silencio hable y te conteste:

1. _____

2. _____

3. _____

4. _____

EJERCICIO DEL DÍA 11
El globo

Mi libertad proviene y procede de mí. El exterior no me hace libre, sino que lo hago yo con mi pensar y actuar

Realiza este ejercicio dos veces al día. Consigue dos globos, uno para cada ejercicio. Antes de comenzar a inflar el globo di:

- Oxigeno mi mente y me permito inflar este globo con el aire viciado que proviene de todas las memorias dolorosas, limitantes y de la desvaloración.

A continuación infla el globo tan grande como puedas y una vez lleno hazle un nudo, tómalo con las dos manos y di:

- Me libero y limpio por completo mi sistema de pensamiento. Mi mente es un instrumento de expansión de amor.

Una vez dicho esto, poncha el globo y tira los restos en la basura. Verás que después de hacerlo varias veces te notarás más despejado y ligero, pues tu mente subconsciente entenderá que ya no necesita almacenar información no funcional.

EJERCICIO DEL DÍA 12
El suéter de lana

El tiempo de la divinidad es eterno y yo Soy un ser divino.
No tengo prisa ni pesar

Escribe los pensamientos limitantes que tienes acerca del concepto *tiempo*.

Ejemplo
El tiempo se me va de las manos

1. _____
2. _____
3. _____
4. _____

Una vez terminada la lista obsérvalos y di:

- Me perdono por haberme tomado el tiempo de "quitar-me" el tiempo y la paz con estos pensamientos tan ab-surdos sobre algo que simplemente es. Después, despide los pensamientos diciendo: Adiós ya no los necesito. Na-die me persigue. No necesito correr para llegar a donde ya estoy: mi paz. A continuación, Imagina que el tiempo es como un suéter de lana, de esos que te envuelven en un abrazo de amor. Fíjate cómo cuanto más te lo pones más da de sí. Póntelo en tiempo presente, pues en el pasado no lo tenías y al futuro llegarás con él.

EJERCICIO DEL DÍA 13
Cómo crear alternativas
Soy posibilidad y creo con mis significados. Por eso sólo percibo desde el amor

Haz una lista de todos tus supuestos "debo de o tengo que". Una vez redactada, revísala y por cada frase que escribiste hazte la siguiente pregunta:

- ¿A qué pensamiento de miedo está conectado este "debo de"? Da espacio al silencio y deja que hable. A conti-nuación, busca al menos dos alternativas de centrar la situación desde un enfoque de posibilidad.

Te darás cuenta de que los pensamientos con "debo" o "tengo que" provienen de una "solución" absurda a un pensamiento que te genera miedo y culpa.

Ejemplo

Frase: debería hacer ejercicio.

Pregunta: ¿A qué pensamiento de miedo está conectado ese "debería hacer ejercicio"?

Respuesta: Me asusta que puedo enfermar, envejecer o engordar. Me siento culpable porque no lo hago, lo cual significa que no estoy cuidando mi salud.

Pregunta: ¿Son fuentes de salud el miedo y la culpa? Debe haber otra forma.

Cómo crear *alternativas*:

- Posibilidad uno: Me quiero regalar hacer ejercicio.
- Posibilidad dos: Estoy en paz con no hacer ejercicio, lo cual me da salud física y mental. Ejercito mi paz y mi salud al dejar de recriminarme y permitirme aceptar que no quiero hacer ejercicio.

EJERCICIO DEL DÍA 14
Cómo transformar la creencia en la pérdida
Este ejercicio requiere una mirada espiritual.
Nada que se ame se puede perder, incluso si mis ojos
físicos no lo ven

El amor es unión pues todo aquello que amamos está en nosotros, a pesar de no verlo con los ojos del cuerpo.

La palabra *pérdida* es un invento de los humanos, quienes un día acordamos y etiquetamos aquello que antes se veía y luego dejó de verse como una pérdida.

La muerte es un ejemplo claro de cómo funciona en nuestro cerebro de ego el concepto de pérdida; sin embargo, vivirlo desde esa óptica nos limita y llena de miedo, así como nos refuerza la idea de que debemos hallarnos en estado de alerta y proteger todo aquello que llamamos nuestro, que creemos poseer para no dejarlo de ver. A eso lo hemos llamado amor cuando en realidad es apego y otra cara del temor.

- ¿Qué pasaría si hoy sustituyeras de tu diccionario personal la palabra pérdida y la entendieras como transformación?
- ¿Qué pasaría si hoy decidieras ver que mantener la idea de pérdida es lo que te condiciona y encadena?
- ¿Qué pasaría si hoy descubrieras que lo que amas te libera?

EJERCICIO DEL DÍA 15
Bandeja de correo no deseado
Sólo puedo recibir lo que se genera del amor
Tu correo mental

Imagina que, al igual que tus correos electrónicos, cada uno de tus pensamientos tiene un asunto que determina si el correo es para ti, o sea, si el correo se alinea a tu compromiso con el bienestar o si por el contrario no pertenece a tu bandeja de entrada. A continuación pronuncia lo siguiente:

- Hoy mi ordenador mental se encargará de enviar a la bandeja de correo no deseado todo lo que no corresponda a la armonía y al bienestar.

Así practicarás la confianza y permitirás que cada pensamiento que se acerque con un asunto diferente de tu propósito se vaya de manera inmediata a la bandeja de correo no deseado, donde desaparecerá.

EJERCICIO DEL DÍA 16
El arquitecto que construye puentes

Reflexiona en la siguiente idea durante al menos dos minutos:

Cuando sufro me ataco. Hoy ya no quiero señalar en el otro lo que he hecho conmigo. Hoy me perdono por haber dudado de mí y de mis capacidades, por haberme faltado al respeto con etiquetas limitantes, por quejarme, por buscar culpables y por haber sentido lástima de mí mismo. Hoy elijo la paz

Escribe o piensa cinco cosas que consideres que están en tu comportamiento o pensamiento con las cuales te atacas o refuerzas ideas poco funcionales acerca de ti, que luego proyectas en otros.

1. _____
2. _____
3. _____
4. _____
5. _____

A continuación ponte los lentes del amor y describe cómo podrías transformar estos ataques o juicios en muestras de afecto y posibilidad; asimismo, invita a tu arquitecto espiritual y construye puentes sólidos de unión contigo y los demás.

1. _____
2. _____

3. _____

4. _____

5. _____

Ejemplo

- Comportamiento o pensamiento con el que me ataco.
- **Respuesta:** sufro cuando me comparo con los demás porque me presiono.
- **Pregunta:** si compararme me genera presión y sufrimiento, ¿para qué lo hago?
- **Respuesta:** para no ser menos.
- **Pregunta:** ¿ser menos es un pensamiento que me funciona o qué refuerza en mí la idea en la limitación?
- **Respuesta:** no me funciona.
- Al construir un lazo de unión y amor por mí y por el todo, la comparación no es un recuerdo de lo que me falta, sino observar las muchas opciones disponibles. No me comparo para competir o dividir, sino cambio la comparación por la inspiración, por el reconocimiento de que lo admirado en los otros también se halla en mí y es una posibilidad.

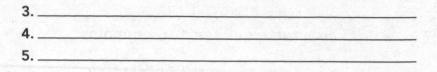

EJERCICIO DEL DÍA 17
Un rayo de luz
La soledad no existe porque soy parte de un todo

El ejercicio siguiente te explica de qué manera y aunque te percibes como un ser separado e individual, en realidad estás conectado a todo lo que existe.

Busca un momento del día para que observes cómo el Sol ilumina la Tierra. Verás que los rayos de sol entran por tu ventana como líneas de luz individuales; sin embargo, los rayos, aunque se perciben independientes, son parte de un todo: el Sol. Asimismo, con los humanos sucede que nos percibimos diferentes, pero todos estamos conectados a una consciencia suprema. Nuestra esencia es amor e incluso si nuestra mente física nos ha entrenado durante años a creer que el otro es un adversario, una amenaza para la conservación.

- Mis ojos espirituales no perciben diferencias de edad, color, raza, talla o profesión. Con ellos veo que somos energía de amor en expansión, de manera que no puedo sentirme solo porque no estoy separado, sino en unión.

EJERCICIO DEL DÍA 18
Un regalo
No deseo nada para otros que no desee para mí: cuando te critico me critico, cuando no te quiero no me quiero y cuando me comporto así es porque me ha cegado el miedo

Hoy escoge a tres personas que según tu visión de ego te caen mal:

1. _____
2. _____
3. _____

A continuación, una vez más ponte los lentes del amor y ofrécele el regalo de una palabra de afecto o un cumplido. No tienes que hacerlo en persona ni de viva voz, sino simplemente hazlo en tu interior y permite sanar el rencor.

Regalo

1. _____

2. _____

3. _____

Lo que haces a otros te lo haces a ti cuando consigues ver lo bueno en otros y cuando lo ves en ti.

EJERCICIO DEL DÍA 19
El traje
No soy un cuerpo. Soy la energía que da vida a este cuerpo

Ponte de pie por unos minutos e imagina que desde tu frente hasta tus pies hay un cierre. Lleva tu mano hacia la frente y comienza a abrir la cremallera de tu traje corporal. Conforme abras el cierre siente cómo se va deslizando hasta caer en el suelo como cera derretida. A continuación observa cómo eres pequeñas chispitas de luz en un contante parpadeo, con una agilidad de movimiento maravillosa y con capacidad para agrupar dichas lucecitas en la forma que quieras. Después de unos segundos de sentirte potencialmente puro, vuelve a ponerte el traje corporal como si te estuvieras vistiendo con tu *look* favorito y di:

- Mi cuerpo es un vehículo para compartir y expandir amor.

EJERCICIO DEL DÍA 20
Cómo transformar el control en una poderosa oración

No estoy solo, ni tengo que encargarme de todo, sino que me acompaña la inteligencia infinita que me sostiene y me guía. Mi misión es ser una expresión de felicidad

El ego que se siente solo piensa que necesita estar en control de todo lo que le rodea. Esto lo lleva a concluir que la vida se trata de reaccionar para "solucionar".

El control es contracción, pero la oración es liberación. Cuando oras agradeces y tus dudas desaparecen. Te reconoces como un ser feliz porque no hay nada fuera de ti.

Redacta tu oración hacia la liberación:

● _____

EJERCICIO DEL DÍA 21
Delegar

Cuando no sé qué hacer sé que no tengo que hacer nada, sino sólo entregar, soltar y confiar en que una fuerza mayor se encargará.

Escribe algo que te preocupe.

● _____

A continuación, pon el papel en una bandeja de las que usas para ofrecer galletitas a tus invitados. Si lo deseas, adórnala con una linda carpeta y un florero. Tómala con ambas manos y camina hacia la inteligencia infinita, espíritu santo, Dios, luz, fuente, cosmos o como te funcione decirle y entrégaselo diciendo:

- Aquí te dejo algo que he fabricado con miedo para que con tu luz lo disuelvas.

A ti sólo te toca confiar en que así será; la buena noticia es que a la inteligencia o sabiduría infinitas se les llama así porque están claras, ven con los lentes del amor y no entorpecen su visión con los del temor.

EJERCICIO SIMULTÁNEO PARA TRABAJAR JUNTO CON EL ENTRENAMIENTO DE LOS 21 DÍAS
Diario de conciencia (La bitácora)
Decido ver... hago consciente lo inconsciente

Este ejercicio dura un mes y puedes hacerlo junto con el ejercicio del día. Para ello, necesitas una libreta y durante un mes tener la disposición de llevar una bitácora de todos tus movimientos desde que te levantas hasta que te acuestas.

Escribirás la fecha y relatarás: con qué pensamiento te despertaste, qué desayunaste, qué hiciste, con quién hablaste, qué comiste, a dónde fuiste, que cenaste y qué soñaste. Por espacio de un mes la libreta será una extensión casi de tu persona. Redactarás, pero no leerás nada de lo ahí descrito hasta que concluya el mes.

Te sorprenderá de cuántas cosas haces en automático sin usar tu oder de elección. Asimismo, podrás estar consciente de lo que antes no veías para decidir si lo conservas o lo transformas.

* * *

Los ejercicios anteriores son un camino más hacia el estado de conciencia de amor universal. Deseo de corazón que tomes de ellos lo que te parezca útil, así como que recuerdes y reconozcas que eres un ser libre con el poder de derribar cualquier muro de limitación mediante el milagro de la percepción.

Nota: el Gym de la liberación tiene sus bases en la enseñanzas de Un Curso de Milagros. Si quieres seguir practicándolo, te recomiendo dar seguimiento a las lecciones que ahí se te proponen.

NOTAS

NOTAS

NOTAS

NOTAS

NOTAS

Bibliografía

Arbinger Institute, *The Anatomy of Peace: Resolving the Heart of Conflict*, San Francisco, Berrett-Koehler Publishers, 2006.

_____, *Leadership and Self-Deception: Getting out of the Box*, San Francisco, Berrett-Koehler Publishers, 2010.

Bennington, Emily, *Miracles At Work,* Canadá, Sounds True, 2017.

Bhagavad Gita, nueva traducción de Stephen Mitchell, Three Rivers Press, 2002.

Bohm, David y Lee Nichol (editor), *The Essential*.

Bradshaw, John, *Healing The Shame That Binds You,* Deerfield Beach, FL, Health Communications, Inc., 2005.

Byron, Katie y Stephen Mitchell, *Loving What Is: Four Questions That Can Change Your Life*, Nueva York, Three Rivers Press, 2003.

Caddy, Eileen, *La voz interior*, edición en español, febrero de 1999, Luciérnaga.

"Calorie Restriction, Exercise, Hormone Replacement, and Phyto- nutrients Fight Aging", Age Conference, *Le Magazine*, junio de 2002, Madison, Wisconsin.

Chalmers Brothers, *Language and the Pursuit of Happiness*, New Possibilities Press, Naples, Florida, 2005.

Chopra, Deepak, *Sincrodestino/the Spontaneous Fulfillment of Desire: descifra el significado oculto de las coincidencias en tu vida y crea los milagros que has soñado*, Santillana, 2008.

Cohen, Alan, *Un curso de milagros (fácil). Claves para entenderlo de forma sencilla*, Urbano, 2016.

Colin, Tipping, *Radical Self-Forgiveness The Direct Path to True Self-Acceptance*, Boulder, Colorado, Sounds True, 2011.

http://www.conociendotumente.com/investigacion/la-vulnerabilidad-su-poder-y-por-que-es-tan-importante-ser-vulnerable/Drea Duque.

David, R. y Hawkins, M.D., Ph.D., *Power vs. Force. The Hidden Determinats of Human Behavior*, Hay House, Inc., 2012.

Doidge, Norman, *The Brain That Changes Itself: Stories of Personal Triumph from the Frontiers of Brain Science*, Nueva York, Penguin Books, 2007.

Garnier Malet, L. y J., *El doble... ¿cómo funciona?*, edición en español, libro de bolsillo, agosto 15 de 2012, publicista: Carolina Rosset Gómez.

Howard, Christopher, *Turning Passions into Profits: Three Steps to Wealth and Power*, Nueva Jersey, John Wiley and Sons, 2004. http://www.bibliotecapleyades.net/ciencia/ciencia_holouniverse18.htm

Jung, C. G., *Memories, Dreams, Reflections*, libro de bolsillo, abril 23 de 1989, Vintage, edición de Reissue.

Lao-Tzu y Stephen Mitchell, *Tao Te Ching*, nueva versión en inglés, Perennial Classics, 2006.

LeMay, E., J. Pitts y P. Gordon, *Heidegger para principiantes*, Liani, Mario, "Las enseñanzas de Viryon" en http://www.38uh.com. edición en español, libro de bolsillo, 2000.

Maddi, Salvatore y Suzanne Kobasa, *The Hardy Executive: Health Under Stress,* Hardcover, 1o. de mayo de 1984.

Mandela, Nelson, *Long Walk to Freedom: The Autobiography of Nelson Mandela,* Unabridged, 1o. de octubre de 1995.

Marci, Shimoff, *Happy For No Reason,* Nueva York, Free Press, 2008.

Maturana, Humberto R. y Francisco Varela, *Tree of Knowledge,* libro de bolsillo, 1992.

Mohandas Karamchand (Mahatma) Gandhi y Mahadev H. Desai Gandhi*, An Autobiography.The Story of My Experiments With Truth,* 1o. de noviembre de 1993.

Mundy, Jon, Ph. D., *Vivir un curso de milagros,* Ciudad de Mexico, Editorial Lectorum, 2011.

Peter, R. y Breggin, M.D., *Guilt, Shame and Anxiety Understanding and Overcoming Negative Emotions,* Nueva York, Prometheus Books, 2014.

Potter-Efron, Ronald y Patricia Potter-Efron, *Letting Go of Shame,* Hazelden, 1989.

Samsó, Raimon, *El código de la manifestacion*, Ediciones Obelisco, 2017.

_____, *El consejero iluminado,* Instituto Expertos, 2017.

Shimoff, Marci, *Happy for No Reason: Seven Steps to Being Happy from the Inside Out*, Simon and Schuster, 2009.

Tolle, Eckart, *The New Earth,* Nueva York, Penguin Random House, 2016.

Torres, Sergi, ¿Me *acompa*ñas?, Urano, 2017.

Tsabary, Shefali, Ph. D., *The Transforming Ourselves Conscious Empowering Our Children Parent,* Vancouver, British Columbia, Namaste Publishing, 2014.

Velázquez, Sandra, *Enseñanzas de un curso de milagros.*

Walter, Isaacson, *Einstein,* Nueva York, Simon and Schuster, libro de bolsillo, 2007.

Libérate de Alejandra Llamas
se terminó de imprimir en mayo de 2018
en los talleres de
Litográfica Ingramex, S.A. de C.V.
Centeno 162-1, Col. Granjas Esmeralda,
C.P. 09810 Ciudad de México.